Jeannette Kupfermann

Wenn die Tränen versiegt sind

Aus dem Englischen von
Ekkehart Reinke

BASTEI
LÜBBE

BASTEI-LÜBBE-TASCHENBUCH
Band 61396

1. Auflage August 1997
2. Auflage Januar 1998

Deutsche Erstveröffentlichung

Originaltitel: WHEN THE CRYING'S DONE
Originalverlag: Robson Books Ltd., Bolsover House,
5-6 Clipstone Street, London W1P 7EB

Printed in Great Britain
Einbandgestaltung: Manfred Peters
Titelfoto: IFA-Bilderteam-Photex, Düsseldorf
Satz: hanseatenSatz-bremen, Bremen
Druck und Verarbeitung: Cox & Wyman Ltd.
ISBN 3-404-61396-1

Ich widme dieses Buch
dem liebevollen Gedächtnis
an Jacques

Einleitung

Mitten im Winter erfuhr ich endlich,
daß in mir
ein unbesiegbarer Sommer war

Albert Camus

Dieses Buch entstand aus einem Zeitschriftenartikel, in dem ich meine ersten Erfahrungen als Witwe beschrieben hatte. Er erhielt den Titel »Aus dem Dunkel«. Das Leserinnenecho war überwältigend, nicht nur von Witwen, sondern auch von Menschen, die irgendeinen anderen schweren Verlust erlitten hatten, von Krankheit bis zur Scheidung. Mir wurde klar, daß ein großer Bedarf für ein Buch bestand, das in der Ich-Form Gefühle schildert, die in unserer Gesellschaft in gewissem Maße noch immer im Verborgenen bleiben, einer Gesellschaft, die sich gerade erst vom Tabu des Todes zu lösen beginnt.

Damals schrieb ich noch unter dem Einfluß frischen Kummers, der nur ganz allmählich nachließ. Und es war gerade dieser Kummer, auf den die Menschen reagierten. Selbst heute, knapp vier Jahre später, überraschen, ja, schockieren mich diese Gefühle noch immer. Ich bin froh, daß ich damals ein – wenn auch nicht lückenloses – Tagebuch über meine Gefühle geführt habe. Denn der Kopf scheint sie, wie die Geburtsschmerzen, sehr bald zu vergessen.

Der Tod ist uns gewiß – mit diesem Wissen müssen wir uns alle abfinden, und doch scheint es uns irgendwie nicht gegeben zu sein, uns auf ihn vorzubereiten. Vielleicht wollen wir es auch gar nicht. Denn selbst wenn wir es könnten, so gibt es doch keine Generalprobe für diesen Blick in den Abgrund. Laut Statistik werden viele, wenn nicht die meisten verheirateten Frauen eines Tages Witwen, und doch ist keine von uns auf die Witwenschaft vorbereitet. Statt dessen haben wir die nebelhafte Vorstellung, daß wir bis zum Ende mit unserem Ehepartner zusammenleben werden. Der Tod widerlegt diese Vorstellung: Wir werden nicht gemeinsam alt werden. Plötzlich gibt es keine Zukunft mehr. Wir können nur noch zurückschauen.

Als ich diesen Artikel schrieb, war mir der Tod meines Mannes Jacques noch sehr nahe. Ich war kaum imstande, mir meinen weiteren Lebensweg ohne ihn auszumalen – nicht einmal den jeweils nächsten Tag. Obwohl mein Kummer nach nun fast vier Jahren noch nicht völlig überwunden ist, fange ich endlich an, wieder optimistisch in die Zukunft zu schauen. Damals aber war ich in einem Alptraum gefangen, und es schien, als könnte ich mich nie mehr daraus befreien.

Ich hatte ja nicht nur einen, sondern zwei schwere Verluste erlitten. Nur wenige Monate vor Jacques war mein Vater an einem plötzlichen Herzanfall in meinem eigenen Haus gestorben. Fast zu gleicher Zeit hatten mich die beiden Männer meines Lebens verlassen. Kein Sicherheitsnetz fing mich auf. Ich sah keinen ruhigen Hafen, in dem ich vor Anker gehen konnte. Und vor allem hatte ich während der schnell voranschreitenden Krankheit meines Mannes und seines Überlebenskampfes gar keine Zeit gehabt, die erste Tragödie zu verarbeiten, da ihr die zweite zu rasch folgte. Kaum hatte ich begonnen, um meinen Vater zu trauern, da erfuhr ich, daß mein Mann nur noch einige Monate, vielleicht nur noch Wochen zu leben hatte.

Plötzlich schien mein Leben eine Tragödie von nahezu griechischem Ausmaß geworden zu sein. Ich lebte in einem Zustand dauernder Angst und erwartete beinahe noch den Tod eines weiteren mir nahestehenden Menschen. Wer wird der nächste sein? fragte ich mich. Denn der Tod wühlt sehr tiefgehende und primitive abergläubische Gefühle in uns auf. Ich glaubte, unter einem Fluch zu stehen, ja, verdammt zu sein. In meinem Hinterkopf nistete sich die Überzeugung ein, daß ich selbst für all dieses Unglück verantwortlich, daß ich irgendwie die *Ursache* dieser Todesfälle wäre, und dies sei nun meine Strafe dafür. Der Glaube an göttliche Vergeltung hat sehr tiefe Wurzeln. Heute weiß ich, daß solche Gefühle bei Überlebenden eines Trauerfalls allgemein verbreitet sind.

In meinen ersten Tagen als Witwe war ich durch die Ereignisse so überwältigt, so zerschlagen und so gelähmt, daß ich zunächst glaubte, ich würde mich nie mehr davon erholen, sondern würde auch zerschmettert. Ich hatte das Gefühl, ich wäre nun der Verantwortung für mein eigenes Leben gleichsam enthoben. Heute sehe ich darin keinen Todeswunsch, sondern eher eine Art selbstverabreichter Narkose,die es mir erlaubte, eine Zeitlang überhaupt nichts zu tun. Doch bald wurde mir klar, daß ich weiterleben und dazu die Verantwortung für andere Menschen zu übernehmen hatte, insbesondere für meine Mutter und meine Kinder, für meine Arbeit und mein Haus – unter anderem.

Ich weiß noch, daß eine Hinterbliebenenberaterin zu mir gesagt hat: »Manchmal sind wir zu nichts anderem in der Lage, als am Boden umherzukriechen.« Ich war ihr für die Worte dankbar, denn genau dieses Empfinden hatte ich auch. So kroch ich, wie mir schien, eine Ewigkeit umher und machte keinerlei Fortschritte. Allein den Wasserkessel aufzustellen, war eine herkulische Aufgabe.

Ich erinnere mich noch, daß ich Rabbi Hugo Grynn, einen Überlebenden des Konzentrationslagers Auschwitz, fragte: »Wie kann ich mich wieder motivieren?« Seine Antwort war eindeutig: »Deine Motivation wird darin bestehen, daß du dich um deine Familie zu kümmern und euren Lebensunterhalt zu verdienen hast.« Und er fuhr fort: »Denke daran, was deine Religion vorschreibt: Deine Trauerzeit soll ein Jahr dauern, aber danach hast du zu den Lebenden zurückzukehren. Niemand wird dich dann mehr wie eine Leidtragende behandeln.«

Damit gab er mir die Anleitung zu meiner Genesung. Er hatte mir sogar einen Termin gesetzt. Weine und jammere ein Jahr lang – dann müssen die Tränen versiegt sein. Selbstverständlich versiegen sie nicht für immer. Meine Genesung ist noch nicht abgeschlossen. Es war keine Wunderheilung in einem Jahr – nicht einmal in zwei Jahren. Dennoch hatten mich die Worte des Rabbi seelisch gestärkt.

Ich habe seitdem viele Bücher über Trauerfälle und das darauf folgende Leid gelesen und versucht, aus jedem etwas Gewinn für mich zu ziehen. Ich mochte die Bücher nicht, in denen nur von den verschiedenen »Phasen« der Trauer die Rede war – als hätte man irgendwelche Prüfungen zu bestehen. Lieber waren mir die, die eine positive Seite des Trauerns aufzeigten. Das verlieh dem Leid wenigstens einen Sinn. Darunter war *Living With Grief* von Dr. Tony Lake. Er schreibt: »Leute, die an einem Kummer leiden, sind durch die Ereignisse gezwungen worden, sich tiefer in ihr Leben zu versenken, den Sinn ihres Lebens und ihrer Beziehung neu zu überdenken.«

Der Tod eines nahen Angehörigen bringt immer auch neue Möglichkeiten in unser Leben. Die Behauptung, daß

Kummer auch eine Erfahrung sein kann, die uns stärker macht, ergibt Sinn. Ich bin Dr. Lake dankbar, daß er darauf hinwies, Kummer sei nicht einfach ein Zustand des Unglücklichseins. Denn man kann ja wirklich im tiefsten Leid auch Stunden höchster Glücksgefühle haben. Leiden ist etwas, was man tut – nicht etwas, das einem widerfährt – ein aktiver Prozeß oder ein Pfad, dem man folgt, eine Reise, für die man selbst verantwortlich ist. Auf dieser Reise sieht man sich gewissen Aufgaben gegenüber, die mit Annahme zu tun haben und damit, sich mit Dingen abzufinden, denen man sein Leben lang aus dem Wege gegangen ist. Auf dieser Reise zwingen einen die Ereignisse, sein Leben, seine Ziele und alle seine Beziehungen genauer unter die Lupe zu nehmen.

Es gibt viele Frauen und Männer, die diese Reise unternehmen. Die meisten tun es mit vollem Bewußtsein und machen dabei Fortschritte. Andere zögern und kommen keinen Schritt voran. Manche gehen sogar rückwärts, und einige überleben es tragischerweise nicht. In dem Jahr nach dem Verlust ihres Partners ziehen sie sich eine tödliche Krankheit zu oder begehen sogar Selbstmord. Kann man es überhaupt eine Reise nennen? Ich bin mir nicht sicher. Manchmal kommt es mir eher wie eine Fahrt auf der Achterbahn vor. Auf einigermaßen ruhige Zeiten folgen düstere Perioden. Auf optimistische Stimmungen, Zeiten des Wachsens und der Anpassung folgt eine Phase bleierner Untätigkeit. Ich würde gern sagen, daß es glatter, freundlicher und weniger chaotisch zuginge – aber so ist es nun mal nicht. Das haben mir auch jene Leidensgenossen, mit denen ich sprach, bestätigt.

Dieses Buch, das aus den Tagebüchern entstand, die ich jahrelang geführt habe, ist meinen vielen Reisegefährten gewidmet, all denen, die die Trümmer einer zerstörten Welt neu zusammengesetzt und ihr Leben allmählich neu organisiert haben. Und all denen, die sich in einer ausweglosen Düsternis eingeschlossen fühlen. Ich will ihnen sagen, daß es in jedem von uns »einen unbesiegbaren Sommer« gibt. Und ich möchte, daß mein Bericht ihnen Hoffnung und Mut gibt.

I

Der lange, harte Winter

Schwarz ist der Nacht Gewand,
wer dem Zweifel abgeschworen,
ist nicht dem Tod verloren,
weil er die Hoffnung fand.

Thomas Hardy, in Tenebris

Mein langer, harter Winter begann im Oktober 1987. Mit trüben Vorahnungen betrat ich das Krankenhaus, in das man Jacques nach Monaten der Ungewißheit und ständig wachsender Schmerzen für eine Tomographie eingewiesen hatte. Was ich dort sah, kam mir wie ein vorbeihuschender Gespensterreigen vor – Patienten in weißen Gewändern, nach der Chemotherapie mit kahlen Köpfen. Ich hatte das Gefühl, dem Tod ins Angesicht zu blicken. Angst überkam mich, als mein dahinsiechender Mann in einen großen, einer Waschmaschine ähnlichen Apparat gelegt wurde. Mir war, als würde er auf die Reise »zur anderen Seite« geschickt. Vielleicht gibt es nichts Schlimmeres als den Kampf, den ein Mensch im letzten Stadium einer Krebserkrankung auszufechten hat. Ich war entschlossen, bis zum Ende an seiner Seite zu kämpfen.

Unser gemeinsames Leben hatte 23 Jahre gewährt. Ich hatte Jacques 1964 in New York kennengelernt – eine Verabredung mit einem Unbekannten. Damals befand ich mich gerade an einem seelischen Tiefpunkt. Ein junger

Medizinstudent hatte mich sitzen lassen. Seinetwegen war ich über den Atlantik hergekommen, obwohl ich vorgab, hier meine Magisterarbeit schreiben zu wollen. Neben dem Studium an der Columbia-Universität arbeitete ich als Forschungsbibliothekarin bei der Wenner-Green-Stiftung für Anthropologische Forschungen und teilte meine Wohnung in der 82. Straße Ost mit einer anderen Anthropologin.

Eines Tages bekam ich den Anruf einer Freundin: »Jemand möchte dich gern kennenlernen. Er ist ein toller Bursche, Ende 30 und Künstler, sehr charmant. Er wird dir gefallen. Ich habe ihm deine Telefonnummer gegeben.«

Mein Herz sank. Ich hatte mich noch nie im Leben mit einem Unbekannten verabredet. Als er anrief, beschloß ich, mich ausgesprochen britisch zu verhalten: ich lud ihn zum Tee ein. Auf diese Weise konnte ich ihn, falls er mir nicht zusagte, gegen Abend leicht loswerden. Fünf Minuten vor der vereinbarten Zeit rief er noch einmal an und fragte, ob er seinen Hund Sam mitbringen dürfe. Das war etwas ganz Neues. Normalerweise bringt kein Mann zum ersten Rendezvous ein Haustier mit. Aber da ich Tierliebhaberin bin, willigte ich gern ein.

Wie sich herausstellte, war Sam der Traum eines Karikaturisten: eine Mischung zwischen Basset und Beagle. Jacques war diesem liebenswürdigen Tier so zugetan, daß er für eine Reise durch Europa hinten auf seinem Motorrad extra eine Art Sitz für ihn gebaut hatte. Jacques erschien in einem weiten Ledermantel, wie ihn die Flieger im ersten Weltkrieg trugen. Er hatte einen dunklen Teint, ein unregelmäßig geformtes Gesicht und besaß eine auffallende Ähnlichkeit mit Humphrey Bogart. Ich war auf Anhieb von seiner stillen, aber intensiven Art eingenommen und dachte nicht mehr daran, ihn vor Dunkelwerden abzuwimmeln! Statt dessen nahm ich seine Einladung, mit ihm im Village zu Abend zu essen, auf der Stelle an. Danach erbot er sich, mich in seinem verbeulten VW-Bus überallhin zu fahren, wohin ich wollte.

Es war Januar, und hoher Schnee hatte New York City beinahe in ein Märchenland verwandelt. Besonders feenhaft wirkte im Central Park der Kontrast zwischen den weiten weißen Flächen und den Wolkenkratzern mit ihren schimmernden Lichtern. Dieser Stadtteil hatte mich bei Nacht immer bezaubert. Wie ein Kind fragte ich Jacques, ob er mich sechsmal um den Central Park herumfahren würde. Er sagte ja.

Am nächsten Tag machte er mir an einem menschenleeren Strand in New Jersey einen Heiratsantrag. Diesmal sagte *ich* ja. Wir heirateten aber erst fünf Monate später in England – und ich muß gestehen, nicht ohne Befürchtungen von meiner Seite. Immerhin war Jacques 17 Jahre älter als ich, und obwohl wir beide Juden waren, kam er doch aus einer völlig anderen Kinderstube. Ich war in Surrey, England, geboren, er in Wien. Er hatte im Schatten des Holocaust gelebt. 1939 war er zwar mit einem der eigens eingerichteten Kindertransporte aus Österreich entkommen – erst nach Holland und dann in die Vereinigten Staaten, wo er Verwandte hatte. Doch seinen Eltern gelang die Flucht nicht. Sie wurden von den Nazis deportiert und schließlich ermordet.

Die ersten Ehejahre verbrachten wir in Amerika. Als ich im ersten Jahr mit meinem Sohn Elias schwanger war, zogen wir aus einer Wohnung im 4. Stock ohne Fahrstuhl am Riverside Drive in New York City nach Woodstock im Norden des Staates New York. Wir blieben nur zwei Jahre in Woodstock, aber hier entwickelte sich eigentlich unsere Beziehung. Es war der Ort unserer frühen Hoffnungen, wo wir wie viele Jungverheiratete unser erstes Haus fanden – ein kleines Farmhaus im Kolonialstil auf dem Ohayo

Mountain, wo wir Bob Dylan als Nachbarn hatten und durch unseren drei Morgen großen Wildgarten ein Bächlein floß.

Es waren schöne Jahre in Woodstock. Wir waren zwei Jahre vor dem berühmten Pop-Festival dort angekommen und wohnten noch dort, als es stattfand. Immer hatten wir Gäste. Es waren die Party-Jahre: Pyjama-Partys, exotische Partys, Twen-Partys, Grillpartys – sogar »Orgien«, wurde gemunkelt. Es herrschte die erregende Stimmung, die das Kleinstadtmädchen Pam Feeley gespürt haben muß, als sie ihre Jugendliebe Lee Marvin heiratete. Das war Woodstock in den 60er Jahren, als die Vermögen so schnell wechselten wie die Ehepartner. In vieler Hinsicht bildete es den Schmelztiegel für das übrige Amerika, das heißt, für das künstlerische und musikalische Amerika; denn hier gab es Geld und Talente, die willkommene Nähe zu New York und den weiten Raum und die Stille seiner Wälder und Berge.

Es gab auch schon ein ernsthaftes Drogenproblem. Allerdings handelte es sich noch um »weiche Drogen«. Die Crack-Epidemie war noch nicht ausgebrochen. Aber es war einer der Gründe, warum wir 1970 beschlossen, Woodstock zu verlassen und unser Heim in England aufzuschlagen. Der andere Grund war unser Wunsch, daß unsere Kinder in einer großen Familie aufwachsen sollten – Tanten, Onkel, Großeltern. Da Jacques aber keine Angehörigen mehr besaß, konnten wir das nur verwirklichen, wenn wir nach England gingen, wo ich eins von vier Geschwistern und Teil einer Großfamilie war. Als ich Jacques, ein Opfer des Holocaust, heiratete, war mir durchaus bewußt, daß er einen Ersatz für seine verlorene Familie suchte, was damals allerdings mit seinem Drang nach künstlerischer Unabhängigkeit und Freiheit im Widerspruch lag.

Tatsächlich verliefen die ersten beiden Jahre in London

traumatisch. Wir hatten jetzt ein zweites Kind, unsere Tochter Mina. Jacques fehlte es an Beziehungen, und wir waren in einer feuchten Wohnung in Nord-London untergebracht. Zudem waren wir durch den Umzug nach England pleite. Ich fand Arbeit als Model bei der Cherry-Marshall-Agentur – was sich mit zwei Kleinkindern unter drei Jahren als nicht einfach erwies. Ohne es zu merken, hatte ich viel Gewicht verloren und bekam einen Dauerhusten, den eine Reihe von Ärzten als »Bronchitis« diagnostizierten. Eines Abends wurde ich ernsthaft krank. Meine Temperatur stieg auf 41 Grad. Es war Lungenentzündung. Doch der irische Stellvertreterarzt, den man in die Notaufnahme gerufen hatte, stellte auf den ersten Blick fest, daß ich an einer viel schlimmeren Krankheit litt, die er aus den Armenbezirken Irlands nur zu gut kannte: Tbc.

Es ist eine Ironie des Schicksals, daß zu dieser Zeit ich die Gebrechliche war und Jacques sich um mich Sorgen machen mußte. Denn die Medikamente, die man mir gegen die Tuberkulose gab, ruinierten mein Immunsystem, und jahrelang bekam ich jede Krankheit, die gerade grassierte.

Nebenbei hatte ich ein Kleinkind und ein Baby zu betreuen, und ich konnte nur Gott danken, daß sich meine Krankheit nicht auf sie übertragen hat. (Tbc ist nicht hochgradig ansteckend.) Ich bemühte mich in dieser Zeit, alles zu erledigen, was Mütter normalerweise zu tun haben. War ich mal nicht dazu in der Lage, konnte Jacques einspringen, da er ja zu Hause blieb. Wir hatten so wenig Geld, daß Jacques schließlich gezwungen war, eine körperliche Arbeit anzunehmen. Und ich, die nicht mehr als Model arbeiten konnte, fand eine andere Arbeit, die ich zu Haus ausüben konnte, die Übersetzung eines Anthropologie-Buches aus dem Französischen ins Englische.

Der Arzt hatte uns empfohlen, wir sollten, sobald ich

einigermaßen genesen war, von London wegziehen. Jacques wünschte sich ohnehin eine größere Wohnung mit einem Atelier. Allmählich wurde ich wieder kräftiger. Immerhin dauerte es fast zehn Jahre, bis mein Immunsystem wieder normal funktionierte. Dann kam ein Glücksfall. Irgend jemand empfahl mich dem Filmregisseur Fred Zinneman (auf Grund einiger früherer Artikel von mir) als Beraterin in chassidischer Geschichte. Er plante nämlich, die klassische Volkserzählung *Der Dybbuk* (Der Teufel) zu verfilmen. Fred wollte mich als technische Beraterin verpflichten. Ich konnte in seinen Büroräumen in der Mount Street in Mayfair arbeiten. Das bedeutete, daß ich mir eine Teilzeithilfe für die Kinder leisten und daß Jacques mit den Gelegenheitsarbeiten aufhören und wieder malen konnte. Außerdem erhielten wir ein Angebot auf unser Haus in Woodstock. Nun war es Zeit, an ein Wegziehen aus London zu denken.

In einer Anzeige der *Sunday Times* hatte ich ein weitläufiges Regency-Haus in Berkshire gesehen. Es schien ein unglaubliches Schnäppchen zu sein. Wir besichtigten es an einem kalten, grauen Februartag, und ich erinnere mich, wie beeindruckt ich sofort von den zauberhaften schmiedeeisernen Balkonen war, um die sich rankende Forsythien schlangen. Es erinnerte mich an New Orleans, wo wir beide einige Zeit verbracht hatten. Das Haus war ziemlich baufällig, mit antiken Möbeln und vielem nutzlosem Zeug vollgestopft. Doch ich verliebte mich auf der Stelle in die hellen, geräumigen Zimmer mit den hohen Decken und Marmorkaminen.

Als ich den Weg durch den Garten nahm und den Obstgarten mit seinen Apfel- und Birnbäumen sah, überfiel mich ein so starkes Gefühl von *déjà vu,* daß ich wußte, wir müßten hier und jetzt ein Angebot machen. So hatte ich mir immer mein Traumhaus vorgestellt. Allerdings befand es sich nicht gerade in einem Traumzustand. Dazu war ein Jahr Arbeit erforderlich – vom Saubermachen und Aufräumen gar nicht zu reden.

Wir hatten niemals genügend Geld, um das Haus ganz so einzurichten, wie wir es gern getan hätten. Aber im Laufe der Jahre konnten wir doch einiges dazu tun. Und so war der Gesamteindruck, wenn man nicht allzu genau hinsah, durchaus bezaubernd – trotz der nie endenden Plage durch verstopfte Abflüsse, überschwemmte Ausgüsse, Ziegelsteinwände, die neu verputzt werden mußten, zugige Zimmer und Löcher in den Decken. Ich habe es immer geliebt. Und obwohl ich es manchmal dafür verfluchte, daß es uns zu so großen Ausgaben zwang und so wenig Bequemlichkeit bot, war es körperlich und seelisch unsere Insel. Während Jacques' Krankheit und in meiner späteren Trauerzeit war es – und ist es noch immer – ein großer Trost.

Zwei Jahre später hatte Jacques eine Galerie in London gefunden, die sich für sein Werk einsetzte. Nach einer besonders erfolgreichen Ausstellung kauften wir aus einem plötzlichen Impuls heraus noch das Ferienhaus Fuchsia Cottage an der Küste von Nord-Cornwall. In dieser Gegend hatten wir schon mehrmals glückliche Ferien verlebt.

An einem grauen Novembertag entdeckten wir das kleine Fischerdorf. Wir waren stundenlang erfolglos im Regen umhergefahren, um ein nettes Café oder Hotel zu finden, das außerhalb der Saison geöffnet war, bis uns ein Einheimischer die Richtung zum nächsten Ort zeigte. Als wir über die Hügelkuppe fuhren, tauchte es aus Nebel und Regen wie ein verzaubertes »Brigadoon« auf, mit schimmernden Lichtern, einer gewundenen Hauptstraße, Schmugglerkneipen und in die Klippen eingebauten pastellfarbenen Häusern. Wir glaubten, unseren Augen nicht zu trauen, so verwunschen sah es aus. Doch das Beste von allem war das einladende Hotel. Jacques verliebte sich sogleich in die karge Schönheit der Ausblicke auf den Atlantik, für die er besonders empfänglich war. Er war immer ein »Wintermensch« gewesen, der das Grau und Schwarz der nordischen Landschaft jeder sonnenüberfluteten Exotik vorzog.

Das Ferienhaus fanden wir ebenso »märchenhaft«. Ich lag an einem Strand in der Daymer-Bucht, diesem lieblichen Bogen aus weißem Sand und Dünen, den ein grüner Hügel überragt, und Jacques war losgefahren, um eine örtliche Zeitung zu holen; denn wir hatten uns schon mit dem Gedanken beschäftigt, in dieser Gegend ein kleines Anwesen zu kaufen. Er kam ganz aufgeregt zurück und erzählte, er habe gerade im Dorf selbst ein Häuschen gesehen . . . Doch wir müßten uns auf der Stelle entscheiden, ob wir es haben wollten oder nicht. Eine Besichtigung durch einen Sachverständigen oder eine Bedenkzeit komme nicht in Frage. Es mußte sofort geschehen. Ich zog in aller Eile ein Hemd über meinen Bikini, und wir rasten hin.

Das Häuschen selbst war sehr einfach und gemütlich mit niedrigen Sparrendecken und weißen Wänden aus Fasergipsplatten. Im Vorgarten gab es einen Fußweg aus unregelmäßigen Steinen und einen baufälligen, alten Schuppen, der ihm das Licht wegnahm. Im Haus waren nur ein paar alte Möbelstücke. Aber es hatte auch seine großartigen Vorzüge. Da gab es Fuchsienbüsche – oder genauer gesagt, Fuchsienbäume – die fast so hoch waren wie das dreistöckige viktorianische Haus selbst. Und die Lage war romantisch: nur eine Querstraße vom Hafen entfernt in einer der engsten Gassen, die ich je gesehen hatte. Man nannte sie hier »Squeezy Belly Alley« – die Gasse, in der man den Bauch einziehen muß. Andere weißangestrichene Häuschen standen wild durcheinander, eins ans andere gelehnt, mit kleinen Vorsprüngen, an denen aus Körben und Wannen die Blumen nur so hervorquollen.

Im Inneren sah es allerdings alles andere als glänzend aus. Es war seit Jahren als Ferienhaus vermietet worden. Doch so schäbig das Haus sein mochte, ich hatte gleich das Gefühl, es sei für uns geschaffen. Anfangs, als ich längst nicht voll berufstätig war, fuhr ich mit den Kindern oft für sechs bis acht Wochen hin. Selbst wenn es regnete (und das tat es oft), waren wir vergnügt, spielten stundenlang Monopoly oder bemalten Kieselsteine. Ich erinnere mich, daß ich auf dem nassen Sand des Hafens Schneckenrennen veranstaltete, um die Kinder bei Laune zu halten. Ich brachte sie auch dazu, Schneckengärten anzulegen. Bald gesellten sich Freunde von uns, die rundum Häuser gemietet hatten, mit ihren Kindern dazu. Abwechselnd kochten wir für die hungrigen Horden ungeheure abendliche Makrelen-Mahlzeiten.

Die Kinder bildeten ihre eigene kleine Kolonie. So konnten die Erwachsenen unbelästigt an den herrlichen Stränden lesen oder sonnenbaden. Die Kinder rannten von einem Haus ins andere. Diese gemeinsamen Sommerferien gaben ihrem Leben ein gewisses Maß an Stetigkeit. Zweimal in der Woche schleppten sie uns zum Platt hinunter, wo wir uns die Bodmin-Blaskapelle anhören mußten. Während die Kapelle umtata-umtata machte, versammelten wir uns um sie und schauten auf die fernen Hügel. Nachher folgten wir den Musikern, die uns wie der Rattenfänger einen Hügel hinaufführten. Dann ging es wieder zurück zum traditionellen »Blumentanz«.

In meiner Erinnerung ist dieses Haus unlösbar mit Jacques verbunden, der hier im Winter zeitweise ohne mich wohnte. Manchmal unternahm er einen Angelausflug mit Elias oder brach einfach, mit Leinwand, Staffelei und Farben auf dem Rücken, zu den Klippen auf. Hier verankerte er sie im Kampf mit den Elementen an irgendeinem wilden und windigen Fleck. Das Haus erinnert mich auch an die vielen Freunde, die wir dort hatten. Wir bewirteten sie mit Safrankuchen und Tee auf unserer kleinen Terrasse, auf der man jetzt angenehmer saß, nachdem wir den baufälligen Schuppen abgerissen und den Fußboden neu gepflastert hatten.

Gemeinsam pflanzten wir einen kleinen Baum in einem Topf, um Schatten zu haben, und gemeinsam beschnitten wir die wuchernden Fuchsien. Eigentlich hatte Jacques es lieber, wenn im Garten alles wild durcheinanderwuchs. Wir taten es also nur unseren Nachbarn zuliebe, die sich darüber beklagten, daß die Zweige in die enge Gasse hineinhingen. Später nach Jacques' Tod wurden Fuchsia Cottage und das große Haus ein Refugium für mich, obwohl mich zunächst die Aussicht, sie allein zu unterhalten, mit dem Gefühl der Trostlosigkeit erfüllt hatte. Es dauerte eine Weile, bis ich mich auf dem überwachsenen Fußpfad wieder wohlfühlte.

Der schwierigste und schmerzlichste Teil beim Schreiben dieses Buches war, mich wieder an Jacques' grausame Krankheit zu erinnern und davon zu berichten. Lange Zeit scheute ich mich davor. Erst als die Schlagzeile einer Zeitung verkündete, daß Rex Harrison an Bauchspeicheldrüsenkrebs gestorben war, gab ich mir einen Ruck und las wieder in dem umfangreichen Tagebuch, das ich damals geführt hatte. Ich gehe zurück und erlebe noch einmal den Kummer dieses Winters 1987.

Jacques ruht auf dem »erholsamen« Gartensessel, die geschwollenen Beine auf Minas Nähschemel und mit Kissen im Rücken. Er ist bleich, abgemagert, hohläugig und sieht verzweifelt aus. Mit seinen farblosen Lippen und den stacheligen weißen Haaren wirkt er so herzzerreißend schwach wie ein kleiner Waisenjunge, und mein Herz ist schwer vor Angst um ihn.

Ich erleide seine Schmerzen mit – jedes Zucken in seinem wunden Zwerchfell. Die Krankheit hat nun schon drei Monate lang gewütet. Zuerst der Durchfall, dann die schrecklichen Schmerzen, dann die Schwellungen an den Fußgelenken und Beinen und die Knoten an den Schultern, Armen und Händen. Sein ganzer Körper ist wie eine offene Wunde – und ich weine. Ich weine um diesen über alles geliebten Mann, der mir Mutter, Vater, Liebhaber, Tröster und Lehrer gewesen ist, mein ständiger Begleiter und Verbündeter, mein Ehemann seit 23 Jahren.

Schweigend bete ich für ihn – und fühle die ganze Zeit über die Leere und das Nichts, die mich erwarten. Ich gebe mir Mühe, nicht schon im voraus zu trauern. Ich sitze mit ihm im Krankenhaus, wo er auf die Computertomographie wartet – und sehe, wie er erschüttert und traumatisiert herauskommt. Ich beobachte die gespenstergleichen Patienten in ihren Morgenmänteln: die Männer, die ihre Frauen, Töchter und Mütter trösten – und wieder weine ich um sie alle . . .

An diesem Abend erleidet er einen Schock. Er ist tief deprimiert und will nicht im Haus bleiben. Wir gehen ungefähr eine Stunde lang in der kühlen, feuchten Abendluft spazieren. Ich habe den Arm um seinen abgemergelten Körper gelegt und fühle mich ihm näher als je zuvor. Ich pflücke ihm eine weiße Rose im Garten am Hügel und habe eine Vision: eine weiße Lilie mit einem glühenden Licht darin. Morgen wird er die Ergebnisse der Untersuchung erhalten. Jacques sagt plötzlich, er habe Angst, er würde diese Nacht nicht über-

leben. Ich gebe ihm Whisky mit Wasser und lese ihm den Psalm 112 vor. Er schläft auf seiner Spezialliege neben meinem Bett und wacht wie üblich mehrmals in der Nacht auf.
Gemeinsam überstehen wir die Nacht. Wieder dämmert ein neuer Tag herauf, wieder bereite ich das Frühstück. Ich kaufe Kalbsleber ein, um Suppe zu machen und warte. Ich denke an unsere Spaziergänge in Cliveden, im Japanischen Garten, den er so liebte . . . und ich liebe ihn auch, diesen armen, schwachen, von Schmerzen gequälten Mann, der neben mir im Bett, von Kissen gestützt, meine Hand drückt, den Mann, der in all den Jahren an meiner Seite war – mein *Alles*.
Ich bete, ich lese Psalmen, ich bereite die besonderen Gemüse- und Obstsäfte zu, die ihm zu seiner Antikrebsdiät verschrieben wurden, wasche lange den Saftmixer aus, mache mir Sorgen um ihn, wenn er unsicheren Schritts auf der Terrasse umhergeht, und lausche angespannt, wenn er sich lange mit seinem Radio im Badezimmer aufhält. Beim Frühstück beobachte ich sein graues Gesicht, lausche nachts angstvoll auf seine Atemzüge, höre, wie er sich vor Schmerzen aufbäumt und windet, mein Mann, der Mensch, den ich über alles in der Welt liebe, der mir so still so viel Liebe, Schönheit und Verehrung dargebracht hat, in all diesen Jahren so uneigennützig war, und meine Angst überschreitet alle Grenzen. Ich möchte mir die Haare raufen, weinen und klagen. Doch ich beherrsche mich, bleibe ruhig, bemühe mich um ihn, muntere ihn auf, zeige ein optimistisches Gesicht, mache die Visualisierungsübungen mit ihm, beruhige ihn, streichle seine Hand, sein Gesicht, seine weißen Haare und ersinne einen Schlachtgesang gegen diese bösartige Krankheit.
»Im Frühling«, singt er, »wird alles besser werden . . .«

Als der Arzt mir sagte, daß Jacques nur noch sehr kurze Zeit zu leben habe, und es mir überließ, es ihm mitzuteilen, nahm Jacques die Nachricht zuerst ungläubig auf. Dann beschloß er rasch, wenn es irgendwo auf der Welt eine heilende Kur für ihn gebe, werde er sie versuchen. In Verzweiflung rief ich Freunde in Frankreich, Amerika und Israel an, um zu erfahren, ob sie etwas wüßten, irgend etwas, das uns noch eine Hoffnung ließe.

Offenbar war seine Krankheit schon zu weit fortgeschritten, als daß ihm noch die Inteferon/Interleukon-Behandlung helfen konnte, die ein Freund von uns durchführte. Doch dann erwähnte eine Bekannte in New York den jugoslawischen Arzt Stephan Durovic, der eine Praxis in Genf hatte und als erster ein Serum mit dem Namen Krebiozen anwandte, das zwei ihrer Freunde noch von Krebs in weit fortgeschrittenem Stadium geheilt habe. In aller Eile lasen wir die einschlägige Literatur, und Jacques entschied sich auf der Stelle, keine weitere Minute zu verlieren. Er drängte mich, Dr. Durovic in Genf anzurufen und zu sehen, ob er ihn als Patienten aufnähme.

Durovic war schon über 80 Jahre alt und nahm nur noch wenige Patienten an. Dennoch sagte er mir, als ich ihn anrief, er sei bereit, die nötigen Bluttests durchzuführen, und wenn wir sofort kämen, werde er einen Platz in der Klinik bereithalten. Jacques wollte ohne Rücksicht auf die Kosten in einem erstklassigen Hotel absteigen, und ich konnte das gut verstehen. Was er vor allem suchte, waren Trost und gute Pflege. Innerhalb einer Stunde hatte ich den Flug und ein Hotelzimmer gebucht und am Flughafen einen Rollstuhl bestellt. Ich wußte ja, daß dies dazu dienen würde, Jacques' Moral erheblich zu stärken. Denn nun hatte er wenigstens das Gefühl, daß etwas *getan* wurde.

Der Arzt in England hatte Jacques mit seinem Spruch: »Tut mir leid, aber wir können nichts mehr für Sie tun«

schwer demoralisiert, hatte ihm das Gefühl vermittelt, er sei schon abgeschrieben. Heute bin ich der festen Meinung, daß kein Arzt so etwas tun sollte, ganz gleich, wie es um den Patienten bestellt ist. Er sollte ihm immer noch einen Schimmer von Hoffnung lassen. Weil die konventionelle Medizin so oft die Todkranken abschreibt, wenden sie sich an alternative Heiler, die ihnen zumindest das Gefühl geben, sie seien nicht nur ausgediente Maschinen.

Nachdem ich alle Vorbereitungen für die Abreise in die Schweiz getroffen hatte, fühlte ich eine Mischung aus Erleichterung, Hoffnung und schwerer Angst. Jacques war schon so schwach, daß er, um am Leben zu bleiben, regelmäßige Bluttransfusionen brauchte. Außerdem war er in erheblichem Maße vom Morphium abhängig, das ihm die Ärzte automatisch fast sofort verabreicht hatten. Im Hinterkopf hatte ich die Ahnung, als Witwe heimzukehren. Und ich machte mir schon Gedanken über möglicherweise auftretende Schwierigkeiten, wenn es galt, seine sterblichen Überreste in die Heimat zu überführen. Natürlich durfte Jacques davon nichts wissen. Ich mußte ihm den Eindruck vermitteln, ich wäre voller Ruhe und Zuversicht. Dies war die härteste Aufgabe, der ich mich in meinem Leben gegenüber gesehen hatte. Und ich weiß, daß viele Frauen, die um den tödlichen Ausgang der Krankheit ihres Ehemannes wissen, in derselben Lage sind.

Hier ist ein Auszug meines Genfer Tagebuchs:

»Das Ramada *Renaissance*«, sagt Jacques erfreut. »Siehst du, das ist ein gutes Omen – Renaissance, also Wiedergeburt.« Er sah in diesem Namen fast eine mystische Bedeutung. Es war klar, daß er nach jedem Strohhalm griff. Als wir das luxuriös und trotzdem zurückhaltend ausgestattete Foyer des Hotels betreten, bestärkt uns diese saubere, ordentliche Einrichtung in unserer verzweifelten Suche nach *Heilung.* Dr. Durovic, ein Mann mit einem edel geformten Kopf und schönen Gesichtszügen, der uns im Arbeitszimmer seines auf dem Hügel Cologny gelegenen Hauses empfängt, scheint das zu spüren. »Ich werde um Sie kämpfen«, sagt er, und Jacques atmet auf.

Von unserem langen Hotelbalkon aus, auf dem Jacques sich zwingt, so oft wie möglich auf- und abzugehen, kann man den Hahn auf der Wetterfahne sehen. Das erfüllt ihn mit Hoffnung, und ich höre, wie er ihn ansingt. Der Himmel ist strahlend blau, die Luft ist frisch. Wir wandern langsam am Hafen entlang und füttern die Schwäne. Wir besuchen den Supermarkt und kaufen Weintrauben, Spinat und Karotten, um sie in den Mixer zu tun, den ich im Badezimmer aufgestellt habe.

Auch hier, wo uns ein hervorragender Zimmerservice zur Verfügung steht, halten wir dogmatisch die gleiche Diät wie daheim ein. Zum Mittagessen bestelle ich jeden Tag für Jacques Kalbsleber und für mich eine Gemüsesuppe. Jacques legt sich immer wieder die Kissen auf seinem Bett zurecht. Die Schwellungen werden schlimmer. Jacques kommt kaum noch in die Schuhe. Trotzdem gehen wir immer noch abends in den Straßen um das Hotel spazieren. Es ist der Rotlichtbezirk, und in den Hauseingängen stehen frierende Mädchen.

Die Hotelangestellten grüßen und beobachten uns neugierig. Jacques' schwerer Mantel verbirgt die Schwellungen, aber sein Gesicht ist hager und verfallen. Die Augen unter dem roten Barett, das er gegen die Kälte und um sich Mut zu machen trägt, sind hohl.

Als Jacques sich beim Frühstück mit Flocken, Obst und Eiern bedient und die Großzügigkeit eines Fünfsterne-Hotels genießt, fragt ein portugiesischer Zimmerkellner: »Monsieur ist krank?«

Später sagt Jacques: »Das ist es, was ich mir immer gewünscht habe – ein erstklassiges Hotel. Es ist wie zweite Flitterwochen.« Und wir sitzen zusammen, sehen den *Planet der Affen* im Zimmerfernseher oder spielen endlos Scrabble.

Über diesem Abgeschlossensein liegt ein Hauch von Unwirklichkeit – aber es schenkt uns auch ein vorübergehendes Gefühl der Sicherheit.

Trotz der ermunternden Worte des guten Dr. Durovic und der moralischen Wirkung der stärkenden, frischen Schweizer Luft in wunderschöner Umgebung konnte die Behandlung selbst nur sehr wenig ausrichten. Der Krebs war zu weit fortgeschritten und hatte schon die Leber angegriffen. Die täglichen Wege zur Klinik und die Bluttests erwiesen sich für Jacques als äußerst anstrengend. Er wurde ja nur noch durch Bluttransfusionen am Leben erhalten.

Durch den Morphiumentzug verschlimmerte sich manches. Er schwebte meist zwischen Schläfrigkeit und Halluzinationen, die ihn manchmal zum Entsetzen der Anwesenden an öffentlichen Orten wie in einem Restaurant überfielen. Wir hielten uns weiter gewissenhaft an die verordnete Diät. Ich verwandelte viele Pfund Karotten, Weintrauben und grünes Gemüse zu Saft. Meistens nahmen wir die Mahlzeiten im Hotelzimmer ein. Zweimal am Tage gingen wir am See spazieren, wobei wir zuweilen in einer kleinen Konditorei haltmachten und Kakao und Gebäck bestellten. Jacques konnte sich nur unter Schwierigkeiten und ganz langsam bewegen, wobei er sich auf meinen Arm stützte. Ab und zu blieben wir stehen, um die Schwäne zu füttern. Abends aßen wir normalerweise im Restaurant des Hotels. Danach unternahmen wir einen weiteren kurzen Spaziergang.

Nach zehn Tagen konnte Dr. Durovic die Ergebnisse der

Bluttests beurteilen und, falls es angezeigt erschien, mit der Behandlung beginnen. Er sagte uns aber ehrlich, die Röntgenaufnahmen und die Tests ließen nicht allzu viel Hoffnung, daß Jacques die Krankheit besiegen würde. Doch das Krebiozen könnte sein Leben ein wenig verlängern und seine Leiden mildern. Jacques war froh, die Wahrheit zu erfahren. Und als wir das kostbare Fläschchen mit dem Serum und die Anweisungen, wann es einzunehmen sei, erhielten, fühlte er sich zumindest ermutigt, obwohl er ständig schwächer wurde. Ich merkte, daß er gern in der Schweiz geblieben wäre, weil sie für ihn ein wenig Hoffnung verkörperte, und daß der Gedanke, nach England zurückkehren zu müssen, ihn bedrückte.

Ich zweifelte, ob ich die Rückreise mit Jacques allein bewerkstelligen könnte. Deshalb kam mein Bruder in den letzten Tagen unseres Schweizer Aufenthalts zu uns, um uns behilflich zu sein.

> Auf dem Flughafen von Genf wirkt Jacques außerordentlich schwach. Die zehn Tage andauernden Bluttests und das Warten auf Dr. Durovics Urteil haben ihn völlig erschöpft. Der Hämoglobingehalt in seinem Blut ist gefährlich niedrig, und ich habe Angst, daß er die Reise vielleicht nicht überleben wird. Mein Bruder Barry geht vor dem Wartesaal draußen in der kalten Luft mit ihm auf und ab.
>
> Es dauert eine Ewigkeit, bis der Rollstuhl eintrifft. Die Zollbeamten führen sich auf wie die Bolschewiken und wollen Barry partout nicht mit durchlassen, damit er den Rollstuhl schieben kann. Im Flugzeug fangen Jacques' Augenlider an zu flattern. Er ist kalkweiß und still, und ich behalte ihn ständig im Auge, aus Angst, er könnte sterben. Der Morphiumentzug, den Durovic ihm empfahl, hat ihn ebenfalls schwer mitgenommen. Ich kann

nicht entscheiden, woran er leidet: Sind es nur Entzugserscheinungen, oder hat sich sein allgemeiner Zustand verschlechtert?
Um die Sache noch schlimmer zu machen, findet meine Schwägerin lange Zeit ihren Wagen auf dem Parkplatz nicht wieder. Wir müssen ewig lange warten und haben das Gefühl, daß sich alles gegen uns verschworen hat. Wie sehnen wir uns beide nach der Schweiz mit ihrer frischen Luft und ihrer Behaglichkeit, wo uns alles nur wie ein böser Traum vorkam! Statt dessen sind wir nun wieder im grauen, ungemütlichen England, wo die Wirklichkeit nur zu deutlich ist.

Jacques hatte nicht mehr lange zu leben. Dies ist mein Tagebuchbericht über seine letzten Tage, den ich im Dezember 1987 geschrieben habe.

Jacques' Körper ist so aufgedunsen und sein Gang dadurch so unsicher geworden, daß der Arzt am Ort meint, ihm müsse Flüssigkeit entzogen werden. Er kann kaum noch atmen, gehen oder sprechen. Alles tut ihm weh. Trotzdem lehnt er Morphium ab und nimmt statt dessen erschreckend hohe Dosen von Paracetamol und Kodein, immer abwechselnd.

Es kam zu einer Meinungsverschiedenheit darüber, ob man ihm Flüssigkeit entziehen solle oder nicht. Außerdem wurde beschlossen, ihn ins Krankenhaus einzuliefern, wogegen er sich die ganze Zeit über gesträubt hatte. Tatsächlich hatte ich ihm ganz zu Anfang versprechen müssen, daß ich ihn zu Hause pflegen würde. Er wollte auch nicht in einem Pflegeheim aufgenommen werden. Das hätte für ihn so ausgesehen, als gäbe es überhaupt keine Hoffnung mehr. Ich konnte ihm da nicht widersprechen.

Denn einerseits zeigte diese Haltung seine große Tapferkeit, andererseits brachte es eine Menge Komplikationen mit sich.

Wir hören so viel über das »Sterben in Würde«, das ein Pflegeheim bietet. Ich habe das auch mehrmals miterlebt. Aber es gilt wohl nur für Menschen, die sich mit dem Gedanken anfreunden, daß man sich aufs Sterben »vorbereiten« kann. Wer jedoch wie Jacques denkt, daß immer noch eine Heilungsmöglichkeit besteht, solange man atmet, und daß man bis zum Ende kämpfen muß, für den ist das Pflegeheim eine absurde Idee. Der Kampf gegen die Krankheit mag tapfer und würdevoll sein, das Sterben aber nicht.

Das Krankenhaus der Nationalen Gesundheitsfürsorge befand sich zu dieser Zeit in einem finanziellen Engpaß. Die Angestellten waren demoralisiert und einfach nicht in der Lage, sich in angemessener Weise mit einem Todkranken zu beschäftigen. Die trübe Umgebung verstärkte sein Elend und mein Gefühl der Ohnmacht. Um ihm die letzten Tage zu erleichtern, bemühte ich mich verzweifelt, ihn in eine angenehmere Privatklinik zu verlegen. Es kostete alle meine Kräfte, das zu erreichen.

Dies ist eine meiner letzten Tagebucheintragungen vor Jacques' Tod:

> An einem Sonnabendnachmittag sitze ich an seinem Bett, und wir sehen uns auf dem kleinen tragbaren Fernsehempfänger, den Barry ihm gebracht hatte, den ersten Film an, den Jacques in seinem Leben gesehen hat, damals in Wien: *Maytime* mit Jeannette MacDonald und Nelson Eddy. Als sie »Sweethearts« singen, denke ich daran, daß dies wahrscheinlich auch sein letzter Film sein wird, und fange an zu weinen. Der Kreis hat sich geschlossen. Ich sitze am Bett und halte seine Hand.

Endlich können wir ihn heute in ein privates Krankenhaus verlegen. Mit letzter Kraft schaffe ich Jacques ins Freie, aber wir müssen eine Ewigkeit im Regen auf das Taxi warten. Nun endlich liegt er in einem hellen, luftigen Zimmer und kann die Vögel beobachten, die um den Vogelnapf flattern.

Doch Jacques' Geist und seine Moral waren schon gebrochen. Er starb am nächsten Tag. Meine Tochter Mina, die ihr Studium in Manchester unterbrochen hatte, um mir bei Jacques' Pflege zu helfen, war bei mir in dem kleinen Krankenhauszimmer geblieben, wo man uns vorübergehend zwei Betten zur Verfügung gestellt hatte. Mitten in der Nacht weckte uns Richard, der außerordentlich fürsorgliche Krankenpfleger, der ihn gewaschen und gepudert und alles versucht hatte, um es ihm etwas angenehmer zu machen und brachte uns die Nachricht. Er hatte ihm den neuen Schlafanzug angezogen, den ein Freund geschickt hatte, und Mina und ich gingen hinüber, um Abschied zu nehmen.

Bei seinen letzten Spaziergängen hatte Jacques noch so tapfer »Im Frühling, im Frühling« gesungen. Aber dieser Frühling war für ihn nie gekommen. Ich hatte die Worte des Lieds im Ohr, als mein Bruder mich über die dunklen Serpentinenstraßen entlang der Burnham-Strände nach Haus fuhr. Und ich weiß noch, was ich an diesem Abend im Auto gedacht habe: »Ich bin allein. Er ist nicht länger für mich da. Es gibt niemanden mehr zwischen mir und der Welt.« Ich fühlte mich vollständig verlassen.

II

Ein schwieriges Lied

Mir ist so, als sänge ich ein schwieriges Lied
und alle andern summten leise mit.

Ein Trauernder

Zum Glück werden die meisten Beerdigungen von nahen Verwandten und Freunden ausgerichtet. Die Hauptleidtragenden, die sich oft benommen und wie unter Narkose fühlen, erleben das Ganze nur wie »Schlafwandler« mit. Wie die meisten Menschen, hatte ich nicht die leiseste Ahnung, wie man eine Beerdigung ausrichtet. Ich wußte weder etwas über die Kosten noch über die zu beachtenden örtlichen Vorschriften und so weiter. Glücklicherweise übernahm dies alles mein Bruder Barry. Wie so viele Leute war ich geschockt, als ich hörte, was eine anständige Beerdigung kostet.

Ich habe nur noch eine vage Erinnerung daran, daß mein Bruder und mein Sohn Elias zum Standesamt fuhren, die Todesurkunde besorgten und mir von der Grabstätte berichteten. Ich hatte auch keine Ahnung, daß die Bürostunden für Todesfälle oder die Notwendigkeit einer späteren Obduktion eine Bestattung um Tage hinaus zögern können (und das jüdische Gesetz schreibt streng vor, daß die Beerdigung so bald wie möglich nach dem Tod stattfinden muß). Die Bürokratie kann ebensoviel Beklemmungen verursachen wie die Pflicht, der Mitwelt von dem

Geschehen Kenntnis zu geben. Wiederum war mir kaum bewußt, wer das übernahm und wie er es durchführte. Nur gelegentlich fiel mir jemand namentlich ein, den man meiner Meinung nach auch benachrichtigen müsse.

In meinem Zustand von Verwirrung und Schock spürte ich unendliche Angst davor, das ganze Begräbnisritual über mich ergehen zu lassen. Auch machte es mir angst, wenn ich daran dachte, daß meine Kinder an dieser schweren Prüfung teilzunehmen hatten. Ich war völlig unerfahren und fürchtete immer, irgend etwas falsch zu machen. Ich war auch nicht in der Lage, mich zu erklären und eigene Wünsche zu äußern, weil mein Kopf nicht klar war. So ließ ich mich treiben und überließ alles den anderen. Wie sich herausstellen sollte, half mir dieses Überlassen der Pflichten an andere – mit dem Beistand eines sehr sympathischen Priesters – wieder ein wenig Zuversicht zu gewinnen.

Am meisten fürchtete ich mich davor, meine Trauer in der Öffentlichkeit zu zeigen. Solange ich sie für mich behalten konnte – die geschwollenen Augen, die häufigen Tränenausbrüche, den unsicheren Gang – war es in Ordnung. Aber der Gedanke, daß alle Welt meine Trauer sehen würde, erschreckte mich. Ich konnte mich auch nicht entscheiden, was ich anziehen sollte. Das war das größte Dilemma an jenem Vormittag. Juden sind nicht verpflichtet, Schwarz zu tragen, aber der traurige Anlaß scheint es doch zu verlangen. Schließlich entschloß ich mich, statt eines Hutes ein schwarzes Kopftuch umzubinden. Am Tag davor hatte ich dunkle Kleidung für meine Kinder organisiert. Das war wenigstens etwas, worauf ich mich konzentrieren konnte.

Ich entsinne mich noch, wie ich kurz nach dem Tod meines Vaters auf der Suche nach einem angemessenen Kleid durch die Abteilung Damenoberbekleidung von

Marks & Spencer gewandert bin. Es war die einzige Tätigkeit, die meinen Geist vor Zerrüttung bewahrte.

Während der Trauerfeier war ich mir nur meiner Kinder bewußt, die an meiner Seite waren. Wir gaben einander Rückhalt. Ich sehe noch den schweren dunklen Wintermantel, den mein Sohn trug und in dem er viel älter wirkte, und das blasse, vom vielen Weinen geschwollene Gesicht meiner Tochter. Ich empfand uns als eine Art trauernder Triade – wir drei waren gemeinsam in eine Tragödie verstrickt und in diesem Augenblick unzertrennlich. Immerhin erblickte ich auch manchen anderen Menschen, dessen Anwesenheit mich überraschte und dankbar stimmte . . . eine Freundin, die noch spät mit ihrem Baby im Kinderwagen erschien . . . meine Mutter mit den weißen Haaren unter dem Kopftuch. Die ganzen Vorgänge bei der Beerdigung erlebte ich nur wie in Trance mit. Es war, als schlüge eine große Trommel den Takt und leitete mich. Ich folgte ihr, bis ich mit bloßen Händen etwas Erde auf den Sarg warf, schüttelte allen die Hand und wurde, noch immer in Trance, von meinem Bruder in seinem großen, ruhigen, bequemen Wagen nach Hause gefahren.

Ich glaube nicht, daß man irgendwelche Ratschläge geben kann, wie die schwere Prüfung der Beerdigung zu überstehen ist. Ich kann nur sagen: Irgendwie überstehen Sie sie. Zum Glück werden Sie nahezu blind und taub sein. Selbst wenn Sie Ihren Körper in Bewegung setzen, kommt es Ihnen vor, als geschähe dies ganz woanders. Sie werden sich auf jemanden stützen – und geleitet werden. Denken Sie daran, daß Sie sich so geben dürfen, wie Sie sind! Es gibt keine Verhaltensregeln. Ihre Freunde werden zur Stelle sein, um Sie aufzumuntern. Niemand wird eine Bemerkung über Ihre geschwollenen roten Augen oder Ihren Mangel an Beherrschung machen. Sie möchten zwar beherrscht erscheinen und so dem Geschehen eine feierliche Würde verleihen – aber wenn Sie zusammenbrechen, geht die Welt davon nicht unter. Stellen Sie keine zu hohen Ansprüche an sich!

Wenn Sie den Priester, der die Trauerfeier abhalten wird, nicht schon kennen, ist es gewiß nützlich, sich mit ihm bekanntzumachen, damit Sie ungefähr wissen, wie alles abläuft. Ich weiß noch, daß ich schrecklich durcheinander war, weil ich nicht wußte, was ich tun sollte, was man von mir erwartete. So war ich um so dankbarer, als man mir vorher den Ablauf in groben Umrissen erklärte.

Jacques hatte sich ursprünglich geweigert, unseren Rabbi zu empfangen. Doch als er immer schwächer wurde, willigte er schließlich ein. Ich glaube, er sah anfangs in einem solchen Besuch die Bestätigung dafür, daß seine Tage gezählt seien, daß er aufgegeben habe, und das wollte er nicht zugeben. Aber mit der Zeit gewöhnte er sich an den Gedanken seines möglichen Todes, ohne ihn jedoch passiv hinzunehmen. Nun konnte er den Rabbi mit weniger Angst und Schrecken empfangen.

Mich selber haben diese Besuche sehr getröstet. Der Rabbi flößte den Kindern und mir vor der Beerdigung Mut ein, indem er uns erläuterte, was zu den verschiedenen Zeitpunkten vorgehen würde. Vor allem wies er nachdrücklich darauf hin, daß das Ritual dazu gedacht sei, die Leidtragenden zu trösten. Die Trauernden fühlen sich oft auf diesem Gebiet hilflos, und das Ritual ist etwas, woran sie sich klammern können. Ich befragte ihn über jeden Aspekt. War meine Kleidung angemessen? Welche Worte sollte ich in den Grabstein meißeln lassen? Wie benimmt man sich bei einem Friedhofsbesuch?

Es ist auch gut, vorher mit dem Priester über den Menschen zu sprechen, den man verloren hat, über seine Interessen, seine Vorlieben und die wichtigsten Ereignisse in seinem Leben. Dann ist er mit dem Wesen des Menschen völlig vertraut, und er kann eine persönliche Trauerrede halten.

Jacques und seine Gemälde waren nicht voneinander zu trennen. Es war sein Talent, das seinen Kunstlehrer im besetzten Wien dazu veranlaßt hatte, ihm zu einem Platz auf einem der letzten Kinderzüge zu verhelfen. In all den turbulenten Jahren seiner entwurzelten Kindheit waren sein Talent und der Wille zum Malen sein flammender Leitstern.

Später hatte er Dutzende von Ausstellungen auf der ganzen Welt. Seine Gemälde hingen in vielen großen Museen und Galerien. Obgleich er eigentlich vornehmlich Landschaftsmaler war, wurde er in den Vereinigten Staaten auch als einer der besten Porträtmaler bekannt. So war es richtig, daß der Priester in seiner Trauerrede sowohl den prominenten Künstler als auch den Ehemann und Vater würdigte, den wir verloren hatten.

Es war nicht leicht, zwischen beidem das rechte Gleichgewicht herzustellen. Deshalb war ich dankbar, einen Priester zu treffen, der beides in einer sehr bewegenden und feinfühligen Ansprache am Grab auszudrücken verstand. Allen Witwen ist die letzte öffentliche Äußerung über ihren Mann wichtig. Ich habe manche Witwe gesprochen, die enttäuscht und traurig war, weil diese letzten Worte schlecht gewählt waren. Die meisten wünschen, in irgendeiner Form eine öffentliche Anerkennung zu hören. Die eigenen Gefühle kommen später.

In der jüdischen Religion gibt es eine traditionelle Trauerwoche, *Shiva* genannt. (»Shiva« ist das hebräische Wort für sieben.) In dieser Zeit werden im Haus der Leidtragenden kurze Abendgottesdienste gehalten. Die Trauernden selbst sitzen auf niedrigen Schemeln und empfangen Besucher. Auch davor hatte ich mich gefürchtet. Es heißt, es sei ein Trost für die Trauernden, wenn sie Ströme von Besuchern empfangen, die ihnen ihre Achtung zeigen. Das Essen wird woanders zubereitet und den Trauernden ins Haus gebracht. Zum Teil als Sinnbild ihres »Tabu«-Zustandes, zum Teil, um sie von häuslichen Pflichten zu entlasten.

Ich habe nur verschwommene Erinnerungen an das Geklapper von Tassen und Untertassen und an die Gespräche bei Tee und Kuchen. Immer wieder hörte ich die gleichen Bemerkungen: »Die Zeit heilt alle Wunden.« – »Du hast wenigstens noch deine Kinder.« – »Es ist gut, daß du deine Arbeit hast.« – »Du bist noch jung.« – »Das Leben muß weitergehen.« Ich war, wie ich mich erinnere, auch gerührt über die Zahl weit entfernt wohnender alter Schulfreunde und der Freunde meiner Kinder, die sich die Zeit nahmen, zu uns zu kommen. Ich hatte das Gefühl, es würde ein ganzes Netz der Unterstützung für uns geknüpft. Das brachte mir zu Bewußtsein, daß ich Teil einer Gemeinschaft war, daß auch die Mitmenschen meinen Verlust spürten und versuchten, die entstandene Leere zu füllen.

In der Tat stellte sich die Shiva als eine Ermunterung heraus, wie ich sie nie erwartet hatte. Zumindest gab mir das alles einen festen Punkt für jeden Tag. Sonst wären diese Tage zweifellos unendlich grau und inhaltslos verlaufen. Aber so wußte ich, daß ich aufstehen, mich anziehen und mich vorzeigbar machen mußte. Wenn ich daran zurückdenke, war es wichtig, daß ich etwas zu tun hatte, auch wenn es nur darum ging, mich auf den niedrigen Schemel zu setzen und zu warten. Ich glaube ganz fest daran, daß Leben heißt, »etwas zu tun«, daß mit den ersten Anzeichen äußerer Vernachlässigung im Inneren das Chaos ausbricht. Nach dem zweiten Tag freute ich mich geradezu darauf, bestimmte Menschen wiederzusehen. Ich merkte allmählich und wußte es zu schätzen, daß ihre

Gegenwart mir Trost spendete. Die gleiche Wirkung stellte sich bei meinen Kindern ein, die sich ebenfalls anfangs davor gefürchtet hatten.

Vor kurzem hörte ich in einem Fernsehprogramm eine junge Mutter über den Tod ihres Babys sprechen. Sie schilderte, welche Wirkung es auf sie gehabt habe, daß sie kurz danach immer Menschen um sich hatte. »Schon im tiefsten Kummer setzte eine Art Heilung ein. Unsere Verwandten und Freunde versammelten sich bei uns. Es war wunderbar. Wieder und wieder erzählte ich all diesen Menschen, wie es geschehen war. Ich ließ nichts aus. Daß sie uns zuhörten, unsere Hände hielten, bei uns waren, das war großartig. Es half uns, unser Leid zu bewältigen. Es führte uns vor Augen, daß wir trauern *durften.*«

Am Ende der Trauerwoche, als wir immer wieder die gleichen Redensarten gehört hatten, wenn ich ihnen, wie es mir vorkam, zum tausendstenmal erzählt hatte, wie die Diagnose für Jacques' Krankheit gestellt worden und wie der Tod eingetreten war (denn die Shiva verlangt es, daß man darüber spricht), da fühlte ich mich leer, aber gleichzeitig auch ein ganz klein wenig besser. Es war, als hätte ich mich irgendwie von etwas befreit. Und wenigstens war meine Furcht vergangen, mich vor anderen sehen zu lassen. Allerdings war ich noch weit davon entfernt, wieder der ganzen Welt ins Auge sehen zu können.

Ich würde sagen, daß die Shiva zwar einen unwillkommenen Druck auf den Trauernden ausübt, im ganzen aber eine gute Einrichtung ist. Sie gestattet einem eine »Auszeit«, bevor man wieder ins Leben hinaustritt. Sie gibt einem die nötige Einsicht in den eigenen seelischen Zustand, was sehr wichtig ist. Man hat gesagt, die Engländer hätten vergessen zu trauern. Es geschieht nur noch sehr selten, daß Leidtragende dem Leichnam Lebewohl sagen oder ermuntert werden, ihn zu berühren, zu halten, zu küssen oder zu fotografieren. All dies kann Trost bringen. In England respektiert man nur die »Trauer im Verborgenen«. Die normale englische Reaktion (wie ich sie häufig erlebt habe), ist, daß man sagt: »Ja, ich sehe ein, daß du weinen mußt. Aber tu das bitte nicht in meiner Gegenwart! Sonst sieht es noch so aus, als wäre ich die Ursache deiner Tränen – und nicht der Tod.«

In anderen Gesellschaftsformen wie in Indien hat man eine Anleitung zum Trauern. Die Menschen sind aufgefordert, während der Trauerfeier die Hand des Verstorbenen zu halten. Es kommt zu vielen Berührungen und tränenreichem Jammern in aller Öffentlichkeit, und immer wieder wird erzählt, wie der Tod eingetreten ist. Bei der jüdischen Shiva ist es gerade dieses ständige Wiederholen, das dauernde Erzählen der ganzen Geschichte mit allen Einzelheiten der Krankheit und des Todes, das eine Katharsis bewirkt, ähnlich wie bei der irischen Totenwache oder den traditionellen Bestattungs- und Trauerritualen in der Karibik, wo die Familie durch gutes Zureden viel Hilfe leistet.

In England hat man dagegen den Eindruck, Tod und Trauer wären Dinge, die man unter den Teppich kehrt, eine »Krankheit«, ein »vorübergehender Schluckauf«, von dem man sich so schnell wie möglich zu befreien hat. Aber die Leidtragenden wollen gar nicht, daß man ihnen sagt, sie sollten »ihr Leben gefälligst weiterführen«. Früher oder später wird das Leben sowieso weitergehen. Doch wenn einem nach Weinen, Klagen und hysterischen Anfällen zumute ist, warum sollte man dann sofort sein Leben weiterführen? Wie meine Hinterbliebenenberaterin sagte, werden Sie wahrscheinlich zu diesem Zeitpunkt »am Boden herumkriechen«.

Nach Jacques' Tod setzte der Rabbi seine Besuche bei uns noch einige Wochen fort. Besonders erwünscht war seine Hilfe, als meine Tochter eine schwere »Kummerkrise« durchmachte, der ich hilflos und ängstlich gegenüberstand. Ich persönlich fand es in diesem Stadium leichter, offen mit einem Priester zu sprechen, der unsere Familie seit Jahren kannte, als mit einem Hinterbliebenenberater. Allerdings war dieser Rabbi auch dafür ausgebildet. Ich hatte religiöse Bedürfnisse und Gefühle und mußte sie aussprechen. Wir sprachen viel über das Leiden und die jüdische Haltung dazu, die sich sehr von der christlichen unterscheidet. Das fiel mir besonders auf, als ich einige Zeit später das Schauspiel *Shadowlands* sah, die Geschichte der Beziehung zwischen dem Schriftsteller C. S. Lewis und der Amerikanerin Joy Davidman. Er verliebte sich in schon vorgerücktem Alter in sie, und sie erlag einem Krebsleiden. Die Aussage des Stücks hatte zu diesem Zeitpunkt für mich eine tiefe Bedeutung, wie dieser Tagebuchauszug zeigt:

> *Shadowlands* hat mich tief aufgewühlt. Als die zarte Jane Lapotaire mitten auf der Bühne im Bett lag, sah sie wirklich wie ein Krebsopfer aus, und Nigel Hawthorne brachte überzeugend die Angst des ihr tief verbundenen Ehemanns zum Ausdruck. Das Stück erweckte in mir so viele schmerzliche Augenblicke, besonders die Szene im Hotel, wo das Ehepaar versucht, während einer scheinbaren Besserung ihrer Krankheit ein paar Tage unbeschwert Urlaub zu machen.
> C. S. Lewis drückt die christliche Einstellung zum Leiden mit den Worten aus: »Schmerz ist Gottes Megaphon, durch das er zu einer tauben Welt spricht.« Das irdische Leben sei eigentlich nur ein Schattenland. Die jüdische Einstellung ist anders – in diesem Fall glücklicherweise. Für die jüdische Religion, die um vieles »weltlicher« ist, spielt das Leiden nicht die zentrale Rolle im Leben,

obwohl sie auf die gleiche Art einen Ausgleich dafür anbietet wie das Christentum.

Wir wissen nur, daß unsere Leiden von den Sünden unserer Väter oder Vorväter herrühren können, aber sie erfüllen keine positiven Funktionen und machen uns in keiner Weise zu besseren Menschen. Die Leiden werden uns auferlegt – wie das Buch Hiob zeigt – um unseren Glauben an Gott zu prüfen und uns darzutun, wie wenig wir fähig sind, SEINE geheimnisvollen Wege zu verstehen. Für mich war es sehr tröstlich, auf unserer West-End-Bühne ein Stück zu sehen, das den Leiden und dem Tod Bedeutung beimißt. Das Publikum war offensichtlich mitgerissen und dankte mit stehenden Ovationen. Vielleicht kommt dies in unserer Zeit einem öffentlichen Psychodrama, einem Ritual der Trauer, am nächsten.

Die Rolle, die die Religion für den einzelnen nach einem Todesfall spielt, ist von Mensch zu Mensch verschieden. Wenn sie immer im Mittelpunkt unseres Lebens gestanden hat, wird sie natürlich auch im Tod eine große Rolle spielen. Aber ich habe auch Menschen gekannt, die nie den Fuß in eine Kirche oder Synagoge gesetzt hatten, die behaupteten, Nicht-Gläubige oder Atheisten zu sein und die dennoch nach ihrem ersten schwersten Verlust in den einfachen Worten eines Gebets oder in der Befolgung eines Rituals Trost fanden. Angesichts des Todes, des äußersten Chaos oder des Zusammenbruchs der Struktur ist es nur menschlich, nach einem Sinn zu suchen. Es sei denn, man ist so zornig auf Gott (was durchaus geschehen kann, vor allem, wenn jemand einen Todkranken gepflegt hat), daß man als einzige Reaktion alles Religiöse zurückweist.

Ich glaube, ohne die Hilfe der Religion hätte ich die Krise von Jacques' Krankheit und seinem Tod nicht bewältigen können. Es kam so weit, daß ich mich mehr und mehr aufs Beten verließ, besonders aber auf das Lesen im Buch der Psalmen, das ich jederzeit – auch heute noch – auf dem Nachttisch liegen habe. Ich erinnere mich, wie Anatoly Scharansky, der sowjetische Dissident, mir in einem Interview gestand, er hätte die langen Haftjahre in der Sowjetunion ohne sein kleines Buch der Psalmen nicht überstanden. Er hatte sich nie von ihm getrennt. Ich weiß auch, warum er gerade die Psalmen so trostreich und ermutigend fand. Für jede Art von Stimmung, ob Traurigkeit, Triumph und Trotz, gibt es einen passenden Psalm.

Ich las sie Jacques während seiner Krankheit vor. Jeden Abend wählten wir aufs Geratewohl einen aus, indem wir das Buch an irgendeiner Stelle aufschlugen. Und immer fanden wir, daß er für den vergangenen Tag eine bestimmte Bedeutung hatte.

Bis zu seiner Krankheit war Jacques nicht im förmlichen Sinne religiös gewesen, obgleich er im tiefsten Inneren glaubte, daß Gott zu ihm spreche, ihn seine Allgegenwart durch seine eigene Kunst spüren lasse und daß Gott überall in der Natur zu finden sei. Doch erst im Endstadium seiner Krankheit fing er an, mit mir zu beten und sich die Psalmen anzuhören. Sie wurden zu einem wichtigen Bestandteil seines Kampfes gegen den Krebs. Was mich betrifft, so weiß ich, daß ich ohne mein kleines Buch der Psalmen und meine ständigen Gebete die Nächte kurz vor und nach seinem Tode nicht überstanden hätte.

III

Schattenland

Die Zeit bemaß sich nicht nach Stunden oder nach Licht und Dunkelheit. Der Kummer hatte seine eigene Zeit, seinen eigenen Rhythmus. So kam es, daß sie manchmal bei einer bestimmten Erinnerung weinen mußte oder sich nach seinem Körper sehnte . . .

Susan Hill, *Im Frühling des Jahres*

Die ersten Wochen nach der Beerdigung verflossen im Nebel. Ich nahm nur vage wahr, daß Menschen kamen und gingen und jeden Tag viele Beileidsbriefe eintrafen. Ebenso schattenhaft ist meine Erinnerung an die Mahlzeiten, die meine Mutter mir vorsetzte – sie blieb noch eine Woche länger – und an die Telefonanrufe. Zum Glück hatte ich während Jacques' Krankheit einen Anrufbeantworter angeschafft, der mich von einigem Druck befreite, denn ich hatte weder Energie noch Lust, mich auf ein Telefongespräch einzulassen. Ich lebte wie ein Rekonvaleszent, ich hatte eine »Auszeit« genommen. Ich stellte keinerlei Ansprüche an mich, sondern kapselte mich von allem ab.

Ich weiß, daß viele Menschen in einer solchen Lage gezwungen sind, sich sofort wieder am öffentlichen Leben zu beteiligen. Ich dagegen wagte mich in jenen ersten Tagen nicht einmal aus dem Haus. Wenn ich wirklich mal einen Fünfminuten-Spaziergang in unserer kleinen Straße machte, so erinnerte mich das an die abendlichen Spaziergänge mit Jacques, die die Kinder und ich in den letzten Wochen seines Lebens mit ihm unternommen hatten. Der Schmerz übermannte mich, und ich kehrte gleich wieder um. Meine Angehörigen waren um mich, und mehr und mehr achtete ich angstvoll auf ihre Emotionen. Doch meistens war es mir physisch unmöglich, mich von der Couch zu erheben und mir auch nur eine Tasse Tee zuzubereiten. Stundenlang saß ich untätig herum. Doch in meinem Hinterkopf nistete der quälende Gedanke, daß ich früher oder später diesen Schwebezustand beenden, Rechnungen bezahlen, Briefe beantworten, einkaufen gehen und mein Leben wieder in die eigenen Hände nehmen mußte.

Noch wochenlang nach Jacques' Tod fühlte ich mich wie ein Schatten. Ich brachte es nicht einmal über mich, einkaufen zu gehen. Denn ich hatte das Gefühl, allen Bekannten aus dem Wege gehen zu müssen. Ich empfand ein Gemisch aus Scham und Befangenheit allein über die Tatsache, daß ich noch existierte. So machte ich mich nach Möglichkeit unsichtbar. Und obwohl meine Religion es nicht verlangte, kleidete ich mich weiterhin dunkel.

Schließlich wagte ich mich doch auf die Straße und ging die paar 100 Meter zu den Geschäften. Unterwegs versteckte ich mich zeitweise in Hausfluren und wagte nicht mal einen Blick in ein Schaufenster, um ja nicht mein Spiegelbild zu sehen. Konnten die Leute mir *ansehen*, daß ich Witwe war? Zuerst fühlte ich mich so furchtbar verletzlich, daß ich nur mit Menschen sprach, von denen ich annehmen durfte, daß sie mir bestimmt nicht wehtun würden, auch nicht durch ein einziges unbedachtes Wort. Dieses Gefühl des Ausgesetztseins und der Verletzlichkeit ist in der ersten Zeit der Trauer so stark, daß eine Witwe erzählte, bei ihrem ersten Ausgang sei es ihr vorgekommen, als wäre sie gänzlich ohne Haut.

Als meine Mutter abgefahren war und ich nun ganz allein in dem großen alten Haus zurückblieb (die Kinder waren wieder im College), dachte ich als erstes daran, auszureißen, ein Flugzeug nach Spanien, Südamerika oder Australien zu besteigen – irgendwohin. Rings um mich war alles grau, und ich verlangte nach Sonne. Doch ich war ja viel zu schwach, um irgendwohin zu reisen. Mir wurde schon schwindlig, wenn ich nur in einen Supermarkt ging. Als nächstes wollte ich mich in meinen vier Wänden von allem abschotten. Mein Haus war mein Trost, wie alles, an das ich gewöhnt war. Ich konnte es nicht verstehen, daß mich die Leute dauernd fragten: »Ziehst du jetzt um?« Warum sollte ich den Wunsch haben, umzuziehen? Ein Trauma war genug. Also blieb ich und tat nur das Nötigste. Selbst die Pflanzen zu gießen, schien Stunden zu dauern. Den Wasserkessel aufzusetzen, war eine Arbeit von gigantischem Ausmaß.

Der Tod hinterläßt ein merkwürdiges Katastrophengefühl – das Gefühl, daß das Leben nicht mehr zu bewältigen ist. Man fühlt sich so schwach, daß man meint, jedem könnte jederzeit etwas zustoßen. Es dauerte lange, bis ich diese Furchtsamkeit überwand. Und sie sollte mich jedesmal wieder befallen, wenn ich einen Verlust zu beklagen hatte. So geriet ich zum Beispiel in wilde Panik, als meine Katze überfahren wurde. Doch alle erinnern einen daran, daß »das Leben weitergehen muß«. Das fällt einem aber nicht leicht, wenn man unter dieser schrecklichen Trägheit, der Dumpfheit oder der Depression der frischen Trauer leidet.

Und ausgerechnet dann stellt das Leben, das ja weiterzugehen hat, besondere Ansprüche. Bei mir kam hinzu, daß ich wegen Jacques' Krankheit seit einem halben Jahr nicht mehr gearbeitet und den Haushalt völlig vernachlässigt hatte. Viele Witwen wissen von diesen Schwierigkeiten in den ersten Wochen zu berichten, wenn sie, bar jeder

Energie, gezwungen sind, Ordnung in ihre Angelegenheiten zu bringen. Dann sehnt man sich wirklich nach einer Hilfe. Jedes Angebot, einen bei den alltäglichen Pflichten zu entlasten, ist zu diesem Zeitpunkt unerhört wertvoll.

In meinem geschwächten körperlichen Zustand litt ich, ohne es zu wissen, an klassischen Symptomen von »Angstanfällen«. Etwas beruhigt war ich, als ich in Lily Pincus' Buch *Todesfall in der Familie* las, daß manche Menschen sich in der Trauerzeit sogar Knochenbrüche zuziehen und umfallen, weil sie »den Gleichgewichtssinn verloren haben«. Ich litt in diesen ersten Monaten unter schrecklichen Schwindelgefühlen. Es passierte unweigerlich immer an derselben Stelle. Ich brauchte nur die Straße entlangzugehen und Marks & Spencer zu betreten, schon drohte ich umzufallen. Ich glaubte ernsthaft, ich hätte mir so etwas wie die Meunier'sche Krankheit zugezogen oder noch etwas Schlimmeres. Mein Arzt verschrieb mir Stemotil, ein normales Medikament gegen Mittelohrentzündung und Verlust des Gleichgewichtssinns. Es half.

Dann wieder war ich fest davon überzeugt, herzkrank zu sein. Ich hatte auch alle klassischen Symptome eines Herzanfalls. Doch meine Hinterbliebenenberaterin erklärte mir, daß mein Herzklopfen und die Herzrhythmusstörungen von meiner großen Angst herrührten. Die Ursache war also kein krankes, sondern ein »gebrochenes Herz«. In meiner Welt war das Unterste zuoberst gekehrt. Kein Wunder, daß ich kein Gleichgewicht mehr halten konnte. Als ich die Angst überwand und mein Leben allmählich wieder in den Griff bekam, ließen die Symptome auch nach.

Es ist nicht überraschend, daß viele Witwen für Krankheiten anfällig sind. Denn sie vernachlässigen ihren Körper. Gewichtsverlust ist sehr häufig die Folge, sogar Anorexie. Es sind nicht nur die Depressionen, die dir den Appetit rauben. Einkaufen und Kochen für nur eine Person ist einem zunächst völlig fremd. Man braucht Zeit, um sich an die kleinen Portionen zu gewöhnen, und es macht ja auch keinen Spaß, allein zu essen. Nach zwei Monaten merkte ich, daß meine Kleider an mir schlotterten. Ich hatte fast 13 Kilo Gewicht verloren. Das war kein Wunder, da ich doch so selten einkaufen ging.

Ich beschloß, auch wenn ich keinen Appetit hatte, wenigstens eine Kleinigkeit zu mir zu nehmen. Ich mußte angesichts der neuen Verantwortung, die auf mich zukam, dafür sorgen, daß ich gesund und kräftig blieb. Denn schließlich lag es allein an mir, daß alles in Gang kam. Dabei merkte ich, daß es schon genügte, auf Diät und körperliche Übungen zu achten, um seinem Leben eine feste Form zu geben und Depressionen zu verscheuchen. Ich hielt mich wieder an Leslie Kentons »50-Prozent-Rohkost«-Diät, nahm zusätzlich Mineralien und Vitamine ein, machte einmal in der Woche Dauerlauf (zuerst schaffte ich es kaum einmal ums Karree) und erledigte täglich ein sehr geringes Gymnastikprogramm, hauptsächlich Streckübungen wie beim Ballett. Das alles trug dazu bei, meinen Willen zu stärken, und gab mir ein Gefühl des eigenen Werts zurück. Denn in diesem Stadium ist das Selbstbewußtsein oft stark angeschlagen. Im Extremfall kommt man sich sogar völlig wertlos vor. Dann ist alles, was die Selbstachtung steigert, ein Schritt in die richtige Richtung.

In dieser ersten Zeit brauchte ich dringend einen sicheren Ort. Ging ich aus dem Haus, fühlte ich mich verletzlich. Doch daheim war ich auf vertrautem Grund, konnte wie ein einigermaßen normaler Mensch sprechen, lächeln und handeln. Vor allem konnte ich ich selber sein. Dieses »Ich« war oft recht infantil, wie zurückgeblieben. Manchmal kam es mir so vor, als wäre ich erst drei Jahre alt, wenn ich auf der großen Couch saß und meine Katzen streichelte, die damals mein einziger Trost waren.

Draußen war es anders. Da konnte ich jederzeit verletzt werden. An den unerwartetsten Orten und zu den unwahrscheinlichsten Zeiten, wenn ich glaubte, es ginge alles gut, brachte der geringste Anlaß einer plötzlichen Erinnerung meine verwundeten Gefühle an die Oberfläche. Alles mögliche konnte der Anlaß sein. Ein Artikel, den ich im Schaufenster erblickte und der mich an etwas erinnerte, das wir gemeinsam gekauft hatten. Ein bestimmter Geruch oder ein Laut reichten aus.

Ich erinnere mich, wie erschüttert ich war, als ich in der Stadt an einem sehr hübschen Geschäft für Unterwäsche vorbeikam, in dem Jacques mir immer Geburtstagsgeschenke gekauft hatte – diese Luxusunterwäsche aus wunderbarem Crêpe de Chine, die ich mir niemals selbst gekauft und die mir vermutlich auch kein anderer als er je geschenkt hätte. Ich eilte nach Hause und sah mir diese Wäsche an, in Seidenpapier eingewickelt, in meinen Schrankfächern, viele davon noch nie getragen. Da machte ich mir Vorwürfe, daß ich sie nicht zu seinen Lebzeiten getragen hatte und brach in Tränen aus.

»Du mußt dir Zeit zum Trauern nehmen«, sagen die Leute ernsthaft. Was meinen sie damit? Allzu oft wollen sie damit sagen, daß du unfähig bist, deine Emotionen zu meistern und deshalb einen »Experten« aufsuchen solltest. Aber ich sehe darin nur eine Flucht vor echter Trauer.

Heute wird »Hinterbliebenenberatung« oft als Allheilmittel angepriesen. Ich würde nicht zögern, sie denen zu empfehlen, die das Bedürfnis dazu haben. Aber ich glaube, nachdem wir das Sterben in die Hände der Ärzte gegeben haben und wegen unseres Tabus gegen das »Trauern« (so wie man im viktorianischen Zeitalter zu trauern pflegte), sind wir zu sehr geneigt, die ganze Verantwortung dafür den Experten zu überlassen. Wenn wir jemanden sofort zu einem Hinterbliebenenberater schicken, lassen wir alle anderen Möglichkeiten außer acht. Wir ordnen den Tod in eine Schublade ein, wie wir es mit dem Leben tun. Der Durchschnittsmensch fühlt sich bei Todesfällen und Leidtragenden zu unbehaglich, daß er ihnen nichts zu sagen hat. So kommt es, daß er ihnen aus dem Wege geht und von ihnen erwartet, sie sollten so bald wie möglich wieder »normal« werden. Wie oft hört man den im Ton der Bewunderung geäußerten Satz: »Ist sie nicht gut damit fertiggeworden?« In Wirklichkeit will man damit sagen: »Ist es nicht gut, wie sie es geschafft hat, daß wir uns in ihrer Gegenwart nicht mehr unbehaglich fühlen?«

Ohne den Wert von Beratern zu unterschätzen, würde ich erst mal die Frage stellen: »Wie kann man die schlimmste Erstarrung und Depressionen überwinden, indem man *seine eigenen seelischen Kräfte mobilisiert*?« Ein Berater kann einem vielleicht den Weg weisen. Doch ich halte es für viel besser, wenn man den Betreffenden Mut macht und ihnen den Glauben gibt, daß sie es *in sich haben*, selber mit allem fertigzuwerden und ihren eigenen Weg zu finden.

Wie bei einer Reise oder einem ähnlichen Unternehmen ist der Ausgangspunkt von großer Bedeutung. Wenn ich einen Umstand nennen sollte, der mir geholfen hat, meine wunden Gefühle in der ersten Zeit zu überwinden, würde ich sagen: Träume. Und ich würde von meinen Erfahrungen mit der Traumtherapie erzählen. Zugegeben, ich habe sie schon früher bei anderen Gelegenheiten angewandt. Ich glaube fest, daß so ziemlich alles als Therapie dienen kann. Man braucht nicht *unbedingt* professionelle Hinterbliebenenberater. Eine gute Freundin oder eine private Hilfsgruppe kann den gleichen Zweck erfüllen. Wenn sich allerdings jemand in seinem Kummer »vergräbt«, wenn er irgendwie blockiert ist, dann wird ein Katalysator oder Berater nötig sein.

Sehr oft übernehmen andere Witwen diese Aufgabe. Sie können aufgrund eigener Erfahrung helfen. Diese Art Hilfe bietet in England die nationale Organisation CRUSE (Tonkrug). Sie wurde zugunsten von Witwen gegründet und nach der Bibelgeschichte von der Witwe mit der wundersamen Ölkur benannt. Bei CRUSE kann eine Witwe über alle ihre Probleme sprechen. Man arbeitet nach einem System von Hinweisen und gibt einen monatlich erscheinenden Nachrichtenbrief heraus, den jede Witwe abonnieren kann.*

Ich selber habe zwar keinen Gebrauch davon gemacht, aber ich kenne viele, denen es genützt hat. Zumindest gibt es dort Menschen, die das gleiche durchgemacht haben und ehrlich sagen können: »Ich weiß, wie Ihnen zumute ist.« Eine Selbsthilfegruppe dieser Art kann äußerst wertvoll sein, und ich arbeite jetzt selbst in einer mit. Aber Sie müssen innerlich dazu bereit sein.

Der Zeitpunkt der Beratung ist überaus wichtig. Nach meinem Gefühl ist die Beratung von Hinterbliebenen in den ersten Tagen, wenn man stumpf und verwirrt ist und gar nicht den Wunsch hat, mit jemandem über seine Empfindungen zu reden, wenig hilfreich. Der erste Schritt ist, genau herauszubekommen, *was* man fühlt. Sie müssen sich mit Ih-

---

* In Deutschland gibt es noch keine nationale Organisation für Trauerhilfe. Aber in vielen Städten finden Sie Selbsthilfegruppen und Beratungsstellen, z. B. in Essen die »Beratungsstelle für Trauerbegleitung und Lebensberatung e. V., TABU«. Bei den Kirchen, an Volkshochschulen und anderen Bildungseinrichtungen gibt es Gesprächskreise und Gruppen für Trauernde. Auskunft über Selbsthilfegruppen in größeren Städten gibt die örtliche KIS (= Kontakt- und Informationsstelle für Selbsthilfegruppen) oder die NAKOS in Berlin (Nationale Kontakt- und Informationsstelle für Selbsthilfegruppen, Albrecht-Achilles-Str. 65, 10709 Berlin, Tel. 030/8 91 40 19. (Anm. d. Lektorin)

rer Traurigkeit, Ihrer Angst und Ihren Gefühlen vertraut machen. Später, dessen bin ich sicher, können Gruppen verschiedenster Art sich als große Hilfe erweisen. Aber in den ersten Tagen spricht viel dafür, allein zu bleiben und sich in die eigene Seele zu versenken, falls Sie das Bedürfnis haben.

Der Verlust eines geliebten Wesens zwingt Sie wie kein anderes Ereignis, mit Ihrem Seelenleben ins reine zu kommen. Entweder gelingt Ihnen das, oder Sie versuchen, sich abzulenken – durch Trinken, Medikamente oder sogar durch Promiskuität, alles eine Art vorübergehender »Narkose«. Nie war es so wichtig zu erfahren, was in Ihrem Unterbewußtsein vorgeht. Freud vertrat immer die Ansicht, daß Träume der »Königsweg« zum Unterbewußtsein sind. Seit ich vor fast 20 Jahren in den USA als Gestalt-Therapeutin ausgebildet wurde, habe ich zur Bewältigung der verschiedensten Probleme Träume und Traum-Workshops-Methoden angewendet.

Ich bin überzeugt, daß die Beschäftigung mit Träumen überaus nützlich ist, um Kummer oder Verlust jeglicher Art zu überwinden. Sie sind Führer in unser Unterbewußtsein, aber auch der Schlüssel zu dem vor uns liegenden Weg. Und das ist das Wichtigste. Träume geben uns immer eine, wenn auch zuweilen verhüllte, Antwort. Sie weisen uns einen Weg in die Zukunft. Wenn Sie sich mit einem Traum beschäftigen, ihn sich ins Gedächtnis zurückrufen, ihn aufschreiben, ihn im Wachen noch einmal »nacherleben«, werden Sie merken, daß sich einige Knoten in Ihrem Leben wie von selbst entwirren. Das finde ich entscheidend bei dem Bemühen, sich aus dem berühmten »grauen Nebel« zu befreien, von dem so viele sprechen, die einen schweren Verlust erlitten haben.

Nach einem Todesfall geht es vielen Menschen so, daß sie aufregende Träume haben, in denen der Tote wieder lebt, und dies so echt, daß es großes Leid oder starken Trost mit sich bringt, manchmal auch beides. Ich selbst hatte mehrere sehr lebhafte Träume sowohl nach dem Tod meines Vaters wie nach dem von Jacques. Wenn es möglich war, schrieb ich sie sofort auf. Es ist durchaus natürlich, daß der Tote im Traum wiederkehrt oder gesund wird.

Tagebucheintragung vom 5. Juli 1988

Ab und zu kehrt Jacques im Traum zu mir zurück. In solchen Träumen fühle ich ganz anders als in sonstigen Träumen. Sie sind so lebensecht, daß ich versucht bin zu glauben, die Toten verständigen sich in dieser Zeit wirklich aus einer anderen Dimension mit uns. Danach kommt es mir beinahe so vor, als hätte ich einen Kater, und verfalle in tiefen Schlaf, fast so, als wäre ich narkotisiert.
Offenbar haben manche Menschen nie solche Träume. Dabei handelt es sich oft um Menschen, die sich vor tieferen Gefühlen scheuen. Wie zum Beispiel die Witwe, die mir gesagt hat, sie habe Angst, von einem Toten zu träumen. Andere haben eine auffallend abergläubische Einstellung zu ihren Träumen. Vielleicht entsteht sie aus irgendeinem unbewältigten Schuldgefühl. Ich habe meine Träume immer hoch eingeschätzt. Ich wußte, sie enthalten den Schlüssel zu einem fehlenden Bestandteil in meinem Leben. Wenn jemand gestorben war, der mir nahe stand, habe ich immer kurz darauf von ihm geträumt. Ob dies daran liegt, daß ich meinen Träumen große Beachtung schenke oder ob es einen anderen Grund hat, weiß ich allerdings nicht.
Dieser Traum spielte in einem Kaufhaus im West-End (vielleicht dem Liberty, denn es war viel dunkles Holz zu sehen, und überall gab es enge Treppen). Hier lief

ich einer Freundin (einer sehr betuchten) in die Arme. Sie tat zuerst, als sähe sie mich nicht. Da sprach ich sie an. Ich sagte: »Es ist nicht so, wie du denkst. Jacques ist für kurze Zeit zu mir zurückgekehrt. Er ist jetzt auch hier und kauft mit mir ein.« Und siehe da, es tauchte ein sehr blasser, offensichtlich kranker Jacques vor uns auf. Wir nötigten ihn, auf einem Sessel Platz zu nehmen. Ich erzählte der Freundin, daß er in der letzten Nacht durch die Hölle gegangen sei. Aber es würde alles gut werden, sobald er wieder in den Himmel komme. Dann sah ich einige kurze Szenen aus der vergangenen Nacht, worin Jacques in einer Art Folterkammer schwitzend leiden mußte . . .

Beim Aufwachen war ich sehr traurig und bedrückt und hatte wieder das Gefühl, einen Kater zu haben. Ich beschloß, zum Friedhof zu gehen und pflückte im Garten einige Blumen. Ich wählte ein paar schöne Wicken, die ich selber aus dem Samen gezogen hatte. Dies war bedeutungsvoll, denn ich hatte immer die Blumen gepflanzt, die Jacques gern malen wollte. Es war ein Gefühl von Kontinuität, wenn ich auch jetzt die Farben für ihn aussuchte. Auf dem Friedhof stellte ich die Blumen in eine kleine Vase, die dort stand und jätete das Unkraut und das hohe Gras, das rings um das Grab emporgeschossen war. Ich war seit Wochen nicht mehr hiergewesen. Dabei begann ich ein Gespräch mit einer jungen Frau, die in der Nähe das Grab ihrer Mutter pflegte. Dies war das erstemal, daß ich mit jemandem zusammenkam, der hier dasselbe tat wie ich. Das Gefühl gegenseitigen Mitleids war tröstlich.

Der vorangegangene Traum ging mir lange nach, und es dauerte eine ganze Weile, bis ich begriff, was die Ursache war: Schuldgefühle und Kummer über Jacques' Krankheit, das Gefühl, gesellschaftlich isoliert zu sein, und meine Traurigkeit darüber, daß gewisse Personen nichts mehr mit mir zu tun haben wollten. Das ließ mich in meinem überempfindlichen Zustand annehmen, sie gäben mir an irgend etwas die Schuld. Die Tatsache, daß ich den Friedhof besucht hatte, verriet, daß ich sozusagen wieder den Dialog aufnehmen und irgendeine Lösung finden wollte. Der Traum hatte bewirkt, daß ich etwas zu diesem Zweck unternommen hatte,auch wenn mir seine Bedeutung nicht gleich klar geworden war.

Jeder Traum hinterläßt seinen eigenen Geschmack, Trauer und manchmal auch Trost, und oft dauerte es eine Zeitlang, bis ich seine Bedeutung verstand. Ich mußte mir den Traum erst durch den Kopf gehen lassen. Dann begriff ich, was er mir sagen wollte. Und dann erst wurde er für mich zu einem Schritt nach vorn.

Soviel ich weiß, ist außer in der Psychoanalyse die Beschäftigung mit Träumen nach einem schlimmen Verlust kaum je erwähnt worden. Und ich will hier auch keine Deutungen im herkömmlichen Sinn anbieten, weder im Sinne Freuds noch Jungs oder anderer. Ich glaube nicht, daß man die in unseren Träumen auftretenden Symbole nach festen Regeln deuten kann. Nur der Träumer selbst weiß, was sie im Zusammenhang mit seinem ganzen Leben, der Vergangenheit, der Gegenwart und der Zukunft bedeuten. Ich würde es auch ablehnen, daß jemand anders *meine* Träume deutet. Es dauert oft sehr lange, bis man die Bedeutung entdeckt, und dann muß es durchaus nicht die Bedeutung sein, die man ihm ursprünglich beigemessen hat.

Träume bieten Ihnen die Gelegenheit, Verlorenes in Ihnen wiederzufinden, und sie zeigen Ihnen Wege auf, diesen Verlust wiedergutzumachen. Träume bergen eine eigene Weisheit. Träume eröffnen Ihnen die Möglichkeit, mit Ihrer Seele in Kontakt zu kommen, gleichsam ein Gespräch mit ihr zu beginnen. C. G. Jung sprach in diesem Zusammenhang von »aktiver Imagination«, von der »Kunst, etwas geschehen zu lassen«. Er schrieb: »Wir müssen die Fähigkeit erlangen, Dinge in unserer Psyche geschehen zu lassen.« Sein Interesse galt dem, was geschieht, wenn die Seele gewissermaßen sich selbst überlassen bleibt, ohne daß das Ich sie wie üblich führt oder tyrannisiert. Das nannte er »den natürlichen Geist« – wie er sich am deutlichsten in der Phantasie offenbart. Im Schlaf nimmt die Phantasie natürlich die Form von Träumen an.

Das kann auch im Wachen geschehen, wenn wir einen Traum unter der Schwelle des Bewußtseins weiterspinnen. Jung entwickelte sogar eine Technik, mit deren Hilfe er sich in einen Zustand der »Träumerei« versetzte, halbwegs zwischen Schlaf und Wachsein. Er tat es, indem er sich vorstellte, in eine Höhle hinabzusteigen. Ich habe eine andere Methode. Wenn ich abends dösend im Bett liege, stelle ich mir vor, ich schwämme unter Wasser. Daraus entwickelt sich bei mir immer ein ungewöhnlich lebhafter Traum. Jung behauptet, man müsse alle Gestalten, die während eines Traums oder einer Träumerei auftreten, als richtige Menschen mit echten Erlebnissen ansehen. Wenn wir uns lange eingehend mit ihnen beschäftigen, erkennen wir, daß sie nicht aus unserem Seelenzustand entstehen, sondern daß sie umgekehrt unseren Seelenzustand beeinflussen. Darum scheinen die Stimmung und die im Traum erlebten Gefühle länger anzudauern. Und deshalb ist es so wichtig, genau zu erforschen, für welche Erfahrungen unsere Traumgestalten stehen.

Keine Träume zu haben ist meiner Meinung nach eine der häufigsten Ursachen für Depressionen. Ich glaube auch, daß Schlaflosigkeit öfter dadurch als durch irgendwelche körperlichen Ursachen hervorgerufen wird. Denn diesen Menschen bleibt die Möglichkeit vorenthalten, die Symbole ihrer Seele zu erforschen. Ich weiß jedenfalls, wenn ich lange und lebhaft träume, schlafe ich auch gut. Menschen, die von sich sagen, daß sie nie Träume haben, fehlt es im allgemeinen an Selbsterkenntnis, die der erste Schritt zu Genesung und Gesundheit ist. Sie kann wertvoller sein als jede Langzeittherapie auf der Welt, wenn man sie in der rechten Art behandelt.

Der Tod eines geliebten Menschen hinterläßt eine Leere in der eigenen Persönlichkeit, die wieder ausgefüllt werden muß. Und ich glaube, daß Träume dafür einen sehr guten Ausgangspunkt darstellen. Wenn Sie wie ich oft leicht einschlafen, aber beim Morgengrauen mit einem überaktiven Verstand aufwachen, sollten Sie einmal das versuchen, was ich dann tue. Ich bereite mir ein heißes Getränk und ein Sandwich zu und kann wieder mühelos einschlafen. Danach habe ich meist bis zum Aufwachen lebhafte Träume, an die ich mich gut erinnern kann.

Am besten, Sie legen Notizbuch und Schreibstift auf den Nachttisch. Auch wenn Sie sich hinterher nur teilweise an Ihren Traum erinnern, haben Sie etwas, mit dem es sich zu beschäftigen lohnt. Schreiben Sie alles, woran Sie sich noch erinnern, sobald wie möglich auf! Denn auch lebhafte Träume entschwinden meist bald wieder unserem Gedächtnis. Beginnen Sie den Tag mit Ihrer »Traumarbeit«, nehmen Sie sich ein paar Minuten Zeit, Ihren Traum in eine einfache, knappe Form zu bringen! Vor allem gilt es, sich an das Gefühl zu erinnern, das er bei Ihnen erzeugt hat. War es Angst, Freude, Zorn, Bedauern, Zärtlichkeit oder Erleichterung?

Da jeder Teil des Traums in gewissem Sinne ein Stück von Ihnen ist, sollten Sie jeden Teil für sich betrachten. Versuchen Sie, in den Gefühlen zu schwelgen, die der Traum bei Ihnen hinterlassen hat! Diese Gefühle ermöglichen Ihnen einen Schritt vorwärts, denn alle Träume enthalten die Lösung der Probleme, die Sie im Wachsein zu lösen oder zu entwirren versuchen. Gehen Sie noch einmal Schritt für Schritt die Erinnerung an Ihren Traum durch! Dabei müssen Sie besonders auf die Schnittstellen achten, wo ein Teil zu Ende ist und eine neue Szene beginnt. Wenn der Traum ein abruptes Ende gefunden hat, sollten Sie überlegen, wie er wohl weitergegangen wäre.

Sich Träume in die Erinnerung zurückzurufen, verlangt Übung. Sie werden merken, daß es mit der Zeit immer leichter wird. Sie werden auch erleben, daß Sie, wenn Sie einmal angefangen haben zu träumen, mehrere Nächte besonders lebhafte Träume haben werden, denen dann wieder eine Dürrestrecke folgt. Betrachten Sie Ihre »Traumarbeit« als einen Heilungsprozeß! In Ihrem Inneren gehen Veränderungen vor. Seien Sie dankbar für Ihre Träume! Sie sind die Weisheit Ihrer Seele, der beste Führer zum Glück und der Schlüssel zur Kreativität. Jeder Traum bringt Sie einen Schritt weiter zur Genesung.

Selbstverständlich gehören die Träume zu Ihrem Schlafrhythmus. Ich hatte in meiner Trauerzeit das Problem, das viele Menschen in meiner Lage auch haben: Ich schlief sehr unregelmäßig. Mein normaler Schlafrhythmus war schon gestört worden, als Jacques ernsthaft krank wurde und ich besonders nachts darauf bedacht war, für seine Bedürfnisse zu sorgen. Das hieß, daß ich fast jede Stunde aufwachte. Ich mußte aber schon tagsüber fast übermenschliche Kräfte für seine Pflege und die Aufrechterhaltung seiner Moral aufbringen. Nach einer Weile merkte ich, daß sich das nicht vereinbaren ließ. Wenn ich nachts nicht durchschlafen konnte, war ich tagsüber ein Wrack und konnte meinen Pflichten nicht nachkommen.

An einem gewissen Punkt sorgte ich deshalb dafür, daß nachts jemand anders seine Pflege übernahm und bat meinen Arzt um eine leichte Schlaftablette. Ich wußte ja, wie entscheidend wichtig ein guter Nachtschlaf ist. Andererseits war mir klar, daß ich, abgesehen von allem anderen, allein aus Angst normalerweise nicht durchschlafen würde.

Mein Arzt verschrieb mir Temazepam. Er versicherte mir, daß das Medikament mich leicht einschlafen lassen würde und absolut harmlos ohne jede Nebenwirkungen wäre, im Gegensatz zu den alten Barbituraten. Was er mir jedoch nicht sagte: wie alle Beruhigungsmittel macht das Medikament im höchsten Grade abhängig. Wenn ich es später absetzen würde, würden erhebliche Entzugserscheinungen auftreten.

Heute weiß ich, daß meine Schwindelgefühle, das Herzklopfen und der Nachtschweiß – Symptome, die ich damals auf Angstgefühle und Depressionen zurückführte – in Wirklichkeit entstanden waren, weil ich versucht hatte, ohne Hilfe vom Temazepam loszukommen. Abgesehen von dem gestörten Schlafrhythmus wachte ich unweigerlich mitten in der Nacht auf und geriet über irgend etwas in Panik. Zum Glück erwähnte ich das einmal gegenüber einem befreundeten Psychiater, der zufälligerweise auf Schlafstörungen spezialisiert war. Er sagte mir, das Temazepam könne die Ursache sein. Man könne von diesem und ähnlichen Medikamenten schon innerhalb einer Woche abhängig werden.

Leider machen nur wenige Ärztc ihre Patienten darauf aufmerksam. So können sie später schwere Entzugserscheinungen bekommen, was ihre bereits vorhandenen Angstgefühle noch verstärkt. Mein Freund empfahl mir ein besonderes »Entziehungspaket«, das bei Pharmafirmen erhältlich ist und die Dosis über einen Zeitraum von acht Wochen allmählich vermindert. Das funktionierte auch einigermaßen. Die unangenehmen Symptome wurden auf ein Mindestmaß zurückgeschraubt. Aber schlafen konnte ich trotzdem nie länger als zwei, drei Stunden hintereinander. Da ich einen ruhigen Schlaf für unerläßlich hielt, wenn ich wieder normal leben wollte, konsultierte ich eine Hypnosetherapeutin, die auch einmal meine Hinterbliebenenberaterin gewesen war. Ihre Behandlung half mir sehr. Mein gewohnter Schlafrhythmus wurde wiederhergestellt, meine Angstzustände hörten auf. Darüber hinaus ermöglichte sie es mir, Reserven an Energie und Mut auszuschöpfen, die ich nie bei mir vermutet hätte.

»Du brauchst Tapetenwechsel«, drängten mich meine Freunde. »Mach eine Reise!« Ablenkung! Alle rieten zu Ablenkungen. Doch das war vielleicht für andere Menschen eine Lösung, für mich nicht. In der Theorie hörte es sich ja ganz gut an. Doch in meinem schwankenden, unsicheren Zustand konnte ich mich kaum zu einer so wichtigen Entscheidung durchringen. Ich buchte zwar mehrere Flüge, ließ sie dann aber wieder streichen. Schließlich raffte ich mich zu einer viertägigen Reise nach Paris auf, wo ich Verwandte besuchen wollte.

Zwölf Stunden lang schleppte ich mich täglich vom Petit Palais zum Grand Palais, vom Musée zum Centre Pompidou. Meine Augen waren erschöpft, meine Füße konnten mich kaum noch tragen. Aber ich zwang mich, weiterzugehen und mir Hunderte von Bildern anzusehen, auch wenn ich eigentlich nur ein oder zwei wirklich aufnahm. Ich hatte früher immer Bilder mit Jacques zusammen betrachtet, und dies war so etwas wie der Versuch, die ganze Kunstwelt auf einmal zu erfassen, ein schwindelerregendes Unternehmen, den Geist aller Gemälde, die wir gemeinsam gesehen oder über die wir diskutiert hatten, zu bannen. Es war, als wäre ich gezwungen, sie zu betrachten und ihr Wesen zu verstehen, um meine eigenen Erfahrungen zu ordnen.

Dann passierte es. Ich war den ganzen Tag umhergelaufen, und es war kalt. Müde und hungrig ging ich in eine kleine Crêperie auf der Ile St. Louis, um einen Pfannkuchen zu essen. Ich hatte kaum den ersten Bissen zu mir genommen, als mir die Tränen kamen. Jacques und ich hatten auf unserer letzten Reise nach Paris gemeinsam Crêpes gegessen. Ich blickte in einen Spiegel und sah mich. Im Geiste sah ich zwei Personen. Doch das Spiegelbild zeigte nur eine: ich war allein. Voller Verzweiflung teilte ich meinen Verwandten mit, daß ich heimreisen wolle.

Um mich aufzumuntern, schenkten sie mir einen Yves-Saint-Laurent-Seidenschal in leuchtenden Farben: lila, grün und rot. Die Farben waren so lebendig, daß sich meine Stimmung etwas besserte. Bisher hatte ich nur dunkle Farben getragen. Jetzt wagte ich es, den glänzenden Schal umzulegen – eine kleine, aber wichtige Konzession.

Als ich wieder daheim war, merkte ich, daß die Reise nach Paris wenigstens mein Selbstvertrauen gestärkt hatte. Wenn ich in der Lage war, ein Flugzeug zu besteigen, konnte ich sicherlich auch ein paar meiner Redakteure und Kollegen anrufen, um mit ihnen Verbindung aufzunehmen. Ich hatte seit fast einem halben Jahr nicht mehr gearbeitet und sah mich einem ständig anwachsenden Schuldenberg gegenüber. Irgendwo mußte ich wieder einen Anfang machen. Ehe ich das Haus verkaufte und mich zu diesem Zeitpunkt heimatlos machte, wollte ich lieber eifrig arbeiten und meine Schulden selber begleichen.

Es war mein erster großer Entschluß. Zum Glück hatte ich mir in den letzten 20 Jahren eine Karriere geschaffen und konnte, wenn ich mich ihr wieder widmete, meinen Lebensunterhalt selber bestreiten. Natürlich gibt es viele Frauen, denen das nicht vergönnt ist, die kaum mit ihrer Witwenpension auskommen können und gezwungen sind, ihre Häuser zu verkaufen, um die Schulden ihrer Männer zu bezahlen und sich ihren eigenen Unterhalt zu sichern.

Diese ersten Telefonanrufe nach meinem Entschluß, wieder berufstätig zu werden, fielen mir am schwersten. Doch die Erkenntnis, daß ich wenigstens auf beruflichem Gebiet weiterleben konnte, war ein wichtiger Schritt auf dem Weg zu meiner Genesung. Paris war dafür ausschlaggebend gewesen. Es hatte mich zumindest erkennen lassen, was für mich entscheidend wichtig war. Nämlich in meinem geliebten Haus zu bleiben. Und um das möglich zu machen, mußte ich in die Welt des Journalismus zurückfinden.

IV

Diese braunen Briefumschläge

Meine Rettung war die Arbeit.
Vier Tage nach der Beerdigung beschloß ich, einen Vertrag zu erfüllen, der mich neun Wochen lang auf eine Tournee führen würde. Jeden Abend gaben wir in einer anderen Stadt eine Vorstellung. Ich kann mich an nichts erinnern, was in dieser Zeit meines Lebens geschah. Ich weiß nicht mal mehr, wo ich und was ich dort gewesen bin und was ich dort tat.

Katie Boyle

Es ist klar, daß nicht jede Witwe die Möglichkeit hat, wieder in eine begonnene Karriere einzusteigen oder ihre alte Stellung anzunehmen. Doch ohne Zweifel können Sie einen Trauerfall und besonders den damit verbundenen Verlust Ihrer Identität und Ihres Lebensinhalts am besten überwinden, wenn Sie sich in irgendeine Arbeit stürzen. In meinem Fall erwies sich dic Arbcit als cin Gottesgeschenk. Ohne sie wäre es mir unmöglich gewesen, meine Tage sinnvoll zu verbringen, neues Selbstvertrauen zu gewinnen und vor allem meinen finanziellen Verpflichtungen nachzukommen. Wenn Sie Ihr Augenmerk auf etwas richten, was außerhalb Ihrer unmittelbaren Gefühle und Probleme liegt, so wirkt das nicht nur wie eine Art Narkose, sondern auch als Ansporn, als Sprungbrett in die Aktivität. Es wird geradezu zu einer Daseinsberechtigung.

Als Kolumnistin und Feuilletonschreiberin mußte ich mich langsam wieder in Erinnerung bringen. Zu Anfang hatte ich sogar jedes Vertrauen in meine Fähigkeit zu schreiben verloren und dachte kurze Zeit, es nie wieder zu können. Erst als mir Redakteure und Kollegen Aufträge gaben, die im Bereich meiner damaligen Fähigkeiten lagen, und man großes Verständnis für mich zeigte, begann ich langsam wieder zu schreiben. Meine ersten Artikel beschäftigten sich mit dem Schicksal von Witwen. Das gestattete mir, meine Empfindungen auszudrücken und gab mir das Gefühl, anderen etwas Nützliches mitzuteilen. An meine Fernsehkolumne in der *Daily Mail*, die einen gewissen spritzigen Stil verlangt, wagte ich mich noch monatelang nicht heran. Doch ich wußte, daß ich mich, sobald ich über einem Zeitungsartikel meinen Namen gedruckt las, wenigstens an diesem Tag besser fühlen würde. Hier folgt eine Tagebucheintragung aus der Zeit, als die Kolumnistin Jean Rook ihren Mann verlor und mir besonders ein Satz, den sie geschrieben hatte, aus dem Herzen sprach.

»Als ich die Kolumne las, kam mir wieder zu Bewußtsein, daß ich immer noch Jean Rook vom *Daily Express* war.«
Wie gut ich dieses Gefühl kannte! Vielleicht ist es ein trauriges Zeichen, daß ich mein Foto und meinen Namen in der Zeitung brauchte, um bestätigt zu sehen, daß ich noch da war, noch eine Identität besaß. Aber es war so. An den Tagen, an denen meine Kolumne erscheinen sollte, sprang ich um 7 Uhr morgens aus dem Bett und rannte nach unten, um zu lesen, was für eine Überschrift sie formuliert hatten und wie das Layout gestaltet war. Bei einer Tasse Tee las ich den Artikel mehrmals, um festzustellen, was sie gestrichen oder geändert hatten.

Und wenn ich mit dem Ergebnis zufrieden war, war ich den ganzen Tag über in gehobener, ja fast aufgeregter Stimmung. Dann sah ich mich bestätigt und wußte nicht nur, daß ich noch lebte und wirkte, sondern daß ich in der Welt auch eine Funktion hatte.

Die Arbeit war weiterhin mein Lebensretter. Ich fand heraus, daß ich viel mehr produzieren konnte, als ich für möglich gehalten hatte. Zum Teil, weil ich lange, leere Stunden damit ausfüllen konnte, daß ich irgend etwas schieb, von Briefen bis Tagebucheintragungen, von meinen Fernsehkolumnen bis zu Exposés für Fernsehsendungen. Das nahm mitunter bizarre Formen an. So versuchte ich im ersten Jahr, um mit meiner Trauer fertigzuwerden, ein Situationslustspiel über drei Generationen von Frauen und ihre Beziehungen zu Männern zu schreiben. Es hieß *Stepping Out* (»Der Schritt nach draußen«).

Natürlich schöpfte ich dabei aus meinen eigenen ziemlich ungewöhnlichen Lebensumständen. Meine Mutter, die ja auch seit kurzer Zeit Witwe war, hatte wieder angefangen, »sich zu verabreden« und tatsächlich einen neuen Partner gefunden. Meine Tochter hatte sich mit einem alten Schulfreund zusammengetan. So geriet ich in die merkwürdige Lage, mir über beide Gedanken zu machen und meiner eigenen Mutter, die auf cinmal wieder so mädchenhaft kokett geworden war wie ein Teenager, Ratschläge zu erteilen.

Selbst an den schlimmsten Tagen konnte ich nicht umhin, das Komische an dieser Lage zu sehen, und so verwertete ich das täglich in meinem Lustspiel. Jemand hat mal gesagt, man könne sich aus jeder Zwickmühle durch Schreiben befreien, sogar aus der Hölle. Die Wahrheit dieser Worte erkannte ich bald beim Schreiben meiner ersten schwarzen Komödie. Schließlich brachte ich den Mut auf, Linda Agram, der Dramaturgin von London Weekend Television, das Exposé des Stückes vorzulegen. Sie glaubte, es habe Chancen, aufgeführt zu werden. Ich wollte es gerade zu Ende bringen, als ausgerechnet zu diesem Zeitpunkt eine neue Fernsehserie angekündigt wurde, die nach der Hörspielserie *After Henry* geschrieben war. Da sie ein sehr ähnliches Thema hatte, mußte mein Projekt nun vorläufig auf Eis gelegt werden.

Natürlich war ich enttäuscht. Doch zumindest war es mir gelungen, tiefergehende Empfindungen humoristisch darzustellen, ja, die unterschwellige Trauer dadurch sogar zu bannen. Ein ganzes Jahr lang hatte ich mich zwei, drei Stunden am Tag diesem Stück gewidmet. Und ich bin sicher, daß ich mich dadurch von einer quälenden Last befreit habe.

Einer nicht berufstätigen Frau kann es schwerer fallen, einen neuen Lebensinhalt, einen neuen Tagesablauf zu finden. Manche – wie eine junge Witwe namens Sarah, die wenigstens finanziell abgesichert war, aber in 22 Ehejahren nie gearbeitet hatte – finden dies in freiwilliger unbezahlter Arbeit oder in neuen Hobbys. Sie begann als Aushilfe im örtlichen Pflegeheim und trat außerdem in den Kirchenchor ein. Andere – wie Marie, eine schon ältere Witwe – erreichen das gleiche, indem sie sich verstärkt um ihre Angehörigen kümmern. Marie betreut jetzt an zwei, drei Tagen der Woche ihre Enkelkinder und reist regelmäßig nach Nord-England, um ihre anderen Kinder zu besuchen.

Andere ältere Witwen sind weniger gut dran. Die 79jährige Louise, die an Arthritis leidet und kaum Verwandte hat, ist an ihre kleine Wohnung gefesselt und beim Einkaufen und bei Ausgängen auf ihre Nachbarn angewiesen. Glücklicherweise hat die örtliche Kirche ein Hilfswerk organisiert und schickt ihr zweimal in der Woche eine junge Frau für die Hausarbeit. Louise wird auch zum Kartenspielen für ältere Leute abgeholt und zurückgebracht.

Isolierung und Einsamkeit sind für Witwen wie Louise die größten Probleme. Ein weiteres ist Armut, vor allem für die junge Witwe mit Kindern, der entweder Schulden hinterlassen wurden oder die über kein Einkommen und keine Berufsausbildung verfügt. Viele alleinerziehende Eltern sind so arm wie sie. Die Findigeren unter ihnen schaffen noch eine Ausbildung und eröffnen ein kleines Geschäft, oder sie arbeiten als Selbständige – als Taxifahrerin, als Betreiberin einer bescheidenen Getränkeauslieferung oder als Kunsthandwerkerin. Manche, die noch nie gearbeitet hatten, haben die Firma ihres Mannes geerbt und sind entschlossen, sie weiter erfolgreich zu führen. Der zweimaligen Geschäftsfrau des Jahres, Jennifer Goldstein, Chefin von JJ-Moden, ist es so ergangen, als sie mit Anfang 30 Witwe wurde. Sie machte aus einer kleinen Firma das erfolgreichste Unternehmen der 80er Jahre.

Doch außer den Reichen und den Gutversorgten erleiden alle einen Rückschritt in ihrem Lebensstandard. Das ist unvermeidlich, wenn der Hauptverdiener stirbt. Im Gegensatz zu den alleinerziehenden Eltern, die oft *freiwillig* ledig geblieben sind, muß die Witwe sich erst mal damit abfinden, daß ihr Schicksal unabänderlich ist, bevor sie Strategien entwirft, mit denen sie die neue Wirklichkeit bewältigt. Und es kann sein, daß diese Einsicht der wichtigste Schritt ist.

Für mich bestanden die ersten Wochen hauptsächlich aus Versuch und Irrtum. Ich machte mir unablässig Sorgen um meine Finanzen und um meine Arbeit und merkte, daß ich mich auf nichts verlassen konnte. Erst zwei

Jahre nach Jacques' Tod waren meine finanziellen Angelegenheiten einigermaßen geordnet. Es ist ein Irrtum zu glauben, man könne alles auf einmal in Ordnung bringen.

»Finanzberater« gibt es im Überfluß. Doch aus eigener Erfahrung meine ich, man solle sich zunächst von ihnen fernhalten. Man hatte mich überredet, mich an eine sehr ambitionierte Firma von »Finanz- und Anlageberatern« zu wenden. Aber mir sagte sie überhaupt nicht zu. Ich sah ihre Penthouse-Suite in Mayfair und den redegewandten Unterhändler, und sie kamen mir wie Räuber vor, die es nur auf mein nicht vorhandenes Geld abgesehen hatten. Wie viele dieser Firmen wollten sie mich dazu überreden, einen viel größeren Kredit aufzunehmen, als ich brauchte. Das machte mich noch unsicherer. Ich war kaum überrascht, als ich zwei Jahre später erfuhr, daß sie des Betrugs und des mißbräuchlichen Umgangs mit Fonds beschuldigt wurden. Irgend etwas hatte mich gewarnt, entweder Intuition oder ein puritanischer Einschlag. »Leute wie Sie werden niemals reich«, hatte mir der Unterhändler entgegengeschleudert. Das mag schon sein. Aber ich war doch heilfroh, daß ich mich nicht hatte einfangen lassen.

Etwa ein Jahr später konnte ich mit meinen Emotionen und meinen Finanzen schon weit gelassener umgehen. Es dauert oft ein Jahr oder zumindest sechs Monate, bis man genau weiß, wie man finanziell dasteht. Man ist ja nicht in der Lage, sofort sein potentielles Einkommen einzuschätzen, besonders wenn man selbständig oder freiberuflich tätig ist. Oder ob man, wie in meinem Fall, überhaupt willens oder fähig ist, produktiver zu werden, um sein Einkommen zu verbessern. Ich habe jedenfalls hart gearbeitet, um es zu verdoppeln. Darum finde ich, daß es oft sinnlos ist, eine Angabe über sein »voraussichtliches Einkommen« zu machen. Woher in aller Welt soll man das wissen?

Ich war froh, daß ich abgewartet hatte, bevor ich größere Entscheidungen traf. Nachdem ich mich mit meiner Bank, meinem Anwalt und einem Buchhalter beraten hatte, konnte ich mich in Ruhe über die besten Investitionen und Kredite informieren. Dabei habe ich gelernt, daß alle zufrieden sind, wenn man seine Schulden in regelmäßigen Ratenzahlungen abträgt. Und man selbst ist es auch.

Es ist bei Witwen aus meiner Generation nicht ungewöhnlich, daß sie erst noch lernen müssen, was heutzutage jede 19jährige automatisch weiß. Ich war beinahe eine »Kindbraut«, da ich direkt aus dem elterlichen Haus ins Haus meines Mannes ging. Und da Jacques so viel älter war als ich, war er es schon gewöhnt, seine Geldangelegenheiten selbst in die Hand zu nehmen. Bis ich Witwe wurde, hatte ich immer gedacht, ich wäre die einzige Frau, von der nie verlangt worden war, mit Geld umzugehen, ich meine, mit größeren Summen wie etwa mit einer Hypothek. Daher war ich überrascht, als ich merkte, wie viele Frauen, auch berufstätige mit ordentlichem Einkommen, ihren Partnern alle größeren Geldangelegenheiten überlassen: die Bezahlung von Rechnungen, das Ausstellen von Schecks, den Umgang mit Versicherungen und Banken.

Geld ist für eine Witwe eine Quelle großen Ärgers und nicht weniger Ängste, ob für sie nun vorgesorgt wurde oder nicht. Und für viele wurde es nicht getan. Viele Hinterbliebenenberater sind der Ansicht, daß Ärger wegen des Geldes eine der Hauptursachen für pathologischen Kummer ist. Ich bin überzeugt, daß Frauen beim Umgang mit Geld besondere Probleme haben. Und das nicht nur wegen ihrer Einstellung zum Geld, die sich sehr stark von der Einstellung der Männer unterscheidet – schon der Gedanke an Schulden und Kredite flößt ihnen oft eine panische Angst ein – sondern auch, weil sie nie welches gehabt haben oder alles, was sie hatten, ihrem Partner überlassen oder in die gemeinsame Kasse gesteckt haben.

Der Umgang mit Geld und die Neuordnung meiner Finanzen gehörten nach Jacques' Tod zu meinen größten Problemen. Ich mußte meine Einstellung dazu von Grund auf ändern. Ich mußte meine Angst vor dem Geld ablegen, mußte erkennen, daß ich damit umgehen konnte, und vor allem Vertrauen gewinnen, daß ich fähig war, genügend Geld für einen anständigen Lebensunterhalt zu verdienen. Jacques hatte, wie viele Ehemänner, kein Testament hinterlassen. Für mich schuf das zufälligerweise keine größeren Probleme. Doch für viele Witwen kann das katastrophale Folgen haben. Außerdem waren bei seinem Tode seine Finanzen ziemlich ungeregelt. Obgleich er nicht ohne Besitz und einigermaßen gut versichert war, hatte er in der Zeit seiner Krankheit beträchtliche Schulden gemacht. Mir blieb es überlassen, sie zu tilgen. So erhob sich die Frage, ob ich das Haus oder einige von Jacques' Bildern verkaufen sollte. Doch ich war noch nicht imstande, größere Entscheidungen zu treffen, die ich später vielleicht bereut hätte.

Viele Witwen geraten in Panik, sogar die von reichen und berühmten Männern. Die Witwe des berühmten Romanschriftstellers Graham Greene glaubte anfangs, ihr Mann hatte sie nicht in seinem Testament bedacht und verkaufte deshalb einige Manuskripte seiner früheren Werke. Bei der Testamentseröffnung stellte sich das als unnötig heraus, da er gut für sie gesorgt hatte.

Ihr erster Gedanke ist: »Wovon werde ich von jetzt an

leben?« Es ist mit Sicherheit ein Schock, wenn Ihr Mann mehr Schulden hinterlassen hat, als Sie vorher ahnen konnten. Und keine Witwe mag in diesen kummervollen ersten Wochen gern daran denken, daß sie nun alles verkaufen muß. Dann ist es von erstrangiger Bedeutung, festzustellen, wie Sie finanziell wirklich dastehen. Viele Witwen müssen erkennen, daß ihre finanzielle Lage ganz anders ist,als sie es sich vorgestellt hatten. Was wohl daran liegt, daß eine Menge Männer gegenüber ihren Frauen aus ihren geschäftlichen Angelegenheiten ein Geheimnis machen. Es kommt außerordentlich oft vor, daß Ehefrauen, die sich ihr ganzes Leben lang in finanzieller Sicherheit wähnten, beim Tode ihres Mannes erkennen, daß ihre Verbindlichkeiten viel höher sind als ihre Aktivposten, daß ihre Männer unterversichert gewesen sind, ihre Kreditkarten oder ihre Bankkonten überzogen haben und so weiter.

In meinem Fall war die Hypothek auf das Haus automatisch zur Deckung eines Teils der Versicherungskosten verwendet worden. Ein Freund gab mir den Rat, meine Gesamtschulden als eine Hypothek zu betrachten (die schließlich jeder mal aufgenommen hat). Er riet mir ferner, ich solle eine weitere kleine Hypothek aufnehmen, von der ich die Schulden bezahlen könnte, und mir dann keine Gedanken mehr darum machen. Tatsächlich wurde ich daraufhin meine Sorgen los. Es war ja im Vergleich zu dem, womit andere Leute ihre Häuser belastet hatten, nur ein geringer Betrag. Doch erst, als ich meine Arbeit wiederaufnahm und allmählich immer mehr schrieb, bekam ich das Selbstvertrauen, daß ich mich anständig durchs Leben schlagen konnte, wenn ich nur hart genug arbeitete. Dann würde ich auch nicht gezwungen sein – jedenfalls nicht sofort – etwas zu verkaufen. Übrigens gab mir die Notwendigkeit, Geld zu verdienen, genau die richtige Motivation, weiterzuleben und die Ärmel aufzukrempeln.

Im ganzen dauerte es zwei Jahre, bis ich den ganzen Papierkram in den Griff bekam. Mein Mann hatte nicht sonderlich gut Ordnung gehalten, und zu Anfang handelte es sich hauptsächlich darum, die einzelnen Unterlagen überhaupt zu finden. Bis ich eine alte Steuererklärung aufgestöbert hatte, konnten Wochen vergehen. Ich beschloß, alle Dokumente neu abzuheften. Dabei benutzte ich einfacherweise verschiedenfarbige Aktendeckel: gelb für Banken-, Versicherungs- und Rechtsangelegenheiten, blau für überfällige Rechnungen, rosa für Privatbriefe und so weiter. Am Wochenende, gewöhnlich am Freitagnachmittag, wenn ich meine Zeitungskolumne geschrieben hatte, sah ich die Stöße des Schriftverkehrs durch. Es dauerte allein etwa eine Stunde, sie auch nur abzuheften.

Einer meiner Freunde vertraute mir an, er könne die unangenehme Aufgabe, die Rechnungen zu erledigen, nur dann durchhalten, wenn er sich dabei aus einer Karaffe mit Whisky stärkte. Dann bewältigte er das in gehobener Stimmung!

Ich hatte nie geahnt, wie *unbarmherzig* Rechnungen, Forderungen, juristische Anfragen und Steuererklärungen sein können. Alle muß man in dreifacher Ausfertigung mit Informationen ausfüllen, die man nie zur Hand hat. Man ist gezwungen, alte Truhen zu durchwühlen oder sechs Telefonanrufe zu machen, um das Gewünschte zu erfahren. Die Stöße an Post, die morgens eintrafen, wurden zur Tyrannei. Ich fürchtete mich schon vor dem plumpsenden Geräusch, das anzeigte, daß mir die nächste Schlacht mit Formularen, Nachfragen und Rechnungen bevorstand. Andererseits erinnern dich die braunen Briefumschläge natürlich täglich daran, daß du eine neue Rolle als Haushaltsvorstand und einzige Geldverdienerin übernommen hast. Sonntage und Feiertage bekamen für mich eine neue Bedeutung. Ich begann mich wirklich auf sie zu freuen, einfach deshalb, weil da keine Post kam. Das Chaos, das sechs Monate Krankheit und Einstellung der Erwerbstätigkeit mit sich gebracht hatten, spiegelt sich in dieser Tagebucheintragung:

> Jetzt versuche ich, stoische Ruhe zu bewahren, wenn morgens das Sperrfeuer aus dicken Briefumschlägen auf mich einhagelt. Ich bereite mir eine Tasse starken Tee zu, raffe mich auf und tue wenigstens so, als erledigte ich sie alle, indem ich sie auf verschiedene Stapel ordne. Das erinnert mich an die Geschichte des Malers John Bratby, der, wie er erzählte, alle Rechnungen in einen Koffer warf und den im Kleiderschrank einschloß, in der Hoffnung, sie würden sich irgendwann in Luft auflösen. Oft bin ich versucht, es ebenso zu machen.
> Es scheint aber zu helfen, wenn du dir für die Erledigung der ganzen unangenehmen Prozedur eine bestimmte Zeit oder einen bestimmten Tag vorbehältst. Das Schlimmste, was man tun kann, ist der Versuch, es irgendwo zwischen kreativeren Arbeiten einzuschieben. Das klappt einfach nicht und endet damit, daß du den ganzen Papierkram noch mehr haßt, weil er dich von kreativer Arbeit abhält (als haßtest du ihn nicht ohnehin schon genug). Dabei kann die Erledigung eines Stapels Rechnungen ein hohes Maß an Zufriedenheit bringen. Es ist ungefähr so, als hättest du damit die Götter beschwichtigt.

Glücklicherweise hatte ich in diesem Chaos eine Hilfe in Gestalt meines Rechtsanwalts, der zugleich ein alter Freund der Familie war. In diesen ersten Wochen erschien mir sein frühmorgendlicher Telefonanruf wie eine Lebensrettung. Er nahm die ganze Sache von der heiteren Seite. »Pfeif auf die Rechnungen!« pflegte er zu sagen. »Zahl jedem einen kleinen Betrag, dann ist er zufrieden!« Wie sich herausstellte, war es ein guter Rat. Außerdem amüsierte er mich mit einer Fülle lustiger Geschichten und Sprüche. Er war der geborene Komödiant. Ich erinnere mich noch, daß ich in meine trübsten Stunden über seine Geschichten von Yuppie-Klienten mit ihren »überseeischen« Firmen laut lachen mußte. Er sagte, er werde schon seekrank, wenn einer der anderen Klienten auch nur das Wort »überseeisch« in den Mund nahm.

Ich war erstaunt und beinahe schockiert, daß ich unter diesen traurigen Umständen *lachen konnte*. Es ist aber tröstlich zu sehen, wie unser Sinn für lächerliche Dinge sich immer durchsetzt. Lachen *ist* zweifellos die beste Therapie. Zügelloser Humor befähigt dich zu sagen: »Pfeif auf die ganze Welt!« – auch dann, wenn du vielleicht meinst, du müßtest ernst bleiben. Diese frühmorgendlichen Anrufe waren die beste Medizin. Sie hoben stets meine Stimmung an diesem Tag und halfen mir über die ersten beiden Jahre hinweg.

Allmählich lernte ich, in Geldsachen eine lockerere Haltung einzunehmen. Und meine Ängste wurden geringer, als ich feststellen konnte, daß ich zum erstenmal vollständigen Überblick (so vollständig, wie es möglich war) über meine Finanzen gewonnen hatte. Den hatte ich während meiner ganzen Ehe nie gehabt. Es war also durchaus möglich, mit allen finanziellen Krisen fertigzuwerden, wenn ich nur kühlen Kopf bewahrte. Nun hatte ich nicht mehr das Gefühl, in einem Meer von dicken Briefumschlägen zu versinken. Und zum erstenmal in meinem Leben fing ich an, den Wirtschaftsteil der Zeitung zu lesen.

Daß ich gelernt hatte, mit meinem Geld umzugehen, hatte mir eine neue Zuversicht geschenkt. Ich würde daher allen Ehefrauen empfehlen, sich irgendwann einmal vorzustellen, sie könnten verwitwet werden. Dann können sie sich schon mal darauf vorbereiten, Geldangelegenheiten selbständig zu erledigen. So schützen sie sich vor dem schrecklichen finanziellen Durcheinander, in dem sich so viele Frauen befinden.

V

Ein Todesfall in der Familie

Die Angehörigen gelten als »zu stark beteiligt«, als zu leicht verletzlich durch den Kummer der anderen Familienmitglieder. Es kommt auch vor, daß sie darin wetteifern, der Welt ein tapferes Gesicht zu zeigen oder eine würdevolle Haltung einzunehmen.

Colin Murray Parkes

Ein Todesfall trifft nicht nur Einzelpersonen, sondern erschüttert die ganze Familie. Es dauert lange, bis die alte Struktur wiederhergestellt ist. Einige nehmen einen neuen Platz in der Familie ein. Es haben sich neue Konstellationen ergeben. Ihre Tochter wird nie wieder im bisherigen Sinne Ihre Tochter sein, ebensowenig wie Ihr Sohn so wie früher Ihr Sohn sein wird. Feine, aber dennoch spürbare Veränderungen treten ein. Vielleicht erleben Sie, daß das eine oder andere Ihrer Kinder die Stelle des Verstorbenen einzunehmen versucht, indem es auf einmal seine Aufgaben übernimmt oder seine Interessen weiter betreibt. Es kann auch das Gegenteil eintreten, wenn es wieder in die Rolle des Kindes schlüpft und wünscht, daß Sie es bei Ausflügen begleiten oder ihm besondere Aufmerksamkeiten zukommen lassen, wie damals, als es noch klein war.

Bei meiner Tochter war es so, daß sie eine Zeitlang Jacques' Identität annahm. Sie durchlebte noch einmal die letzten Monate seines Lebens, indem sie sich eine Weile um Todkranke kümmerte. Außerdem schloß sie sich mir wieder enger an. Sie wohnte zu Haus, reiste mit mir und half mir manchmal bei meinen Recherchen. Nur langsam und auf schmerzliche Weise fand sie ihre eigene Identität wieder. An dem Tag, als sie es fertigbrachte, eine verantwortungsvolle und hohe Anforderungen stellende Arbeitsstelle anzunehmen und eine eigene Wohnung zu beziehen, da wußte ich, daß die Trennung vollzogen und sie wieder sie selber war.

Bei meinem Sohn dauerte die »Befreiung« länger. Er konnte den Tod seines Vaters nicht so als gegeben hinnehmen wie meine Tochter. Seine erste Reaktion war, daß er sich mit einer Kommilitonin »verlobte« und von schnellstmöglicher Heirat redete. Offenbar trieb ihn der Wunsch, eine neue Familie zu gründen. Die Beziehung endete ziemlich abrupt, als die rauhe Wirklichkeit beide Partner einsehen ließ, daß sie wohl doch zu voreilig gewesen waren. Trotz des momentanen Schocks waren, wie ich glaube, alle Beteiligten erleichtert.

Elias hatte offenbar Schwierigkeiten, sich mit den Veränderungen abzufinden. Er wollte, daß unser Haus genauso erhalten bleiben sollte, wie es in seiner Kindheit gewesen war. Doch allmählich hat er eingesehen, daß sich meine Lebensumstände und Ziele geändert haben, daß er nicht nur an sein Leben denken darf, sonder mir auch mein Leben zugestehen muß. Er hat mir sogar dabei geholfen, das Zeug, das sich bei uns über Jahre hinweg angesammelt hatte, auszusortieren und das meiste loszuwerden. Aber all dies ging sehr langsam vor sich. Und es gab auch Perioden des Widerstandes, in denen ich geduldig abzuwarten hatte, bis er mit seinen Gefühlen ins reine gekommen war. Ich konnte nicht von ihm verlangen, daß er sich auf der Stelle änderte und nur nach vorn sah. Geduld gehört nicht zu meinen größten Tugenden. Doch in solchen Situationen muß man sie seinen Kindern gegenüber unbedingt aufbringen.

Viele Witwen haben mir erzählt, daß es ihnen schwerer gefallen ist, mit den Gefühlen ihrer Kinder umzugehen als mit ihren eigenen. Und erwachsene Kinder können da in mancher Hinsicht schwieriger sein als ganz kleine. Besonders schwer fällt das in den ersten Monaten, wenn man schon ohnehin in erhöhtem Maße von Ängsten gequält wird und um so stärker die schwere Bürde der alleinigen Verantwortung für sie spürt. Teenager und erwachsene Kinder (ich meine, solche im Twen-Alter) können sehr verschieden auf einen Trauerfall reagieren. Das hängt davon ab, wie sehr sie dem verstorbenen Elternteil zugetan waren, welche ausgesprochenen und nicht ausgesprochenen Konflikte es zwischen ihnen gab und welche Umstände zu seinem Tod geführt haben. Ich war besonders ängstlich, weil mein Sohn und meine Tochter ja sein qualvolles Sterben miterlebt hatten. Der ausgemergelte Vater, den sie damals vor sich gesehen hatten, war sehr weit von dem Vater entfernt, der ihnen vertraut gewesen war.

Beide hingen sehr stark an ihrem Vater, der von ihrer Geburt an mehr Anteil an ihrer Erziehung genommen hatte, als es üblich ist. Da er damals schon älter war (er war 40, als mein Sohn geboren wurde) und überdies seine ganze Familie im Holocaust verloren hatte, war er zu ihnen besonders nachsichtig. Vielleicht hat er in ihnen die Möglichkeit gesehen, sich für seine eigene verlorene Kindheit zu entschädigen. Und da er sein Atelier immer zu Hause hatte, konnte er mehr Zeit für sie erübrigen als ein normaler Vater. Als Mina von seiner Krankheit erfuhr, war sie im zweiten Jahr auf dem College in Manchester. Sie bestand darauf, ihr Studium vorübergehend zu unterbrechen, um mir bei der Pflege ihres Vaters zu helfen. Das war nicht einfach für ein 20-jähriges Mädchen, besonders in den letzten Wochen, als er so schrecklich verfiel und sie mitansehen mußte, wie er vor ihren Augen förmlich dahinschwand.

Elias konnte sich nicht so schnell mit der Krankheit abfinden. Auf seiner Universität in Wales konnte er sich von uns ein wenig mehr distanzieren. Doch zum Ende hin widmete auch er Jacques so viel Zeit, wie er erübrigen konnte. Gemeinsam stützten wir Jacques, solange er dazu noch imstande war, auf seinen kurzen abendlichen Spaziergängen, bei denen er die Bäume ansang. Diese Spaziergänge waren unsere letzten gemeinsamen Familienunternehmungen, bei denen Jacques noch voll bei Bewußtsein war. Es lag eine eindringliche Bedeutung in dem Bild, wenn seine Kinder sich pflichtbewußt auf den Weg machten und ihn von beiden Seiten stützten. Mina war bis zum bitteren Ende dabei. Elias nahm zwar auch Abschied von Jacques, doch ihm fiel es schwerer, der grausamen Krankheit ins Auge zu blicken.

Beide Kinder überstanden die Beerdigung und die Shiva gut. Kurz danach allerdings bekam Mina schwere Depressionen. Nun schien Elias widerstandsfähiger zu sein. Doch da er seine Gefühle weniger offen zeigte, machte ich mir auch um ihn Sorgen. Vor allem aber war ich um meiner Kinder willen schrecklich traurig. Kein Vater würde Mina bei ihrer Hochzeit zum Traualtar führen, und bei der Überreichung des Abschlußdiploms der Universität an Elias würde Jacques nicht anwesend sein. Und wie stolz er gewesen wäre! Denn er hatte immer tief bedauert, daß er wegen der Nazis seine Bildung nicht hatte abschließen können.

Oft fühlte ich mich auch der Aufgabe, Vater und Mutter zugleich für sie zu sein, nicht gewachsen. Wie jeder alleinerziehende Elternteil hatte ich Augenblicke, in denen mich ihre Launen und Probleme völlig zermürbten und ich mich nach einer Zuflucht sehnte. So wie die junge Mutter es nötig hat, selbst bemuttert zu werden, geht es auch der jungen Witwe. Der Streß, rund um die Uhr Mutter zu sein, kann zu Anfang unerträglich werden. Daher halte ich es für wichtig, diese gelegentliche Verstimmung nicht zu unterdrücken. Sie sollten sich lieber von Zeit zu Zeit gehen lassen und Ihren Zorn laut herausschreien.

Mir ist bewußt, daß meine Kinder ab und zu die volle Wucht meiner Ausbrüche trifft. Oft geschieht es, wenn sie für ein, zwei Tage heimkommen. Ich mag mich selbst nicht, wenn ich das tue. Doch wie bei allen Alleinlebenden staut sich in mir der Ärger, dann genügt der geringste Anlaß, und ich schreie los. Manchmal staune ich selbst über die Heftigkeit meiner Ausbrüche, oft nur wegen einer geringfügigen Gedankenlosigkeit. Einmal räumte eins der Kinder den Kühlschrank aus und aß die Mahlzeit, die für den nächsten Tag bestimmt war.

Warum können sie nicht begreifen, daß ich Essen für zwei Tage im voraus gekocht habe, weil das bequemer für mich ist? Antwort: weil sie noch an die alten Zeiten denken, als der Kühlschrank bis zum Rand mit Lebensmitteln gefüllt war. Damals kochte ich immer für eine ganze Armee, und das Haus war praktisch ein Hotel. In diesen Tagen muß ich die Mahlzeiten sehr sorgfältig planen. Ich habe nicht mehr ein offenes Haus und bediene die Menschen nicht mehr wie früher. Ich glaube, mein Ärger kommt wohl daher, daß meine Kinder meine neue Rolle nicht erkennen und nicht sehen, wie ich mich verändert habe. Ich habe einen Schritt vorwärts getan, und sie erwarten, daß ich noch immer die Mama alten Stils bin. Es ist schwer für sie. Ich weine um sie, weil sie mich so verletzlich erleben.

Zu ihrer Ehrenrettung sei gesagt, daß beide Kinder auch meine schlimmsten Stimmungen ertragen haben, als wir unsere Rollen zeitweilig vertauscht hatten. »Du kannst mich jederzeit anrufen, Mama«, sagte meine Tochter immer. So erinnerte sie mich, daß sie imstande war, mir zeitweise eine Stütze zu sein, wie ich ihre war. Indessen gab mir Elias, wo er nur konnte, Ratschläge zu meiner Arbeit, meinen Beziehungen, zu Haus und Garten. Es ist wohl wichtig, daß man seinen Kindern manchmal gestattet, die Rolle der fürsorglichen Mutter zu übernehmen. Sie müssen aber merken, daß man in allen wesentlichen Dingen für sie da ist. Der Rollenwechsel sollte nur gelegentlich stattfinden und Teil der veränderlichen Kräfteverteilung in der Familie sein.

Bei Familien sind zwei Verhaltensweisen gegenüber einer Witwe in ihrer Mitte zu beobachten. Entweder sind sie überaus hilfsbereit und liebevoll, oder sie ziehen sich völlig von ihr zurück, bis der »Normalzustand« wiederhergestellt ist. Das heißt, bis sie einen anderen Mann gefunden oder sich, vielleicht erst Jahre später, mit ihrem Los als Witwe »abgefunden« hat. Ich weiß noch, daß manche Verwandte mir erst dann unbefangen begegnen konnten, als ich ihnen bewiesen hatte, daß ich wirklich okay war, daß ich wieder zu Verabredungen ausging, meine Arbeit mir Freude machte und ich optimistisch in die Zukunft blickte. Mit anderen Worten: als nicht mehr »der Makel des Todes« an mir haftete. Viele Familien wollen mit der trauernden Witwe nichts zu tun haben. Sie gestehen ihr das Recht auf Trauer nicht zu. Diese scheinbare Gleichgültigkeit oder Hartherzigkeit kann ihr immer neue seelische Wunden schlagen, wie ich aus eigener Erfahrung weiß.

So oft höre ich von den Trauernden die gleiche Beschwerde: »Ich dachte, meine Familie würde sich fabelhaft verhalten, aber das hat sie nicht getan. Sie hat mir überhaupt keine Hilfestellung gegeben.« Heute habe ich erkannt, daß nur außergewöhnlich starke Charaktere ohne Zurückhaltung mit der Verzweiflung eines Menschen umzugehen wissen. Vielleicht ist die eigene Familie dafür besonders ungeeignet, weil hier nichtausgetragene Rivalitäten und alter Groll unterschwellig rumoren. Weil meine Mutter fast zur gleichen Zeit Witwe wurde wie ich, versuchte ich, ihre Gefühle zu schonen, und sie bemühte sich, ihren Kummer vor mir zu verbergen. Ich habe oft die starke Frau, das über den Dingen stehende Familienmitglied »gespielt«, weil die anderen nicht dazu fähig zu sein schienen. Zwei meiner Brüder lebten damals im Ausland, und die meisten meiner Onkel und Tanten hatten als alternde Menschen genug mit ihren eigenen Problemen zu tun. Also fühlte ich mich verpflichtet, sie nicht mit meinen Gefühlen zu behelligen.

Es gab überhaupt, abgesehen von meinen Kindern, nur zwei Personen in meiner Familie, mit denen ich offen über meinen Kummer sprechen konnte. Die eine war eine Kusine zweiten Grades, die auch ohne äußeren Anlaß anrief und mich besuchte. Die andere war eine betagte Tante, die ebenfalls kürzlich Witwe geworden war und sich wie ich vereinsamt fühlte. Ich machte es mir zur Regel, sie an jedem Wochenende anzurufen, um mit ihr Erfahrungen und Gefühle auszutauschen. Obwohl wir früher nicht gerade eng vertraut waren, konnten wir offen miteinander sprechen, ohne befürchten zu müssen, wir würden das Leid der anderen noch vergrößern. Wer sich von engen Familienmitgliedern im Stich gelassen fühlt, dem würde ich raten, sich nach einem entfernteren Verwandten umzuschauen, der vielleicht besser geeignet ist, mit schmerzlichen Gefühlen umzugehen. Sie brauchen sich über die möglichen Reaktionen anderer Leute überhaupt keine Gedanken zu machen. Sie suchen ja weiter nichts als freundliche Anteilnahme.

Am besten läßt sich das Verhalten anderer Leute gegenüber dem Trauernden vielleicht so erklären: sie fürchten sich selber vor solchen Verlusten und dem Verlassenwerden. Meine eigenen Erfahrungen bestätigen das. Gerade Menschen, von denen ich erwartet hatte, sie würden sehr hilfsbereit sein, blieben in den Monaten nach Jacques' Tod weg, darunter auch Familienmitglieder. Aber wir vergessen leicht, daß ein solcher Todesfall bei anderen Menschen auch trübe Vorahnungen verursachen kann. Vielleicht erklärt sich so ihre ablehnende Haltung.

Das kann auch auf Verheiratete zutreffen, deren Ehe gerade eine steinige Wegstrecke durchläuft. Bei ihnen erweckt der Todesfall den beunruhigenden Gedanken, bald selbst einen Verlust erleiden zu müssen. Der Tod deines Ehegatten kann angesichts ihrer eigenen Ehe bei ihnen eine Art von Kettenreaktion erzeugen und sie veranlassen, ihr eigenes Leben zu überdenken. Mag sein, daß ihre Ehe schon seit Jahren gefährdet ist, und der Todesfall zwingt sie, an die eigene Krise zu denken. Oder einer der Ehepartner hat ein schlechtes Verhältnis zu anderen engen Verwandten. Dann erinnert ihn der Todesfall unangenehm daran, daß ihm gleiches zustoßen kann, bevor alle diese Unstimmigkeiten ausgeräumt sind.

In der ersten Trauerzeit sind Sie ungewöhnlich empfindlich gegen alles, was nach einer Kränkung aussieht. Ich war während des ganzen ersten Jahres schwer gekränkt, verletzt und enttäuscht von den Leuten, die es nicht fertigbrachten oder es nicht für nötig hielten, mich anzurufen oder sonstwie Verbindung mit mir aufzunehmen. Jede Witwe kennt Leute, die lieber auf die andere Straßenseite wechseln, als mit ihr ein Wort zu wechseln. In den meisten Fällen spiegelt sich darin nichts anderes als ihr übergroßes Unbehagen vor dem Leid. Nur wird Ihnen das nicht gleich klar.

Ich weiß noch, wie schrecklich verletzt ich war, als mir einige Personen deutlich zu verstehen gaben, daß sie keine Zeit mehr für mich hätten. Sie fürchteten, ich könnte sie möglicherweise bitten, mich vom Bahnhof abzuholen oder meinen Rasen zu mähen. Ein, zwei Frauen ließen durchblicken, daß sie mir jetzt aus dem Wege gehen müßten, weil ich vielleicht von ihren Männern »besondere Gefälligkeiten« erwartete. Tatsächlich habe ich nie daran gedacht, jemanden um einen Gefallen zu bitten. Trotzdem untersagten sie ihren Männern, mich zu besuchen oder mit mir ein Gespräch zu führen, aus Angst, ich könnte irgendetwas von ihnen verlangen.

Einerseits war ich von ihnen tief enttäuscht. Doch andererseits bewirkte es, daß ich mich wenigstens nach außen hin unabhängiger gab, als ich wirklich war. Aus reinem Trotz »erfand« ich Freunde, die mir bereitwillig halfen, und Berater, die gar nicht existierten. Und alles nur, weil ich zutiefst verletzt war, es aber nicht zeigen wollte. Viele Witwen handeln so. Sie tun so, als könnten sie ohne Schwierigkeiten allein mit allem Fertigwerden, statt ihrer Hilflosigkeit und Verzweiflung offen ins Auge zu sehen. Erst als ich den Mut fand, das ganze Ausmaß meines Leids und meiner Abhängigkeit zu offenbaren, berührte mich das Verhalten der Menschen, die mir jede Hilfe versagt hatten, emotional nicht mehr.

Es gab Leute, die sich zu Jacques' Lebzeiten als unsere Freunde ausgegeben hatten, nach seinem Tod aber merkwürdigerweise schwiegen. Als ich einen davon schließlich anrief, entschuldigte er sich damit, daß er auf seinen Beileidsbrief keine persönliche Antwort erhalten hätte. Andere behaupteten, sie hätten meine Telefonnummer nicht gefunden. In Wirklichkeit gebrauchten sie nur die erste beste Ausrede, um unsere Beziehungen abzubrechen, die tatsächlich nur zu Jacques bestanden hatten. Viele Witwen machen diese Erfahrung. Enge Freunde ihres Mannes lassen sie fallen, weil zu ihnen selbst von Anfang an nur eine geringe oder nicht sehr emotionale Bindung bestanden hatte. Das ist tief beunruhigend, da man in dieser Zeit ohnehin außerordentlich verletzlich ist und sich schon wie ein Ausgestoßener vorkommt. Aber mit der Zeit kann es sein, daß Sie sogar erleichtert sind, wenn Sie mit einigen dieser Leute nichts mehr zu schaffen haben, weil Sie in Wirklichkeit kaum etwas mit ihnen gemeinsam hatten.

Ich habe, grob geschätzt, etwa 30 Prozent meiner Freunde und Bekannten verloren. Sie hatten in mir nur immer Jacques' Ehefrau gesehen und fanden nun keinen Grund, mit mir persönlich eine Beziehung aufrechtzuerhalten. Die Trauerzeit ist ein Prüfstand für alle Beziehungen, nicht nur für Ihre eigene mit dem Menschen, den Sie verloren haben, sondern auch für die anderer Menschen mit Ihnen. Es ist, als ob man ein Kaleidoskop leicht schüttelt. Einige Formen werden unweigerlich verschwinden. Dafür sind die Freundschaften, die Sie nach Ihrem Verlust schließen, besonders wertvoll. Sie gehören zu Ihrer neuen Identität. Diese Freunde haben Sie nie als eine Hälfte eines Ehepaares gekannt. Daher schätzen sie Sie auch nicht als diese eine Hälfte ein, sondern sehen Sie so, wie Sie sind.

Viele Witwen erfahren, wie es ist, wenn man zum gesellschaftlichen Außenseiter wird. Manche verschlimmern die Sache noch dadurch, daß sie unter geringfügigem Vorwand Streit mit jedem in der Familie und im engeren Kreis anfangen. Das ist ungefähr so wie bei einem Kind, das sagt: »Warum soll ich mich denn gut benehmen, nur um zu sehen, wer mich liebt? Mich liebt ja doch keiner!« Auch so kann man Beziehungen auf die Probe stellen – und geht manchmal zu weit.

Es ist nicht ungewöhnlich, daß eine trauernde Witwe sich selbst ins Abseits manövriert. Ich bin davon überzeugt, daß sie wegen Gefühlen von geringer Selbstachtung und Wertlosigkeit andere dazu herausfordert, ihren Wert zu *beweisen.* Es ist von ihrer Seite ein Gemisch aus einer Verteidigungshaltung und dem Rückfall ins Kindische. Was wiederum dazu führt, daß andere Leute in ihrer Beziehung zu ihr nur weitere negative Aspekte finden und dies auch aussprechen. Es ist bekannt, daß Witwen in den Monaten nach ihrem Verlust dazu neigen, mit jedem einzelnen Verwandten und engen Bekannten Streit vom Zaun zu brechen. Teils weil alle alten Verletzungen wieder aufbrechen und teils, weil die Familiendynamik sich verändert hat. Dadurch können regelrechte Machtverschiebungen eintreten, besonders wenn der Verstorbene ein älterer Mann war. Susan Hill beschreibt das sehr schön in ihrem ergreifenden Buch *In the Springtime of the Year* (Im Frühling des Jahres). Es ist ein halb autobiographischer Roman darüber, wie eine junge Witwe Kummer und Zorn überwindet und schließlich in der Beziehung zu einem Jungen Trost findet.

Sie müssen sich eine dicke Haut zulegen. Aber das dauert seine Zeit. Die Verletzungen werden immer wieder aufbrechen. Das bedeutet jedoch nicht unbedingt, daß Sie verbittert werden müssen. Der Tod berührt jeden Menschen anders. Und er hat für jeden eine andere Bedeutung. So wie Sie bei der Geburt eines Kindes alles geben, was Sie sind, so bringen Sie auch beim Tod des liebsten Wesens Ihr ganzes Wesen ein. Wer eine verbitterte, nachtragende Persönlichkeit hat, wird durch den Verlust noch verbitterter. Wer zum Neid auf andere neigt, wird um so stärkeren Neid gegenüber allen fühlen, deren Leben nicht von einer Tragödie überschattet ist. Wer sich selbst gern bemitleidet, wird das im erhöhten Maße tun. Wer schon vor dem

Verlust das Gefühl hatte, daß sein Leben keinen besonderen Sinn hat, wird sich danach in dessen Sinnlosigkeit bestätigt fühlen.

Mit anderen Worten, ein Todesfall verstärkt alle unsere negativen Ansichten über uns und die Welt. Damit verbunden ist das Gefühl: »Ich habe es nicht anders verdient. Es geschieht mir ganz recht, daß ich jetzt allein bin.« Wenn wir uns elend fühlen, sind wir ja leicht versucht zu sagen: »Das Schicksal spielt mir übel mit, weil ich ein schlechter Mensch bin.«

Dieses Gefühl der Wertlosigkeit treibt viele Witwen in fast selbstmörderische Depressionen. Es gibt ein wunderbares Büchlein mit dem Titel *When Bad Things Happen to Good People* (Wenn guten Menschen Böses widerfährt) von Harold Kushner, in dem er alle diese »Warum-gerade-ich«-Fragen beantwortet, mit denen sich Menschen nach persönlichen Tragödien gern quälen. Wenn Ihnen dieses Gefühl je zu schaffen macht, so denken Sie immer daran: Kein Mensch hat es verdient, daß ihm Böses widerfährt.

VI

Ein besonderer Ort

*Denn Leben und Tod sind eins. So wie der Fluß
und das Meer eins sind.*

Khalil Gibran. *Der Prophet*

Ein Besuch an Jacques' Grab hat mir immer Trost gespendet. Der Friedhof lag knapp fünf Kilometer von meinem Haus in einer schönen Parklandschaft. Anfangs fuhr ich häufig hin, fast jede Woche, am liebsten an sonnigen Tagen, wenn ich nicht zu sehr bedrückt war. Später hatte ich nicht mehr das Bedürfnis, so oft hinzufahren. Dann besuchte ich sein Grab nur noch an einem Jahrestag, nach einem wichtigen Vorfall oder wenn mich bestimmte Gefühle dazu drängten. Die beiden folgenden Tagebucheintragungen stammen aus dem ersten Jahr meiner Witwenschaft.

Gewöhnlich fahre ich hin, wenn mich ein Problem bedrängt, für das es scheinbar keine Lösung gibt. Dann bitte ich Jacques um Rat. Er soll mir irgendeinen Ausweg zeigen. Ich will hier keine übersinnliche Erklärung suchen. Es kann sein, daß man einfach all seine Energie konzentriert und eine Antwort aufsteigen läßt. Man öffnet sich sozusagen.
Ich nehme immer Blumen mit – nicht gerade eine jüdische Sitte – weil es meine Art zu schenken ist. Warum

sollte man keine Beziehung zu den Toten unterhalten, warum sie nicht vertiefen? Ich jedenfalls werde nie die Beziehung zu dem Mann beenden, der der Vater meiner Kinder war und mit dem ich fast ein Vierteljahrhundert verheiratet war.

Nach einer für diese Jahreszeit ungewöhnlich milden Wetterperiode ist die Luft frisch und kalt, und der Himmel ist strahlend blau. Ich habe in der High Street Einkäufe gemacht, ich bin in gehobener Stimmung und fühle mich durch das schöne Wetter erfrischt. Ich möchte Jacques' Grab besuchen – heute bin ich dazu imstande. Die Stunde ist gekommen, wo ich mit meinem Liebling sprechen will. Ich will ihm sagen, daß ich gut vorankomme, daß ich mich täglich zwei, drei Stunden mit dem Papierkram herumschlage, daß ich die Kinder beruhigt habe, daß ich mit Bauunternehmern und Banken, mit Rechtsanwälten und Finanzbeamten telefoniere, daß ich Rechnungen bezahle, Mülleimer leere, daß ich jeden Tag ein wenig stärker – nicht weniger einsam, aber ein wenig stärker – bin, daß ich auf der Straße nicht mehr das Gefühl habe, ich trüge ein Schild mit der Aufschrift »Witwe« mit mir herum, daß ich es in dieser Woche fertiggebracht habe, mit dem Zug nach London zu fahren und wieder in das große, leere Haus zurückzukehren, in dem er immer auf mich gewartet hat. Und daß es seine Liebe ist, die mich am Leben erhält.

Ich ziehe meinen besten Schottenrock, den schwarzen Pullover und meinen liebsten Mantel an, den er mir zum letzten Geburtstag geschenkt hat. Es ist merkwürdig, daß ich zu meinem Besuch an seinem Grab immer die Kleider anziehe, die er gemocht hat. Aber ich finde es richtig so. Es zeigt, daß ich noch immer seine Gegenwart spüre und mich von ihr führen lasse.

Ich gehe zum Markt und kaufe drei Bund süß duftender

Narzissen. Ich weiß, sie werden ihm gefallen, weil es Frühlingsboten sind. Dann nehme ich ein Taxi zum Friedhof. Der Taxifahrer spricht kein Wort: Er kennt meinen Kummer. Ich bitte ihn zu warten und gehe den Weg entlang, den ich am Begräbnistag entlanggegangen bin, ohne etwas zu sehen. Ich betrachte die welligen Hügel und die Bäume, und ich denke, daß Jacques hier Frieden gefunden haben muß. Ich lege meine Blumen auf die Erde über dem Grab und sage Jacques alles, was ich ihm sagen wollte. Dann gehe ich zu dem wartenden Taxi zurück und weiß, daß Jacques mich gehört hat, und ich fühle Frieden in mir.

Manchmal bin ich trüber Stimmung und habe Selbstzweifel. Alle alten Schuldgefühle steigen wieder auf. Auf dem Friedhof lasse ich dieses Schuldbewußtsein über Vergangenes zu. Der Tod läßt einen so klar erkennen, was damals »Gift« für die Beziehung war. Aber ich sehe auch ein, daß es müßig ist, über meine damalige Unfähigkeit zu klarem Verständnis Reue zu empfinden. Und über meinen Umgang mit irdischen, praktischen, hauswirtschaftlichen Dingen, von denen er sich, wie ich weiß, manchmal tyrannisiert fühlte und die er doch brauchte. Unsere Partnerschaft hielt sich, wie ich jetzt weiß, wie alle menschlichen Beziehungen in einem seltsamen, oft gefährdeten Gleichgewicht, das durch meine Schwäche oft zu sehr nach der einen oder anderen Seite schwankte. Ich denke an die Jahre zurück, in denen ich krank war. Und doch bin ich es, die jetzt hier ist, und er ist tot.

Der Taxifahrer aus Sri Lanka, der auf mich gewartet hat, bringt mich wieder auf die Erde zurück. Er spricht in seinem Pidgin-Englisch über Leben und Tod. Immer wieder fallen mir die Unterschiede zwischen den Taxi-

fahrern auf, die mich zum Friedhof fahren. Die englischen sprechen hinterher oft kein Wort. Schweigend fahren sie mich heim. Ich spüre ihre starke Befangenheit. Es kommt vor, daß ich mich bei ihnen entschuldige, weil ich sie so lange habe warten lassen. Manche fragen mich, wen ich besucht habe. Andere sagen gar nichts.
Die indischen und pakistanischen Fahrer dagegen sprechen gern über den Tod. Sie fragen mich, wie Jacques gestorben ist, wie lange ich schon Witwe bin, und unweigerlich fangen sie an zu philosophieren: »Warum muß es überhaupt Krebs geben?« fragte einer. Ja, warum? Er tat mir fast leid, weil er es nicht verstand. Ich versuchte, es ihm auseinanderzusetzen . . .
Wieder einmal ertappe ich mich dabei, daß ich mich bemühe, das Unbehagen eines anderen Menschen zu mindern. Bei dieser Gelegenheit richteten sich auch meine Gedanken auf diese Krankheit. Der Friedhof ist schließlich ein Ort, der mir gestattet, das Undenkbare zu denken. Aber ich habe dabei auch positive Gefühle. Es ist nur natürlich, daß man versucht, das Leben wiederherzustellen. Daher bedeuten uns ja diese sorgfältig gepflegten Grabstätten so viel. Auch in mir regt sich dieser Instinkt sehr stark.

Ein Jahr später hatte ich den Wunsch, ein dauerndes Lebenssymbol auf Jacques' Grab zu pflanzen. Ich wünschte, hier im Frühling etwas zu sehen, von dem eine heitere Stimmung ausging. Also kaufte ich einen großen Beutel Osterglockenzwiebeln. An einem Oktobertag nahm ich all meine Kraft zusammen und fuhr zum Friedhof, um sie einzusetzen.

Ein blaugoldener Herbsttag. Endlich fand ich die nöti-

ge Energie und den Mut, 100 Osterglocken zu pflanzen, die ich im Sommerhaus gelagert hatte. Mein Nachbar George lieh mir das nötige Werkzeug, ein »Setzholz«, um die Löcher auszuheben. Die Erde war naß, und es ging fabelhaft. Das Einsetzen der vielen Zwiebeln gab mir das Gefühl, eine Leistung vollbracht zu haben. Ich konzentrierte mich ganz darauf und legte jeweils zwei, drei Zwiebeln in ein Loch. Überall lagen lockere, nasse Rasenstücke. Ich glättete sie und stellte mir vor, wie sich im Frühjahr Osterglocken und Narzissen im Winde wiegen und die Strenge des Grabsteins mildern. Jacques hätte seine Freude daran gehabt – und ich denke an kommende Generationen, die die Osterglocken sehen werden. Dieser Ausblick in die Zukunft ist tröstlich. Es ist, als hätte ich etwas zu Ende gebracht, eine ganz besondere Aufgabe erfüllt.
Ich spreche zu der Eiche, die in der Nähe steht. Sie ist groß und knorrig und sieht in jeder Jahreszeit anders aus. Ich richte immer mein Augenmerk auf sie, wenn ich den Friedhof besuche. Manchmal »wird« sie zu Jacques. Bei anderen Gelegenheiten sehe ich in ihr den Beweis seiner ständigen Anwesenheit. Meine Gedanken drehen sich um sie. Direkt über der Eiche ist eine Stelle, in der für mich seine Gegenwart, sein Geist – man mag es nennen, wie man will – schwebt. Jedesmal wenn ich Blumen zum Grab bringe, schaue ich über den Baum in den Himmel und weiß: Er ist da.

Jeder braucht einen besonderen Ort, an dem er die Gegenwart eines Menschen fühlt, den er verloren hat. Ich bin so etwas wie eine Pantheistin. (Wie leicht fällt es doch, diesen Glauben zu begreifen!) Im Garten habe ich eine besondere Stelle, ein wunderbares Margeritenbeet. Dort habe ich das Gefühl, mit Gott persönlich sprechen zu können.

Nach einer solchen Tragödie oder nach einem schweren Verlust irgendeiner Art ist es sehr wichtig, wenn man beten und mit Gott sprechen kann. Eine Freundin von mir, deren Wohnung bis auf die Grundmauern abgebrannt war, sagte mir, sie habe verzweifelt versucht zu beten. Sie wollte Gott danken, daß er sie vor dem Feuertod bewahrt hatte. Zu diesem Zweck war sie an einem Freitagabend in die Synagoge gegangen. Doch zu ihrem Kummer merkte sie, daß sie nicht beten konnte. Es ging einfach nicht. Danach ging sie zu einer Waldlichtung, in der sie sich gern aufhielt. Hier konnte sie ihr Herz öffnen.

Jeder von uns braucht einen eigenen »heiligen« Ort. Darum kann ich im Besuch eines Grabes auch nichts Krankhaftes entdecken. Im Gegenteil, er kann Frieden bringen.

Ein halbes Jahr später nahm ich an der Beerdigung eines alten Mannes in der jüdischen Gemeinde teil und schrieb darüber:

> Der jüdische Teil des Friedhofs ist so klein, daß man die neu ausgehobenen Gräber und die Grabsteine zählen kann und in jedem einen Freund wiedererkennt: eine wahre »Gemeinde der Toten«. Beim feierlichsten Augenblick der Trauerfeier – als der Sarg herabgelassen und Erde auf ihn geworfen wurde – fühlt sich mein Herz erhoben. Warum? Ich meine die Osterglocken zu sehen, die ich gesetzt habe. Sie sind jetzt 15 Zentimeter hoch und sprenkeln Jacques' Grab. Die große Eiche, sein Baum, ist jetzt kahl. Doch die Blumen werden wieder blühen, und ich spüre die Wiedergeburt des Lebens. Das ist der Kontrapunkt zu aller Düsternis.

Ich habe mich nie geschämt, daß ich den Friedhof in den beiden ersten Jahren so oft besucht habe. Die Bäume und

Blumen nahmen für mich viele Bedeutungen an, bis sich eines Tages meine Augen dafür öffneten, was mir die Eiche symbolisierte.

Fast zweieinhalb Jahre nach Jacques' Tod schrieb ich:

Der Tag vor meinem Geburtstag: da fühle ich mich immer einsam. Dabei haben sich alle, die mir nahestehen, große Mühe gegeben, mir einen schönen Tag zu bereiten. Heute habe ich das Bedürfnis, den Friedhof zu besuchen und die beiden Rosenbüsche zu pflanzen, die ich vergangene Woche gekauft habe – einen roten und einen gelben. Sie sollten mich an die sechs Dutzend roter und gelber Rosen erinnern, die Jacques mir zu einer unserer ersten Verabredungen 1964 in New York mitgebracht hatte. Damals kam ich mir wie eine Operndiva bei der Premiere vor.

Ich bin gerade zur rechten Zeit gekommen. Ich sehe die wunderbare Formation von Osterglocken und Narzissen im kalten Märzwind um das Grab tanzen. Ihr Anblick erfüllt mich mit – nun, Freude ist es nicht gerade, sondern das Gefühl, daß in der Welt wieder alles in Ordnung ist. Wieder ist der Frühling da. Jacques würde glücklich darüber sein. Früher hätte er Frühlingsblumen gepflückt, sie in einer seiner Lieblingsvasen geordnet, sie ins Atelier mitgenommen und sie dort gemalt. Ich schalt ihn immer, weil er meine besten Blumenbeete rupfte.

Jetzt tanzen nur die Osterglocken auf seinem Grab. Wieder einmal erzähle ich ihm von meiner Tätigkeit und alles Neue über die Kinder. Von Primeln und Osterglokken umgeben, wird mir fast überschwenglich zumute. Es war wichtig für mich, daß ich mich an diese roten und gelben Rosen erinnert habe. Jacques' Liebe zur Natur und vor allem zu ihren Farben hat ihm geholfen,

sich von seiner traurigen Holocaust-Vergangenheit zu befreien.
Während ich durch den Friedhof gehe, denke ich, daß ich von Zeit zu Zeit noch immer seine Traurigkeit spüre. Das kommt vielleicht, weil ich jetzt besser verstehe, warum er sich in die Natur und die Malerei versenkt hat. Die Kunst erleichterte es ihm, mit seinen chaotischen, alptraumhaften Erinnerungen fertigzuwerden.

Juli 1991:

Ich habe nicht mehr so oft das Bedürfnis, an sein Grab zu gehen, nur noch an Jahrestagen und zu besonderen Gelegenheiten. Es sieht so aus, als hätte ich Jacques jetzt in meine Alltagsgedanken und meine Gespräche integriert. Es ist keineswegs so, daß ich weniger an ihn denke oder nicht mehr den Wunsch habe, mit ihm zu sprechen. Er ist jetzt einfach immer bei mir – er gehört zu meinem Bewußtsein und zu meinem Leben.

Winter 1992:

Ich bin sehr froh, daß die Osterglocken in jedem Frühjahr blühen werden. Ohne wirklich dort zu sein, kann ich sie vor meinem geistigen Auge sehen. Aber es gibt auch Tage, an denen es mich drängt, hinzugehen und zu dem Baum emporzublicken. Meistens dann, wenn mir etwas Wichtiges und Gutes widerfahren ist. Das Leben hat mich wieder.

VII

Die Witwe Kupfermann

Denn sie durfte nicht einfach müßig herumsitzen,
als wäre das Blut in ihr gestaut.

Susan Hill, *In the Springtime of the Year*

Mit einem gestörten Schlafrhythmus, den geringen Energiereserven, mit Niedergeschlagenheit, Verwirrung und der Angst um finanzielle Angelegenheiten – mit all dem muß sich die Witwe in den ersten Monaten auseinandersetzen. Doch ihr größtes Problem ist die Einsamkeit, das Schweigen. Viele Witwen berichten, wie elend sie sich fühlen, wenn sie Abend für Abend in einem leeren, schweigenden Zimmer sitzen, allein Fernsehen gucken oder auf das Läuten des Telefons warten.

Eine Tagebucheintragung im ersten Jahr nach Jacques' Tod erinnert mich daran, wie schwer es mir damals gefallen ist, mich mit diesem Schweigen abzufinden.

> Eins steht fest: mein Leben als Witwe hat bewirkt, daß ich gesprächiger und in gewissem Sinne extrovertierter geworden bin. Ich kann nicht anders. Sonst würden mir die langen Stunden des Schweigens und der Isolierung unerträglich werden. Man kann sich gar nicht vorstellen, wie lang einem der Tag vorkommt, wenn man nur sich selbst als Gesellschaft hat. Ich bemerke, daß ich jetzt dauernd jemand anspreche – Taxifahrer, Friseurin,

Menschen, die im Supermarkt, in Banken, auf Bahnsteigen und an Bushaltestellen Schlange stehen – man braucht überall einen »Resonanzboden«. Denn zu Hause fühlt man sich einsam, weil niemand da ist, mit dem man sich unterhalten kann. Man vermißt den ständigen, wenn auch immer wieder unterbrochenen Dialog zwischen Mann und Frau: alle diese Bemerkungen und Gespräche, die in einer Ehe stattfinden – über alles mögliche, wann man die Katze rauslassen soll bis zur Frage nach dem Sinn des Lebens. Wenn das verstummt ist, fühlt man sich wie zu Einzelhaft verurteilt.

Da ist es von Bedeutung, wenn man mit jedem, der erreichbar ist, eine Unterhaltung beginnt, sich der Umwelt mitteilt, durchs Telefon, durch Briefe, bei zufälligen Begegnungen und so weiter. Von Haus aus bin ich eher zurückhaltend. Doch jetzt habe ich immer das Bedürfnis, mit jemandem zu sprechen. Meine Mitmenschen müssen annehmen, daß ich eine richtige Plaudertasche geworden bin. Mich zu unterhalten, ist mein größtes Vergnügen geworden. Für die Telefonrechnung kann es katastrophal sein, aber es hält mich geistig gesund.

Wenn man sich daran gewöhnt, mit allen möglichen Menschen zu reden – von Geschäftsinhabern bis zu Busschaffnern – hat das noch einen zweiten Vorteil. Man erfährt mehr über seinen Wohnort. Es ist ganz erstaunlich, welche Fülle von Neuigkeiten man über das hört, was im Städtchen passiert. In der Ehe merkt man oft gar nicht, daß man praktisch vom Leben auf der Straße abgeschnitten ist, weil man alle seine Bedürfnisse zu Haus befriedigen kann. Das ist bei einer Alleinstehenden nicht mehr möglich. Daran werden Sie sich erst allmählich gewöhnen.

Um die Schranken der Einsamkeit zu durchbrechen, ist

es nötig, sich darüber klar zu werden, wie weltfremd und vom Partner abhängig man in der Ehe geworden ist. Ehepaare sind oft eine »Insel« für sich. Sie haben gemeinsam eine gesellschaftliche Ordnung errichtet und viele Menschen davon ausgeschlossen, ohne es überhaupt zu merken. Ich hatte zum Beispiel kaum eine Beziehung zu meinen Nachbarn – ich meine, eine menschliche Beziehung. Wir kannten sie als Ehepaar, wechselten gelegentlich ein paar Worte über den Gartenzaun, in der Einfahrt oder einmal im Jahr beim obligatorischen Umtrunk am zweiten Weihnachtsfeiertag.

Aber die dann auftretenden Notfälle, der Tod meines Vaters und Jacques' Krankheit, zwangen mich, sie um praktische Hilfe zu bitten, uns irgendwohin zu fahren oder Einkäufe für uns zu erledigen, wozu sie sich freundlicherweise freiwillig erboten hatten. Daraus war zwischen uns eine neue, tiefergehende Freundschaft entstanden. Jetzt freute ich mich immer darauf, sie ein- oder zweimal in der Woche zum Tee oder Kaffee zu besuchen. Sie hatten mich an meinem seelischen Tiefpunkt gesehen. Bei ihnen konnte ich mich entspannen und ich selbst sein. Eine Tasse Tee miteinander zu trinken stellte nicht dieselben Anforderungen wie ein gemeinsames Abendessen. Ich nahm mir täglich die Zeit, ein, zwei Nachbarn anzurufen. Das war eine angenehme Abwechslung und verschaffte mir die Gelegenheit zu der ersehnten Plauderei.

Schließlich nahmen diese kleinen Ausflüge ein größeres Ausmaß an. Dennoch hatte ich oft das starke Bedürfnis, in meinem selbstgesponnenen Kokon zu bleiben. Bei den Nachbarn fühlte ich mich sicher. Doch andere Menschen, die Welt da draußen erschienen mir noch immer als Bedrohung.

So stark war mein Wunsch, für mich allein zu sein, daß ich mich in den ersten Monaten tatsächlich dazu zwingen mußte, abends auszugehen. Kein Wunder, daß meine ersten Versuche, Gesellschaft aufzusuchen, oft alles andere als erfreulich endeten. Ich fühlte mich hinterher verletzt und geprügelt. Ich hatte nicht mit meiner eigenen Überempfindlichkeit gerechnet. Ich hatte meine veränderten Reaktionen auf andere Menschen ebensowenig bedacht wie die Reaktionen meiner Freunde mir gegenüber. Eine Zeitlang erzeugte mein neuer Status bei mir fast eine Art von Verfolgungswahn. Ich hatte Angst, durch meine Gegenwart allen anderen Anwesenden den Spaß zu verderben. Wenn ich ein Zimmer betrat, hatte ich den Eindruck, daß alle entweder wortkarg wurden oder die Maske erzwungener Fröhlichkeit anlegten.

Nur in Gesellschaft anderer Schriftsteller fühlte ich mich halbwegs sicher, obwohl ich auch dort auf die Nase fallen konnte. Ich entsinne mich noch gut an ein Mittagessen mit Feministinnen, an dem ich kurz nach Jacques' Tod teilnahm. Hier erging sich eine Gruppe hochmotivierter feministischer Autorinnen, wie eigentlich vorauszusehen war, in Schmähreden gegen die Männer. Zum Schluß fühlte ich mich richtig krank, besonders da ich wußte, daß die meisten von ihnen verheiratet waren und ihre Männer sie unterstützten. Dieser Ausflug mißriet also völlig. Hätte ich bedacht, welche Frauen eingeladen worden waren, dann wäre mir vorher klargeworden, daß das Hauptthema ihrer Unterhaltung ihr Haß auf Männer sein würde. Ich hatte gerade den Mann meines Lebens verloren und verspürte wenig Lust, so etwas mitanhören zu müssen. Unter anderen Umständen hätte mir ihr bissiger Spott sogar Vergnügen bereitet.

Viele Leidtragende haben das Gefühl, daß ihr Kummer nicht genügend gewürdigt wird, daß die anderen diesem Thema ausweichen. Auch das sollte ich am eigenen Leibe erfahren. Ich war ungefähr drei Monate nach Jacques' Tod zum Abendessen bei Leuten eingeladen, die ich als ziemlich enge Freunde betrachtete. Außer mir nahmen noch zwei Ehepaare teil. Das eine war mir völlig fremd. Doch das andere, ein Redakteur und seine Frau, eine Künstlerin, hatte uns beide recht gut gekannt. Daher war ich wie vom Donner gerührt, als er mich strahlend fragte: »Na, was haben Sie denn in letzter Zeit getrieben? Ich habe keine Kolumne mehr von Ihnen gesehen.« Da merkte ich, daß die Gastgeber ihn nicht darüber aufgeklärt hatten, was inzwischen vorgefallen war. Ich war ärgerlich und schokkiert. Besonders peinlich war es dann für mich, ihnen jetzt bei einem gesellschaftlichen Anlaß vor Fremden ausführlich über Jacques' Tod und meine gegenwärtigen Umstände berichten zu müssen.

Noch überraschender und schockierender war die Reaktion der Anwesenden. Ungefähr zwei Minuten lang versank die Tischrunde in – totale Stille. Danach schwenkte die Unterhaltung unvermittelt zur letzten Buchveröffentlichung irgendeines Autors, und das Essen ging weiter, als wäre nichts geschehen. Von den Leuten, die dabei waren, habe ich nie wieder etwas gehört. Mir war, als hätte ich bekanntgegeben, daß ich mir eine »gesellschaftliche Krankheit« zugezogen hätte.

Eine solche Reaktion zeigt, daß viele den Tod als ein Tabu-Thema betrachten. Sie beweist eine grausame Gleichgültigkeit gegenüber den Leidtragenden, die ja nicht Mitleid, aber zumindest Verständnis dafür erwarten, daß sich ihr Status verändert hat. Was hätte es den Gastgeber denn gekostet, den anderen Gästen vorher einen entsprechenden Hinweis zu geben? Wenn ich heute eine kürzlich verwitwete Frau zu einem geselligen Ereignis einlüde, würde ich die Gäste vorher über ihren Zustand unterrichten, damit die Leidtragende nicht in die ähnlich peinliche Lage geriete, alles selber erzählen zu müssen, und das zu einem

Zeitpunkt, an dem sie vielleicht gerade überaus verletzlich und unsicher ist.

In der ersten Zeit sah es so aus, als könnte ich überhaupt nicht beurteilen, was für eine gesellschaftliche Veranstaltung mir gut tun würde. Im Gegenteil, ich fühlte mich immer zu Veranstaltungen hingezogen, die mir unter Garantie neues Leid bescherten. Sieht man es von einer anderen Warte, so kann es auch sein, daß den Menschen meine veränderte Lage noch nicht zu Bewußtsein gekommen war. Sie luden mich zu solchen Anlässen ein, die ich mit Jacques zusammen gern besucht hatte. Wenn sie mich allerdings nicht eingeladen hätten, wäre ich natürlich auch empört gewesen!

Da war zum Beispiel der Empfang anläßlich einer Silberhochzeit. Er fand in einem sehr exklusiven Klub statt und versetzte mich noch für Tage danach in einen Zustand äußersten Elends. Es war eine prächtige Veranstaltung. Ich hatte aber angenommen, daß außer mir noch einige alleinstehende Personen da sein würden. Da lag ich ganz falsch. Wenn ich mich an den verschiedenen Tischen umsah, erblickte ich lauter mir bekannte Ehepaare, aber keinen einzigen Single. Zugegeben, man setzte mich zu alten Freunden, die mir die meiste Zeit über rieten, viel auszugehen, weil das gut für mich sei. Aber allein die Tatsache, daß ich sie schon so lange kannte, ließ mich immer trauriger werden. Denn mir fiel ein, daß sie alle in Kürze auch ihre Silberhochzeit feiern würden, und mich überkam das verzweifelte Gefühl: »Warum ist das mir allein verwehrt? Womit haben sie ihr Glück verdient?«

Auch andere Witwen werden dieses Gefühl der Verbitterung und des Neides kennen, das mich zuweilen befällt. Es ist nicht gerade edel, aber verständlich. Man fragt sich unwillkürlich: »Warum gerade ich?« Die ganze Welt scheint nur aus glücklichen, fröhlichen Ehepaaren zu bestehen. Da fühlt man sich wie ein Baum, der gefällt wurde, als er gerade in voller Blüte stand. Nie war ich früher von solchem Neid geplagt worden. Es war schon ein Schock, als ich erkannte, daß ich mich dem Selbstmitleid hingab. Das einzig Vernünftige, was Sie tun können, ist, Anlässe zu meiden, zu denen nur Ehepaare kommen. Wenigstens bis zu dem Zeitpunkt, an dem Sie wieder an seelischer Kraft gewonnen haben, ein besseres Gefühl für Dimensionen haben und wenigstens ein paar Vorteile in Ihrem Single-Status sehen können, wie ich es jetzt nach vier Jahren kann.

Aber es muß gesagt werden, daß es in der ersten Zeit teuflisch weh tut. Ich werde nie vergessen, welche Höllenqualen ich ausstand, als ich an diesem Abend eine Rede nach der anderen über mich ergehen lassen mußte. Alle priesen in höchsten Tönen eine lange, glückliche Ehe. Und als die Paare sich nacheinander zum Tanzen erhoben, saß ich wie ein sehnsüchtiges Mauerblümchen dabei. Damals merkte ich nicht, daß viele von ihnen alles andere als eine »Liebesehe« führten und mich womöglich sogar um mein Alleinsein beneideten. Ich fühlte mich nur verlassen, und mir war, als habe man mir jede Freude genommen.

Daß andere Witwen auch diesen Groll gegen Ehepaare empfinden, geht aus diesem Auszug eines Briefs hervor, den ich von Kathleen, einer 42jährigen Witwe erhielt:

> »Lange habe ich unter wütender Eifersucht gegen andere Frauen gelitten, die noch ihre Ehemänner haben und ein so verdammt schönes Leben führen. Erst seit kurzem hat sich das etwas gelegt. Ich war bei einer Therapeutin in Behandlung, mehrmals in der Woche – und suche sie auch jetzt noch etwa alle 14 Tage auf. Die Behandlung half mir mehr als alles andere, auch als das Zureden meiner Freundinnen, mit allem fertigzuwerden.

Sie wollten mir zwar auch helfen, aber es war doch nie zu übersehen, daß sie sich vor allem um ihre eigenen Belange zu kümmern hatten. Irgendwann sah ich, daß ihre Blicke abweisend wurden. Dann wußte ich immer: sie hatten genug von mir.

Wenn ich sie wiedertraf, mußte ich mich dazu zwingen, anders zu sein, zufrieden mit meinem Los zu erscheinen und über andere Dinge zu sprechen, damit sie nicht dachten: Ach, geht das schon wieder los? Dann würden sie auch nichts dagegen haben, sich wieder mit mir zu treffen. Mehrere Freunde habe ich verloren, weil ich so verletzt darüber war, daß sie nichts taten, um mir zu helfen, Frauen wie Männer. Wenn ich Leute durch Vermittlung eines Freundes kennenlernte und sie erfuhren, daß ich verwitwet war, erschien auf den Gesichtern sofort dieses gefrorene Lächeln, als dachten sie: Wie lange schon? Ist sie bereits darüber hinweg oder noch nicht? Das machte mich ganz krank.«

Allen Witwen ist gemeinsam, daß sie sich scheuen, in der ersten Zeit eine Einladung auszuschlagen, weil sie fürchten, dann nie wieder eine zu erhalten. Ich habe das hundertmal gehört. »Anfangs wurde ich ständig eingeladen. Da war mir aber nicht danach zumute, dort hinzugehen. Jetzt lädt mich niemand mehr ein.« Das ist der *cri de coeur* jeder Witwe. Bei Witwern sieht das etwas anders aus, denn sie sind immer ein Gewinn bei geselligen Veranstaltungen. Man schätzt sich glücklich, beim Abendessen auch einen Witwer am Tisch zu haben.

Es ist außerordentlich schwer, da die richtigen Entscheidungen zu treffen. Denn anfangs werden Sie aus Pflichtgefühl und falsch verstandener Freundlichkeit eingeladen. Doch es wäre Ihnen lieber, sie würden, wenn möglich, zu Ihnen kommen und einige Zeit mit Ihnen in Ihrem Heim verbringen. Hier fühlen Sie sich nämlich sicher und müssen sich nicht die Mühe machen, sich gut anzuziehen und an Tischgesprächen teilzunehmen. Wenn ich zynisch sein wollte, könnte ich sagen: das Mitgefühl der Menschen hält nicht lange an. Ich merkte durchaus, daß sie in der ersten Zeit scheinbar gutgemeinte Zeichen aussandten (»Ach, laden wir doch die arme, alte Jeannette mal ein!«). Doch nach einem halben Jahr hörte das auch auf. Danach betrachtete man mich nicht mehr aus mitleidigen Augen, sondern sah in mir eher einen echten Störenfried. Die Einladungen von meinen Freunden zum Abendessen wurden seltener. Man hatte mich in den Stand der unglücklichen alten Jungfer versetzt.

Manchmal lief das ab wie in einer schwarzen Komödie. Einmal hat man mich nach dem großen Empfang vom Vorabend nachträglich zum Mittagessen eingeladen, aber nur um ein weibliches Gegengewicht zu zwei 80-jährigen Junggesellen zu haben. Bei einer anderen Gelegenheit lud mich ein wohlmeinendes älteres Ehepaar zu sich ein. Als ich ins Zimmer kam, sah ich nicht ein oder zwei alleinstehende, sondern gleich sechs alte Damen, die alle seit mehr oder weniger langer Zeit verwitwet waren. Es war ungefähr so, als käme ich in einen Nähzirkel aus der viktorianischen Zeit. Im ersten Augenblick hätte ich beinahe losgekichert. Hier wurde ich, die »Novizin«, in den Kreis der »Veteraninnen« eingeführt. Ich kam mir vor wie Scarlett O'Hara, und plötzlich hatte ich den gemeinen Wunsch, alle zu schockieren und etwas ganz Unverschämtes zutun. Wie nennt man eine Versammlung von Witwen? Eine Schar Schnattergänse? Wie auch immer, ich war soeben darin aufgenommen worden.

Ich glaube, genau in diesem Augenblick hatte man mir ein neues Etikett verpaßt – »die Witwe Kupfermann«, wie mich eine Freundin gern scherzhaft nennt. Das Wort Witwe stammt aus dem Sanskrit, heißt so viel wie »leer« und ist ein häßliches Wort. Ich habe viele Leidensgefährtinnen sagen hören, sie könnten das Wort »Witwe« nicht über die Lippen bringen. Und lange Zeit konnte auch ich es nicht aussprechen. Wenn jemand mich nach meinem Familienstand fragte, druckste ich herum und sprach möglichst unauffällig von meinem »verstorbenen« Ehemann. Ich brachte es einfach nicht fertig, geradeheraus zu sagen: »Ich bin eine Witwe.« Witwen, das sind andere Menschen, das bin nicht ich. Alle diese blaßgesichtigen mediterranen Typen, die sich immer schwarz kleiden und grausam brennende Augen haben – so wie sie die griechische Schauspielerin Irene Papas auf der Leinwand unsterblich gemacht hat.

Oder sie haben eine blaue Tönung im Haar, tragen blitzende Diamantringe, machen Kreuzfahrt-Weltreisen und beteiligen sich am Glücksspiel. Sie steigen in Hotels in Eastbourne ab, und dann treffe ich immer welche im Zug, die zu ihren Töchtern nach Plymouth oder Aberdeen auf Besuch fahren. Die meisten Witwen, die ich traf, schienen ständig auf Reisen zu sein, wurden von einem Verwandten zum nächsten weitergereicht – eine Art vergessenes Frauenregiment im Transit.

Ich sah die Witwe also noch als einen fremden Typus, mit dem ich nichts gemeinsam hatte. Nun aber wurde ich, die »junge Witwe«, als neues Mitglied in den Klub eingeführt, und ich wollte nichts als flüchten. Dieser Instinkt tritt nicht nur bei Witwen auf. So kenne ich zum Beispiel Menschen, die an einer leichten Form von multipler Sklerose leiden und die man überredet hatte, an einem Treffen solcher Kranken teilzunehmen. Als sie dort die anderen sahen, die ebenso oder weit schwerer erkrankt waren, kam ihnen ihre eigene Krankheit noch viel entsetzlicher vor.

Vermutlich liegt das daran, daß wir unseren Verlust noch

nicht im vollen Umfang erfaßt haben. Wir kämpfen noch dagegen an. In uns allen steckt eine starke Lebenskraft. Gleichviel, welche Tragödie oder Katastrophe wir erlitten haben, wir sehnen uns selbst in den schlimmsten Zeiten nach normalen Verhältnissen – auch nach Ablenkung und Vergnügen. Ich wünschte mir damals lieber ein fröhliches Mittagessen mit Menschen aller Art statt gegenseitiger Bemitleidung von Personen, denen ein ähnliches Unglück wie mir widerfahren war.

Es dauerte lange Zeit, bis ich nicht mehr jedesmal in Tränen ausbrach, wenn ich jemandem sagte, daß ich Witwe war. Die Gefühle liegen noch so blank, daß einen die kleinste eingebildete Kränkung oder auch eine ungewollte Gefühllosigkeit von Seiten anderer tief verletzen kann. Das ist kein Wunder, denn Sie sind mit sich selbst noch nicht im reinen. Das gesellschaftliche Gebäude, das Sie und Ihr Partner in vielen Jahren sorgfältig errichtet haben, ist zusammengebrochen. Ihre Welt ist auseinandergefallen. Sie wissen nicht, wie Sie wieder neu anfangen sollen. Und jeder scheint Sie zu drängen, weiterzumachen, eine neue Realität und Identität aufzubauen, Ihre alte Identität wiederanzunehmen und die gesellschaftliche Leere zu füllen. Sie können aber nur langsam, Schritt für Schritt, eine neue Identität aufbauen. Das schließt auch neue Freunde ein. Gerade dies ist ungeheuer wichtig. Denn die alten sehen Sie immer noch in Ihrer alten Rolle, während neue Freunde Ihnen das Gefühl geben, eine eigene Identität zu besitzen. Dann spüren Sie, daß Sie ihnen als Einzelwesen lieb und wert sind und nicht als ein halbes Ehepaar.

Meiner Ansicht nach sind diese neuen Freunde neben finanzieller Sicherheit der bedeutendste Schritt zur Genesung. Die neuen Freunde können aus ganz unerwarteten Ecken kommen. Sie können völlig verschieden von denen sein, die Sie mit Ihrem Partner zusammen gehabt haben.

Denn Sie sind ja jetzt auch ein anderer Mensch geworden. Kann sein, daß Sie über Ihren eigenen Geschmack überrascht sein werden. Denn als Ehefrau mußten Sie ja die Freunde Ihres Mannes akzeptieren, von denen viele eigentlich nur Geschäftsfreunde waren. Jetzt sind die Karten neu gemischt. Sie haben die Freiheit, sich Ihre Freunde selber zu wählen. Doch gerade diese Freiheit kann problematisch sein und Sie sehr verwirren.

Bei mir war es tatsächlich so, daß ich an ganz unerwarten Orten Freundschaften suchte. Ob ich mich auf einer griechischen Insel an zwei Teenager anschloß oder ob ich im Zug fremde Menschen ansprach. Sie werden vielleicht wie ich erfahren müssen, daß es viel leichter fallen kann, Ihre Gefühle fremden Menschen zu offenbaren, die Ihr altes Ich nicht kannten. Es ist aber nicht immer eine lohnende Erfahrung. Für mich wurde es zuweilen ein schrecklich unangenehmes Erlebnis. Deshalb müssen Sie sich erst vergewissern, ob der andere Mensch überhaupt bereit ist, von Ihnen ins Vertrauen gezogen zu werden, ob er Sie in Ihrer ganzen Verwundbarkeit sehen will.

Als Witwe müssen Sie ständig der Versuchung widerstehen, jedem x-beliebigen Menschen Ihr Leid zu klagen. Denn nicht jeder will hören, was Sie zu sagen haben. Es ist vorgekommen, daß ich im Begriff war, es bei Leuten zu tun, denen ich damit zur Last geworden wäre. Sie müssen sich Ihre Zuhörer erst mal genau ansehen. Immerhin sind überraschend viele Menschen bereit, Ihnen Gehör zu schenken.

In meinem Fall regneten die Einladungen zunächst nur so auf mich herab. Danach hörte das völlig auf. Eine Zeitlang sah es so aus, als wäre ich gänzlich von der gesellschaftlichen Bühne verschwunden. Da merkte ich erst, wie schwer es für andere Menschen war, meinen Seelenzustand abzuwägen und zu ermessen, wie stark ich noch trauerte.

Gleichzeitig wurde mir klar, daß ich die Initiative ergreifen mußte. Das war aber nicht minder schwierig. Denn in diesen frühen Tagen der Depressionen, des fehlenden Selbstvertrauens und des Mangels an Energie fühlt man sich keineswegs dazu aufgelegt, den Telefonhörer abzunehmen und zu sagen: »Kann ich mal zu Ihnen rüberkommen?« oder: »Wollen wir gemeinsam irgendwohin fahren?«

Ich habe tatsächlich eine ganze Zeitlang aufgehört, irgendwohin zu gehen. Erst allmählich erwachte wieder der Wunsch, etwas zu sehen und etwas zu unternehmen, irgend etwas. Zum Teil, weil ich merkte, daß ich anfing, mir selbst langweilig zu werden – zum Teil, weil ich als Autorin Anregungen von außen brauchte. Schon diese Erkenntnis war förderlich. Es bedeutete ja, daß ich innerlich bereit war, mein Leben neu zu gestalten, und daß sich trotz meiner seelischen Starre und meiner apathischen Niedergeschlagenheit meine natürlichen Funktionen wieder regten. Als berufstätige Frau sagte ich mir: Wie elend du dich auch fühlst, du mußt dich dazu zwingen, gewisse Dinge zu tun, so wie du auch essen mußt.

Das neuerwachte Interesse am Leben äußert sich in Kleinigkeiten. Dazu gehört, daß man seine ganze Energie zusammennimmt, um sein altes Beziehungsnetz wieder zu aktivieren. Das ist außerordentlich wichtig, denn nach einem schweren Verlust fühlt man sich von der ganzen Welt abgeschnitten. Dann erscheint Ihnen schon ein Anruf bei einer seit langem bewährten Freundin lästig und beschwerlich. Es ist leicht, alle seine Verbindungen abreißen zu lassen, von einem Tag zum anderen dahinzudämmern und nie den Anruf zu machen oder den Brief zu schreiben, der alles ändern würde. Trotz allem, was ich durchgemacht habe, glaube ich fest, daß jeder seines Glückes Schmied ist. Daher rate ich dazu, so lange zu warten, bis Sie in der richtigen Stimmung sind. Es ist zwecklos, sie zu erzwingen. Eines schönen Tages können Sie dann so viele Anrufe erledigen, wie in der begrenzten Zeit zu schaffen sind. Sie werden über Ihren eigenen Mut staunen. Und haben Sie ihn einmal aufgebracht, gibt Ihnen das die Sicherheit, es wieder zu tun.

Melanie Klein schrieb in »Trauer und ihre Beziehung zu manisch-depressiven Stimmungen« *(International Journal of Psycho-Analysis,* 21, 125): »Der Schmerz, den man bei der Trauerarbeit in dem langwierigen Prozeß der Überprüfung der Wirklichkeit empfindet, hat zwei Ursachen. Zum einen entsteht er aus der Notwendigkeit, die Bande mit der äußeren Welt neu zu knüpfen, wobei man ständig seinen Verlust neu durchlebt. Zum anderen ist es schwer und peinvoll, dabei und gerade dadurch sein Innenleben wieder aufzubauen, das man als sehr gefährdet und dem Zusammenbruch nahe erlebt.«

Ich fand es sehr schwer, das richtige Gleichgewicht zu finden. Wenn ich ehrlich bin, muß ich gestehen, daß mein Leben in dieser Zeit völlig aus dem Gleichgewicht geraten war. Wochenlang habe ich mich dann gezwungen, mir vier Filme nacheinander anzusehen und dann noch drei Ausstellungen und ein Konzert zu besuchen. Dann wieder blieb ich jeden Abend zu Hause und las unentwegt Trivialromane. Mein Leben verlief in unregelmäßigen Sprüngen. Ich wünschte, daß mir jemand helfen würde. Doch ich ahnte schon, daß ich mir nur selbst helfen konnte.

Um die gesellschaftlichen Beziehungen aufrechtzuerhalten, ist es sehr wichtig, andere Menschen zu sich einzuladen. Doch es kann auch vorkommen, daß eine Witwe sich besonders unglücklich fühlt, wenn sie Gäste hat. Viele haben mir gesagt, sie haben jede Beziehung zu ihren Mitmenschen verloren, weil es ihnen unmöglich erscheint, jemand zu sich einzuladen. Es gibt aber Möglichkeiten, auch ohne größeren Streß Gastfreundschaft zu üben. Natürlich fällt einem das als Alleinstehende schwer. Aber zu meinen größten Freuden gehört es, am Wochenende das Haus voll zu haben. Abendgesellschaften mögen zu anstrengend sein und daher nicht in Frage kommen. Aber Menschen zum Tee einzuladen dürfte keine großen Schwierigkeiten machen. Manchmal klingt in mir noch wie ein Echo die Erinnerung an vergangene Teepartys. Mein Vater hatte sie eingeführt. Am liebsten hatte er sonnabends eine Teeparty im Garten, auch wenn das Wetter unfreundlich war.

Als Jacques noch lebte, haben wir im Sommer den Tee auf einem schmiedeeisernen Tisch unter dem Birnbaum serviert. Ich benutzte immer das hübsche delphinblaue und weiße chinesische Porzellangeschirr, das Jacques mir als Geschenk bei Biba zu deren Blütezeit gekauft hatte. Dazu bot ich gern kleine Ei- und Tomatensandwiches mit viel Brunnenkresse an sowie Schokoladen- und Apfelkuchen und danach Berge von Erdbeeren oder Kirschen.

Jacques malte oft in einem anderen Teil des Gartens. Bevor er sich zu uns gesellte, mußte er die Leinwand mit Steinen oder ähnlichen Gegenständen beschweren. Auch in Fuchsia Cottage in Cornwall luden wir zum Tee im Garten ein. Dann schleppten wir den Küchentisch auf unsere kleine Terrasse, die von den hohen Fuchsienbüschen eingerahmt war, und boten unseren Gästen Safrankuchen zum Tee. Gelegentlich veranstalteten wir auch abends ein Makrelenessen. Dann säuberte Jacques die frisch gefangenen Fische selber, nahm sie aus und briet sie.

Ich weiß, daß es so nie wieder sein wird. Aber ich freue mich noch immer über dasselbe weiß-blaue Porzellangeschirr. Dieser Tage wird der Tee meistens auf meiner neu eingerichteten Terrasse gereicht, auf dem kleinen Tisch mit

Marmorplatte, wie sie in Eis-Cafés üblich sind. Dann aber nur noch für drei, vier Personen.

Indem Sie Leute zu sich einladen, zeigen Sie der Welt, daß Sie wieder etwas Ordnung in Ihr Leben gebracht haben. Vor allem beweisen Sie es sich selber. An einem sonnigen Julinachmittag im Jahre 1988, als meine Gäste wieder durchs Haus schlenderten, die Gemälde betrachteten und aus dem Garten Unterhaltung und Lachen scholl, da wußte ich, daß ich auf dem besten Wege war, meine Welt neu zu errichten.

Ich war nun bereits ans Alleinleben gewöhnt. Ich hatte mir eine neue, gesunde Identität geschaffen. Und allmählich empfand ich die Welt, die mir lange Zeit nur für Paare wohnlich zu sein schien, nicht mehr so bedrohlich. Ich jagte nicht mehr Einladungen zu Abendgesellschaften nach. Viel lieber aß ich mit jemandem oder auch einer Gruppe von Menschen, die ich wegen ihrer persönlichen Eigenschaften mochte, irgendwo zu Mittag. Ich lernte wieder, spontan zu reagieren und einfach mal Spaß zu haben – aber das war nicht über Nacht geschehen.

Als sich meine Persönlichkeit gefestigt hatte, übernahm ich auch neue Rollen. Eine davon war die Rolle der »Trösterin«. Wenn Sie selber um jemand trauern, fällt Ihnen das leicht, selbst wenn Sie, wie es mir ging, die Rolle zuweilen nur widerstrebend übernehmen, denn sie ruft Ihnen ja meistens den Kummer der ersten Wochen wieder ins Gedächtnis. Häufiger aber empfand ich einen gewissen Stolz auf meine neue Rolle, wie es aus diesem Tagebuchauszug hervorgeht:

> Wieder ist in unserer Straße ein Nachbar gestorben. Er hat eine Witwe in den 50ern zurückgelassen. Sie ist eine außerordentlich angenehme, fröhliche Frau und hat mir wieder und wieder ihre Hilfe angeboten, als Jacques im

Krankenhaus war. Es sieht so aus, als werde ich immer häufiger aufgerufen, Trauernde zu trösten. Anfangs fand ich es schwer. Ich hatte ja wenig Trost zu bieten. Jetzt kommt es mir fast vor, als sei ich in die Rolle der berufsmäßigen Hinterbliebenenberaterin hineingewachsen. Ich bin ja dafür auch besonders geeignet. Ich fühle mich als Teil einer Gruppe von Frauen – wenn man so will, einer Gruppe von »weisen Frauen«, – deren »Feuertaufe« sie dazu befähigt hat, den Witwen in ihrer Trauerzeit zur Seite zu stehen und ihnen Mitgefühl zu schenken. Diese Rolle deprimiert mich auch nicht. Im Gegenteil, sie gibt meinem Leben eine neue Bedeutung. Ich bin in die Reihen der Weisen eingetreten.

VIII

Erwartungen und Klischees

Unweigerlich wird die Familie
Druck auf Trauernde ausüben, um sie zur Ordnung
zu rufen, wenn ihr Verhalten
nicht ihren Erwartungen entspricht.

Dr. Tony Lake

Wenn es Sie nicht mehr ärgert, daß andere Menschen bei der Erwähnung des Todes Unbehagen verspüren, dann haben Sie es schon ziemlich weit gebracht. Für mich war das erste Jahr ein Alptraum schlimmer Wahnvorstellungen. Ich hatte bestimmte Erwartungen, wie sich die Mitmenschen meiner Meinung nach benehmen *sollten,* und wünschte verzweifelt, daß sie sich auch so verhielten. Aber die Wirklichkeit entsprach meinen Vorstellungen selten.

Dafür gibt es mehrere mögliche Erklärungen. Entweder sind die *Bedürfnisse* der erst seit kurzem Trauernden so groß, daß sie die anderen buchstäblich abschrecken und sie zu einem genau entgegengesetzten Verhalten zwingen – wie es Lily Pincus glaubt: »Niemand möchte gern an Angst und Verzweiflung erinnert werden. Deshalb meidet man den Umgang mit dem Trauernden, und das bestätigt mit der Zeit dessen schlimmste Befürchtungen – er sieht sich isoliert, der Liebe und des Trostes beraubt« (aus: *Todesfall in der Familie*).

Oder die Sache wird zu einer Machtfrage. Ihre Mitmenschen spüren Ihre relative Machtlosigkeit und benutzen *ihre* Macht, um Sie zu zwingen, *ihren* Erwartungen gerecht zu werden. Man sieht das an Hunderten verschiedener Dinge: Nahe Angehörige und enge Freunde drängen eine Frau dazu, sofort umzuziehen, wieder zu arbeiten, sich zusammenzureißen oder mehr auszugehen. Sie sehen nur ihre *normale* Welt, und sie wollen Sie zwingen, dorthin zurückzukehren.

Auch ich spürte manchmal den Druck, der mich veranlassen sollte, meine Trauerzeit so bald wie möglich zu beenden. Das schienen die Leute von mir zu verlangen. Daher ihre ständigen Fragen: »Arbeitest du wieder? Gehst du wieder aus?« und ihre bewundernden Bemerkungen, wenn es so aussah, als wäre ich »tapfer«. Wie ich dieses Wort hasse! »Ist sie nicht fabelhaft?« Ich fühlte mich durchaus nicht fabelhaft. Ich wußte nur, daß die Leute mich so bald wie möglich wieder »normal« sehen wollten.

Am meisten ärgerte ich mich über Leute, die mir vorschreiben wollten, wie ich mich zu fühlen hätte, welches Stadium ich jetzt erreicht haben müßte. Manche redeten mit mir wie ein Lehrbuch. »Jetzt solltest du aber deine Schuldgefühle und deinen Zorn überwunden und ein neues Stadium erreicht haben.« Einer fragte mich sogar: »Weinst du auch tüchtig?« Als ich das hörte, mußte ich wirklich weinen. Was sollte das bedeuten? Mußte ich ein Examen bestehen? Gab es eine korrekte und eine unkorrekte Art zu trauern? Was war, wenn ich es falsch machte? Diese Angst war eine zusätzliche Last. Ich erlebte das gleiche wie viele andere Witwen, von denen man erwartete, daß sie jeden Sonnabend von sieben bis zehn zu trauern hätten, aber für sich, daß mein Kummer nach Stundenplan erledigt werden müßte, daß man mir nicht gestatten wollte, meine Trauer »auszuleben«.

Erst ungefähr zwei Jahre später konnte ich in mein Tagebuch schreiben:

> Eins habe ich in diesen zwei Jahren erkannt: Als Witwe darfst du dich unter keinen Umständen in deinem Verhalten den Erwartungen anderer Leute anpassen. Die anderen werden versuchen, dich in ihre Klischees zu zwängen, dich ihren Wünschen zu beugen. Sie wollen dir zum Beispiel vorschreiben, wo du zu wohnen hast. Zu meiner Verblüffung schilderten mir gewisse Leute bis in architektonische Einzelheiten das Haus oder vielmehr die Wohnung, in die ich so schnell wie möglich umzuziehen hätte. Sie werden dir sogar die Farbe deiner Tapeten vorschreiben. Vielleicht geht es nicht so weit, daß sie dir Gartenzwerge empfehlen. Aber sie werden dir vielleicht sagen, daß du deinen Rasen im Vorgarten zu betonieren hast.
> Einige werden dich überreden wollen, daß du in die Nähe deiner Kinder ziehen sollst. Andere raten dir das Gegenteil: du sollst weiter weg ziehen. Angehörige und Freunde werden dir raten, wie du dein Geld anzulegen hast oder welche Nahrungsmittel in deinen Kühlschrank gehören. Deine Frisur, Garderobe, Ernährung, Freizeitbeschäftigungen, Ferien und Arbeitsmethoden werden einer gründlichen Prüfung unterzogen. Besonders unwillig werden sie, wenn du dich nicht wieder verheiratest und doch einigermaßen glücklich bist. Das wäre unnatürlich, behauptete eine meiner Freundinnen. Dabei konnte jeder sehen, daß ich gut zurechtkam und mich einer nie gekannten Freiheit erfreute.

Vielleicht ist es für eine Witwe das Schwierigste, anderen Leuten verständlich zu machen, welchen Seelenzustand sie gerade erreicht hat. Deshalb finde ich es wichtig, den anderen meine Stimmung klarzumachen, indem ich zum Beispiel einfach, aber nachdrücklich erkläre: »Ich bin dir sehr dankbar, daß du dir um mich Gedanken machst, fühle mich aber noch nicht in der Lage, eine Verabredung mit einem Mann zu treffen.« Oder: »Ich kann verstehen, warum du es für mich für vorteilhafter hältst, wenn ich umziehe. Aber für mich sind mein Haus, mein Garten und meine Nachbarn ein echter Trost.«

Erst wenn Sie innerlich dazu bereit sind und nicht vorher, werden Sie das Bedürfnis haben, einen Schritt vorwärts zu tun und sich aus Ihren vier Wänden hinauszuwagen, ob es sich nun um die Aufnahme von Beziehungen, um Entscheidungen über Ihre Arbeit oder Ihr Haus handelt oder ob Sie eine der »Reisen« unternehmen, die Ihnen helfen, Ihre Trauer zu bewältigen. Ich habe Reisen gemacht, und ich habe auf der Stelle getreten. Ich habe in der Tat viel auf der Stelle getreten oder habe still zu Haus herumgesessen.

Aus eigener Erfahrung und nach Gesprächen mit Leidensgenossinnen bin ich zu dem Schluß gekommen, daß man mir kurz nach dem Trauerfall nicht besser helfen kann als dadurch, daß man mir das Gefühl gibt, noch vorhanden zu sein. Die Trauernde möchte auch wissen, daß man ihre kleinen Fortschritte bemerkt und anerkannt. Nichts stärkt deine Moral mehr, als wenn jemand zu dir sagt: »Ich glaube, du machst das sehr gut.« Die Trauernde braucht vor allem aufmunternden Zuspruch. Sie würde gern bestätigt hören, daß sie nicht mehr »am Boden herumkriecht«, sondern schon wieder den Kopf höher trägt. Und sie verlangt, ihren Kummer ausleben und aussprechen zu dürfen. Wenn Ihnen danach zumute ist, sich für ein Jahr ins Bett zu verkriechen, dann hilft man Ihnen wenig mit der Frage: »Arbeitest du schon wieder?« Ebensowenig hilft es, von den Fortschritten anderer Trauernder zu hören. Jede

Witwe durchlebt die einzelnen Phasen ihrer Trauer in anderen Zeitabständen und in anderer Reihenfolge.

Am besten ist es, die Gefühle der Trauernden zu achten. »Es muß schrecklich für dich sein. Du fühlst dich bestimmt sehr einsam.« Das spendet mehr Trost als: »Du mußt mehr unter die Leute gehen.« Unbeabsichtigt können die Leute die lächerlichsten und kränkendsten Dinge sagen. Sehr oft geschieht es, weil ihnen nichts Rechtes einfällt. Es fehlen ihnen die Worte, und so greifen sie zu abgedroschenen Redensarten: »Die Zeit heilt alle Wunden« oder: »Sei dankbar, daß du deine Kinder hast!« Das hörte sich so an, als sollten Sie dankbar dafür sein, daß Ihnen überhaupt noch etwas für die Zukunft geblieben ist. Aber es kann noch schwerer zu ertragen sein, wenn die Leute überhaupt nichts zu Ihrem Verlust sagen, wenn sie vorsichtig das Thema vermeiden und den Todesfall nie erwähnen. Damit erkennen sie Ihr jetziges Ich nicht an. Es ist so, als wären Sie ein Möbelstück, das sie gar nicht wahrnehmen.

Ihre Genesung hängt also in großem Maße davon ab, daß Sie sich nicht den Erwartungen anderer Leute anpassen. Nicht weniger wichtig ist es, den vielen negativen Klischees über Witwen Widerstand zu leisten, die erstaunlicherweise noch im Schwange sind. Man müßte mal untersuchen, warum in so vielen Kulturen die Witwe fast auf einer Stufe mit der Hexe oder dem weiblichen Dämon steht. In den letzten Jahren bin ich persönlich auf fast alle der gebräuchlichen Vorurteile gegen Witwen gestoßen: Sie wären reich, unzüchtig, schamlos, gerissen, arm, wollüstig und natürlich lustig. Und für all das gelten sie nicht nur im Volksmund. Selbst intelligente zeitgenössische Schriftsteller benutzen die Figur der Witwe als Beispiel für eine besonders raffinierte und zügellose Person, auch wenn sie ihr einen Hauch von »Mitleid« zubilligen. Wenn die westliche Gesellschaft die Frau zwischen den beiden Gegenpolen Madonna und Hure sieht, so trifft das besonders bei der Witwe zu. In *The Holy Living* schreibt Jeremy Taylor:

> »Witwenschaft verdient Mitleid wegen ihrer durch den Verlust entstandenen Einsamkeit. Sie ist liebenswert und voll Anmut, wenn sie mit Ernst und Reinheit geschmückt und nicht durch die Erinnerung an frühere Ausschweifungen oder der gegenwärtigen Gier nach einem zweiten Bett befleckt wird.«

Solchen Ansichten begegnet man also heute noch. Besonders für Journalisten ist die Witwe ein beliebtes Ausbeutungsthema. In einem Artikel im *Tatler* schrieb Gully Wells unter dem Titel »Witwenglanz« hämisch:

> »Verwitwet zu sein gilt als geweihter Stand. Geschieden zu sein heißt entweder, unrühmlich auf den Müll geworfen zu werden ... oder ein Drachen und eine Ehezerstörerin zu sein ... Ob so oder so, man verliert seine Würde. Und vorteilhaft ist es auch nicht. Dagegen hat die Witwe ihr Glück gemacht. Eine heilige Aura umgibt sie (»wissen Sie, als er starb, hat sie seine Hand gehalten«). War der Verstorbene ein bedeutender Mann, so hat sie für immer Anrecht auf seinen Namen. Sie ist die einzige Hüterin seiner Flamme und seiner Hinterlassenschaft. Und sie genießt den Glanz einer finanziellen Unabhängigkeit durch das große Geld, das mit der Wirkung seines berühmten Namens verbunden ist.«

Der Haß dieses Autors kennt also keine Grenzen. Im selben Magazin beschreibt Hugo Vickers zum gleichen Thema »Die Witwe von Stand« in demselben schneidenden Ton:

> »Die Witwe von Stand ist, wie schon die Bezeichnung verrät, in jedem Fall mächtiger als eine einfache Ehefrau. Sie hat den Namen, den Einfluß, das Siegel und die Beute. Sie ist die wahrhaft emanzipierte Frau, ihre eigene Herrin, die keinem Manne Rechenschaft schuldig ist und sich in jeder Richtung, die ihre Phantasie ihr eingibt, entfalten kann. Über diese verwitweten Powerfrauen ist nur noch eine letzte Bemerkung zu machen ... sie heiraten *nie* wieder. Und wer könnte sie dafür tadeln?«

Immer mehr verbreitet sich heutzutage die Ansicht, die Witwenschaft wäre irgendwie von Glamour umgeben, man trüge sie wie ein Designer-Etikett an bestimmten Sonnenbrillen oder »Power-Kleidern«, sie wäre eine »Verlokkung«, die Witwe wäre à la Jackie Onassis oder Yoko Ono megareich, ewig jung, allen entrückt und unerreichbar und sonnte sich im Glanz ihres legendären Ehemanns. Manche Journalisten sind noch weitergegangen und haben nicht ohne Bosheit und zweifellos nicht ohne Neid angedeutet, es gäbe so etwas wie eine »Berufswitwe«, die mit dem Ruhm ihres Mannes Kasse macht. Sicherlich gibt es einige wenige Witwen von berühmten Männern, die in diese Kategorie fallen. Aber auch bei ihnen ist es oft nur ein *äußerer Anschein.*

Mögen diese Klischees immerhin auf eine Handvoll außerordentlich reicher und berühmter Witwen wie Jakkie Onassis, Yoko Ono oder die Königinmutter zutreffen, so sind sie doch meilenweit von dem wirklichen Leben der normalen Witwe entfernt, so daß die Beschreibung geradezu lächerlich ist. Außerdem vergessen diese Autoren zu erwähnen, welche angsteinflößende Verantwortung viele »Powerwitwen« zu übernehmen hatten, um zum Beispiel den Ruf ihres verstorbenen Mannes zu wahren, sein Vermögen zu verwalten oder sich seiner Größe würdig zu zeigen. Wahrscheinlich ist dies auch der wahre Grund dafür, daß sich solche Witwen oft nicht wiederverheiraten. Sie finden keinen zweiten Mann, der des ersten würdig wäre – nicht nur in ihren Augen, sondern auch in den Augen der Mitwelt. Solche Witwen sind verständlicherweise sehr empfindlich für die Meinung der Mitwelt über sie. In diesem Sinne mag es »Berufswitwen« geben. Dies aber nur, weil sie es nicht geschafft haben, entweder auf die Erwartungen der Zeitgenossen zu pfeifen oder sie zu teilen.

Im Fall von Jackie Onassis und Yoko Ono kennen wir zudem nicht das volle Ausmaß der Aufregungen und Traumata, die sie während der Ehe oder danach zu erdulden hatten. Wir wissen, daß Kennedy ein rücksichtloser Schürzenjäger und John Lennon ein Neurotiker an der Grenze zum Psychopathen war, falls man seinem Biographen Albert Goldman glauben kann. Es wird einfach vorausgesetzt, daß Geld, Name und Stellung ihren Witwen das Leben leicht machen. Dabei können Witwen ohne Geld, Namen und Stellung es durchaus leichter haben, sich eine eigene Zukunft zu zimmern. Ich spreche hier als eine Witwe, die sehr stolz darauf ist, daß sie eine großartige Gemäldesammlung geerbt hat, aber keinen Augenblick vergaß, daß ihr damit auch eine große Verantwortung aufgebürdet wurde. Ich hatte sie gut unterzubringen, vorteilhaft auszustellen und Jacques' Ruf als Künstler zu wahren.

In den Augen mancher Männer mag die Witwe ja »eine wahrhaft emanzipierte Frau sein, die keinem Mann Rechenschaft schuldet und die sich in jeder Richtung, die ihre

Phantasie ihr eingibt, entfalten kann.« Doch in Wirklichkeit spürt sie wahrscheinlich sehr stark die Verantwortung für den Ruf ihres verstorbenen Mannes. Seine Bücher, Objekte oder auch Geschäfte belasten sie, und sie wünschte, sie wäre davon befreit. Ich weiß von einer jungen Witwe, die einen riesigen Landbesitz, kostbare Antiquitäten und teure Autos, deren Wert in die Millionen geht, geerbt hat. Doch in den vergangenen fünf Jahren hatte sie fast ausschließlich damit zu tun, sich der Glücksjäger und Parasiten zu erwehren, die sie unaufhörlich belästigten. Sie fürchtet sich, ihr großes Herrenhaus zu verlassen, sie macht nicht mal eine kurze Urlaubsreise. Denn als sie das früher getan hat, waren fremde Leute in ihr Haus gezogen und hatten sich alles angeeignet, was ihnen gefiel. Sie hat jedoch ein wenig Ruhe und Zufriedenheit gefunden, indem sie eine gewöhnliche Stellung in einem Labor antrat, wo sie wieder zu sich selbst finden kann.

Es ist verständlich, daß Groll gegen die scheinbare Freiheit einer Witwe entstehen kann. Denn selbst in den freiesten und modernsten Partnerschaften muß eine Frau oft immer noch um Erlaubnis bitten, wenn sie ihr eigenes Geld ausgeben, einen getrennten Urlaub machen oder das Weihnachtsfest mal ohne ihre Schwiegermutter verleben möchte. So kann man auch männliche Ängste vor einer Frau begreifen, die auf eigenen Füßen steht. Früher schien sie vielleicht – im Gegensatz zu einer ledigen oder auch geschiedenen Frau – ganz damit zufrieden zu sein, in der Ehe nur die zweite Geige zu spielen. Und jetzt ist sie überraschend unabhängig geworden. Angesichts ihrer mutigen Unabhängigkeit und ihrer Fähigkeit, sich allein zu behaupten, meinen solche Männer, die Witwe hätte irgendwie ihren Ehemann betrogen.

Ich werde nie vergessen, mit welcher Befriedigung mir eine Frau vom Tod eines älteres Witwers erzählte, der nur neun Monate nach dem Verlust seiner Frau gestorben war. Es lag mehr als ein schwacher Vorwurf in ihrer Stimme, als sie sagte: »Ja, natürlich hat er sie sehr geliebt und konnte einfach nicht ohne sie leben . . . aber manche Leute baden in ihrem Kummer mehr, als es normal ist . . .«

Wir können in unserer Gesellschaft noch so oft unseren Widerwillen gegen ein »Suttee« aussprechen (die frühere Hindu-Sitte, wonach eine Witwe sich auf dem Scheiterhaufen neben ihrem verstorbenen Manne verbrannte); aber auch bei uns gibt es noch so etwas wie ein »gefühlsmäßiges Suttee«. Danach hat keine Witwe das Recht, sich von ihrem Kummer völlig zu erholen und ihr Leben zu forsch in die eigene Hand zu nehmen. In Ansätzen herrscht auch noch die Vorstellung, daß eine Witwe nicht nur geizig sein muß, wenn sie »unverdient« die Früchte der Arbeit ihres Mannes, sei es Ruhm oder Vermögen, einheimst, sondern daß sie auch irgendwie zu seinem Tode beigetragen hätte, selbst wenn er ihn so unerwartet und zufällig ereilt hat, wie es bei John Lennon der Fall war. Dies erklärt bis zu einem gewissen Grad, warum Yoko Ono so heftig als »Miststück auf Rädern« verfemt wird, wie es besonders in dem Buch Goldmans geschieht.

Ich bin zu folgendem Schluß gekommen: In den Bosheiten gegen Witwen drückt sich eigentlich nur Verärgerung darüber aus, daß diese Kategorie von Frauen nicht mehr unter dem Regime eines Mannes steht. Es ist der Widerschein einer Kultur, die für die Witwe keinen eigentlichen Platz hat. Meine Freundin und Kollegin Mary Kenny hat mich darauf hingewiesen, daß englische Drucker die einen Absatz abschließende Einzelzeile am Anfang einer neuen Seite immer noch als »Witwe« bezeichnen (deutsch: »Hurenkind«). Also wieder die Idee: das ist etwas, was man loswerden muß.

Wenn man einer Witwe nach Möglichkeit aus dem Weg

geht oder sie merkwürdig und verletzend behandelt, wie ich es erfahren habe, so ist das nicht nur hier gang und gäbe. Das ist mir in den letzten Jahren allmählich klargeworden. So etwas ist auch in vielen anderen Kulturen, vielleicht sogar auf der ganzen Welt, verbreitet.

Wir werfen zwar nicht, wie es die Indianer in Nordamerika taten, die Witwe aus dem Tipi, aber wir zeigen ihr dafür in anderer Art die kalte Schulter. Wir erklären sie nicht offiziell zur Dorfhure, wie es in anderen Kulturen der Fall war, aber der Volksmund sagt aus, sie wäre sexuell unersättlich. Einer Witwe ist es danach nicht gestattet, sich zu verwirklichen, weil ihr Familienstand als irgendwie »nicht richtig« angesehen wird. So wie es ein spanisches Sprichwort ausdrückt: »Eine dralle Witwe sollte wieder heiraten, oder man sollte sie begraben oder in ein Kloster stecken.«

Die Witwe wird oft verschleiert, geheimnisvoll und schattenhaft dargestellt, als eine erotische Mischung von Sex und Tod. Viele volkstümliche Redensarten und Sprichwörter handeln von der düsteren Vorstellung der »schwarzen Witwe«, die mit dem »Hauch des Todes« behaftet ist. »Sei vorsichtig und heirate lieber keine Witwe, sonst wird dir oft zum Essen ein Totenkopf aufgetischt!« (James Howell, *Familiar Letters,* Band II).

Bei der Durchsicht einschlägiger Literatur fällt mir auf, wie ganz anders das Alte Testament gegenüber Witwen eingestellt ist. Dort bemüht sich immer ein Mann, das Los der Witwe leichter zu gestalten: »Ich brachte das Herz der Witwe vor Freuden zum Singen« (Hiob). Die Witwenschaft galt als ein Stand von besonderer Würde und Reinheit. Daß man sie als grundsätzlich unrein ansah, geschah erst später. In der Bibel wird einer Witwe juristischer Schutz zuteil. Kein Gläubiger darf ihr Besitz wegnehmen. Man darf ihr keine Summe verwehren, die ihr im Ehevertrag zugestanden wurde. Leidet sie Not, müssen die Erben ihres Mannes sie unterstützen. Spätere Gebote des Rabbinats schrieben vor, daß eine Braut in ihrem Ehevertrag nicht auf ihr Zurückhaltungsrecht am Besitz ihres verstorbenen Mannes verzichten kann.

Paradoxerweise wuchs der Groll gegen Witwen im gleichen Maße, wie sich der allgemeine Status der Frau besserte, und zwar ganz besonders bei emanzipierten Frauen, die wirtschaftliche Gleichheit mit Männern erreicht hatten. Erneut wurde ihnen der Schutz entzogen, den die Schwächsten und Verwundbarsten unter dem Patriarchat genossen hatten. Vor allem Frauen nährten den Groll gegen andere Frauen, die etwas erhalten zu schienen, ohne etwas dafür getan zu haben. Vielleicht richtet sich dieser Groll allgemein gegen das Mitleid und die Rücksicht auf Witwen, die anderen nicht zuteil wird, obwohl sie Verluste anderer Art erlitten haben, die nicht geringer sind.

Denn wer arbeitslos wird, ein behindertes Kind zur Welt gebracht hat oder sich einer Brustoperation unterziehen mußte, hat ja ebenfalls einen ungeheuren Verlust erlitten und sieht oft keine Zukunft mehr für sich. Ich habe viel Zeit gehabt, über den merkwürdigen, fast auf der ganzen Welt verbreiteten Groll gegen Witwen nachzudenken. Dabei bin ich zu dem Schluß gekommen, daß er tiefer geht als die Furcht vor dem nicht Normalen – der Person, die nirgends einzuordnen ist, oder der Spinne im Gebälk. Unterbewußt steht er im Zusammenhang mit der tiefeingewurzelten Ansicht von der Frau als Lebens- und Todbringerin. So wurde die Furcht vor den Frauen, vor dem Weiblichen, verzerrt und vergröbert – und hat aus dem gleichen Grunde auch immer mit Sex zu tun.

Heutzutage, da die moderne Medizin allen Menschen eine längere Lebenserwartung verspricht, fürchtet kaum eine Frau, in jungen Jahren Witwe zu werden. Das ist vermutlich einer der Gründe, warum Witwenschaft zu einem Tabu-Thema geworden ist. Das 19. Jahrhundert hatte noch eine sentimentalisierte Anschauung von der Witwe im Trauergewand, an der Spitze Königin Victoria selbst. Die Witwe hatte entweder ihre Tage in würdevoller Einsamkeit zu verbringen oder sich mühevoll durchs Leben zu schlagen. Heute macht ihr die Gesellschaft zum Vorwurf, daß sie sich erlaubt hat, ihren Mann zu überleben.

Sie steht für die äußerste Enttäuschung des modernen Lebens: das Versagen der modernen Technologie. Kein Wunder, daß sie in den Hochglanzmagazinen boshaft verleumdet wird, als hätte sie ein Schwerverbrechen begangen. Das »Verbrechen« besteht offenbar darin, daß sie ihren Mann überlebt hat und nun einige Früchte seiner Arbeit und Mühen genießt. Ich weiß, daß viele Witwen gerade ihr »Überleben« betrauern, vor allem die, deren Männer an einer überraschenden, kurzen Krankheit oder durch einen Unfall gestorben sind. Dagegen beklagen andere, deren Partner einem Krebsleiden oder einer anderen langwierigen Krankheit erlegen sind, den Mann, der er vorher einmal gewesen war. Oft auch die Tatsache, daß sich seine Persönlichkeit durch das lange Leiden negativ verändert hat.

Melanie Klein schrieb einmal, daß Hinterbliebene etwas fühlen, was sie »den Triumph über die Toten« nennt, der sich jedoch oft in Zorn gegen sich selbst oder gegen andere verwandelt. Wo andere nur einen »Triumph« entdecken, meint die Witwe im Gegenteil, sie hätte zu büßen, sie müsse sich für ihr Dasein, das durch die Haltung der Mitwelt doppelt schwer zu ertragen ist, auch noch rechtfertigen.

Man nimmt an, Witwer träfe das Schicksal weniger schwer als Witwen. Teils weil ein Mann meistens mehr Geld verdient und teils weil allgemein die Ansicht vorherrscht, er werde von der Gesellschaft besser angenommen als die Witwe und er stehe auf jeder Einladungsliste. Vom Witwer erwartet man, daß er »lustiger« ist als die nicht so lustige Witwe. Bis zu einem gewissen Grad wird das auch im wirklichen Leben bestätigt. Es gibt viel mehr Witwer als Witwen, die wieder heiraten – und außerdem auch nach viel kürzerer Zeit.

Doch auch ein Witwer kann unter den gleichen Problemen leiden wie die Witwe. Er kann seinen Verlust nicht überwinden, er leidet an extremer Einsamkeit, Apathie oder zuweilen schweren Einkommenseinbußen. Zu solchen Fällen gehört der Witwer mit kleinen Kindern oder der Witwer, dessen Frau über lange Zeit hin krank gewesen ist und der dabei alle seine Finanzreserven erschöpft hat. Wer mitansehen mußte, wie seine Frau von einem Krebsleiden immer schwächer und schwächer wurde, gelangte dabei oft auch in seiner beruflichen Karriere an einen Tiefpunkt. Bei der Wahl zwischen einem Umschulungskursus, der Arbeitslosigkeit oder dem vorzeitigen Ruhestand hat er sich für die letztere Möglichkeit entschieden. Und nun hat er keine Ziele mehr, sein gesellschaftliches Leben verkümmert, ihm fehlen die Kollegen und die regelmäßige Arbeit. Er langweilt sich, wird apathisch und erleidet schwere Depressionen. Der Verlust seiner Frau und seiner Stellung hat ihn all dessen beraubt, was in seinem bisherigen Leben von Bedeutung war. Seine Töchter, beide Anfang 20, wohnen zwar bei ihm, aber er kann ihre Probleme mit Arbeitsstellen oder männlichen Freunden nicht lösen. Er will auch nicht von ihnen abhängig sein. Ihm ist klar, daß er jetzt nach drei Jahren sein Leben neu ordnen muß, aber er weiß nicht wie. Wohlwollende Freunde versuchen, ihm eine neue Frau zu verschaffen. Er aber lehnt solche Einmischung ab und folgt den meisten Einladungen nicht mehr. So wird er allmählich zu einer Art Einsiedler.

Witwer sind – wie Männer im allgemeinen – seltener bereit, Beratung oder Hilfe zu suchen. Tom, von dem hier die Rede ist, hatte nie einen Hinterbliebenenberater aufgesucht. Doch eines Tages, ungefähr ein Jahr nach dem Tod seiner Frau, merkte er, daß er einen Punkt erreicht hatte, von dem aus es keinen Weg zurück gab. Er war nämlich in einem Zustand der Verwirrung herumgeirrt und fand sich plötzlich benommen und entkräftet in einem etwa 24 Kilometer entfernten Dorf wieder. Er nahm an, daß er zu Fuß dorthin gekommen war. Woraufhin er beschloß, seinen Hausarzt zu konsultieren, mit dem er über seine Gefühle sprechen konnte.

Jetzt, drei Jahre später, fühlt er sich in mancher Hinsicht wieder am »toten Punkt«. Deshalb denkt er daran, sich an einen Berater zu wenden. Er braucht Rat, ob er in den Ruhestand treten, einen Umschulungskurs mitmachen oder sich eine Halbtagsarbeit suchen soll. Und er will endlich, wie er sagt, »den Schatten loswerden, der mich überallhin begleitet«. Zum großen Teil ist sein Zustand auf Schuldgefühle zurückzuführen. Sie betreffen Konflikte aus seiner Ehe, die lange vor dem Tod der Frau bestanden und die er nicht überwinden oder lösen konnte.

Viele Autoren haben darauf hingewiesen, daß Schuld- und Zorngefühle oft dafür verantwortlich sind, wenn jemand, der eine stürmische Ehe geführt hat, in seiner Trauer nicht mehr aus noch ein weiß. Andererseits dürfte es schwierig sein, eine Ehe zu finden, in der es nicht zuweilen stürmisch hergegangen ist. Wer das Bedürfnis hat, einen Berater aufzusuchen, ist sich vermutlich endlich seiner durcheinandergeratenen Gefühle bewußt geworden.

Ich habe nicht mit sehr vielen Witwern gesprochen. Daher weiß ich nicht, ob sie das gleiche empfinden wie Witwen. Doch vermittelten mir die wenigen, mit denen ich sprach, den Eindruck, daß sie wohl unter dem gleichen Verlust am Sinn des Lebens und an Selbstvertrauen leiden mögen, aber ihren neuen Weg allein finden müssen. Das kommt, weil sie selten so ganz auf ihren Ehepartner angewiesen waren, wie es umgekehrt der Fall ist.

Sie haben also nicht die gleichen tiefen Wunden davongetragen wie die Witwen. Gleichzeitig ist ihr Ich nicht so stark angeschlagen worden. Daher finden sie viel leichter ihre Stellung in der Gesellschaft wieder. Denn der Witwer wird in dieser Welt als willkommener Gesellschafter angesehen, die Witwe nur höchst selten.

IX

Zufluchtsort oder Hindernis

Aber sie war wenigstens daheim.
Dafür war sie dankbar: Hier konnte sie sich selbst treu bleiben, leben oder sterben.
Nichts tun. Aushalten.

Susan Hill, *In the Springtime of the Year*

Soll ich umziehen oder nicht? Das ist für die meisten Witwen eine knifflige Frage. Manche sehen sich allerdings aus finanziellen Gründen zum Umzug gezwungen. Doch größer ist die Zahl derer, die sich dazu gedrängt fühlen, auch wenn es, finanziell gesehen, nicht notwendig wäre. Die anderen Leute tun so, als wäre es unrecht, wenn man in dem Haus bleiben will, in dem man vielleicht 20 oder mehr Jahre seines Lebens gewohnt hat. »Wirst du umziehen?« ist eine der ersten und häufigsten Fragen,die Sie nach einem Trauerfall zu hören bekommen. Es ist so, als wäre es beinahe obszön, wenn Sie da bleiben, wo Sie sind. Manchmal spürte ich sogar, daß die Leute sich darüber ärgerten, daß eine alleinstehende Frau weiterhin in einem großen Haus wohnen wollte und, was noch schwerer ins Gewicht fiel, damit auch einigermaßen gut zurechtkam. Die Leute wünschen einfach, daß Sie sich einschränken – als wollten sie sagen: »Wie kannst du es wagen, so weiterzuleben, als wärst du noch zu zweit?«

Mit der Zeit wird sich Ihre Einstellung zu einem Umzug ändern. Sie ist auch bei jedem Menschen anders. Viele Witwer und Witwen verkaufen ihre Häuser, weil sie vor den damit verbunden Erinnerungen fliehen und ein neues Leben anfangen wollen. Hinzu kommt, daß das Haus für sie ohne ihre Ehepartner an Bedeutung eingebüßt hat. Sie fühlen sich darin nicht mehr wohl.

Vielleicht sagt Ihnen Ihr Instinkt anfangs: Pack ein und verschwinde hier! Aber viele bedauern später den übereilten Entschluß der ersten Monate. Sie geben zu, daß sie durch den Umzug in eine kleinere Wohnung nur alles verschlimmert haben. Die Familie ist nun endgültig zerbrochen, da sie beispielsweise kein zweites Schlafzimmer mehr haben, um das erwachsene Kind oder den Enkel unterzubringen. Oder es fehlt ihnen an Platz, um Gäste einzuladen.

Es dauerte oft Jahre, bis sie Ihr Heim eingerichtet hatten. Nun atmet alles Ihre Eigenart. Ich jedenfalls hatte einen Teil meiner Persönlichkeit darin investiert. Für einen Außenstehenden ist es schwer, sich in diese Lage zu versetzen. Er begreift nicht, daß Sie keine Lust haben, alles zu verkaufen, wofür Sie gearbeitet haben. Er versteht nicht, wie traurig es für Sie ist, sich von Dingen zu trennen, die ein Teil Ihres Lebens geworden sind. Das hat nichts mit Besitzgier zu tun. Auch nichts damit, daß Sie Ihren Lebensstandard halten wollen. Der verringert sich mit Beginn der Witwenschaft fast unweigerlich sowieso. Der glänzend geschriebene Monolog der Witwe in der Serie *Talking Heads* von dem Dramatiker Alan Bennett drückt treffend die Gefühle einer Frau aus, die ihre letzten Möbelstücke verkaufen und fortan in einem kahlen Zimmer leben muß.

Ich dachte nur kurz daran, das Haus und das Ferienhaus in Cornwall zu verkaufen. Ich wäre der Aufgabe auch gar nicht gewachsen gewesen. Ich war seelisch so erschöpft, daß ich ein weiteres Trauma, das des Umzugs, gar nicht ertragen hätte. Der Gedanke, »mich einzuschränken«, erfüllte mich mit Verzweiflung. Ich besaß eine geräumige Bibliothek, große Gemälde, das übliche Porzellangeschirr und all die Haushaltsgeräte, die man sich in 25 Jahren anschafft. Ich war nicht bereit, mich davon zu trennen. Ich brauchte all dies als eine Quelle des Trostes. Sie gehörten zu meiner Identität.

Ein Umzug bedeutet eine gewaltige Umwälzung in einer Zeit, in der Sie sich nur nach Frieden und einem ruhigen Hafen sehnen. In den vergangenen Jahren habe ich dann, wie aus den folgenden Tagebuchauszügen hervorgeht, mal so und mal so über einen Umzug gedacht. Im Jahre 1989 machte ich einmal einen Umzugsversuch, der fehlschlug. Ich ging zu einer fabelhaft wirkenden Maklerfirma in Hampstead, wurde einen Tag lang von einer blendend aussehenden Blondine herumgefahren und besichtigte verschiedene überteuerte Wohnungen. Das brachte mich zu der Einsicht, daß ich vollständig verrückt wäre, mein behagliches, geräumiges Haus gegen eine dieser eleganten, aber winzigen Wohnungen einzutauschen. Nein, dazu war ich nicht bereit.

> Ich wandere von Zimmer zu Zimmer. Alles ist in bester Ordnung. Es sieht sogar schön aus. Pflanzen und Blumen sind sorgfältig arrangiert. Ja, das Haus ist schön. Aber in diesen Tagen scheint es keine Bedeutung mehr für mich zu haben. An anderen Tagen ist es mein Hafen. Ich gehe von der Küche über die steilen Steinstufen auf die kleine Terrasse, mein kleines Wunderland mit Töpfen voller Stiefmütterchen und Geranien, dazwischen Kletterrosen, Kapuzinerkresse und das schwere, überhängende Geißblatt. Das ist meine kleine Ecke der Welt, die ich beherrsche. Wenn ich mich weiterwage, durchs

Gartenhaus auf den Rasen, setze mich in der beginnenden Abendkühle und schaue auf die Mohnblumen, durch die der Wind bläst und ihre Blüten zerfleddert, und erinnere mich an Jacques' Bilder von Mohnblumen. Sie rufen mir die Vergänglichkeit des Lebens in Erinnerung, Gedanken an vergossenes Blut, an vergangene Jugend und Schönheit.

Und ich lausche den Vögeln. Ich kann ihre verschiedenen Gesänge unterscheiden und denke mir aus, manche Vögel kämen jeden Abend extra her, um mir etwas vorzusingen. In einer kindlichen Anwandlung bilde ich mir sogar ein, daß ein besonders lieblicher Sänger Jacques ist – in einer anderen Inkarnation.

An den Tagen, an denen ich aus der Stadt und dem Kampf mit dem Verkehr, langweiligen Filmen und dem heißen, staubigen Straßenpflaster, auf dem sich die Passanten drängen, erschöpft heimkomme, erscheint mir der Garten wie ein echtes Paradies. An anderen Tagen, an denen ich nicht in der Stadt war und die Zeit quälend langsam vergeht, wandere ich träge durch den Garten. Die Zeit ändert ihre Bedeutung, je nachdem, was man für einen Tagesablauf hat. In unausgefüllten Stunden sehnt man sich nach geregelter Tätigkeit und beneidet die bleichgesichtigen Angestellten, die zu ihrer vorgeschriebenen Arbeit eilen.

Wenn man wie ich nicht umgezogen ist, dann nimmt sein Haus für einen allmählich eine andere Bedeutung an. Das Haus, in dem Jacques und ich arbeiteten – er oben im Atelier, ich unten im Erdgeschoß, meistens am Küchentisch – riecht nicht mehr nach frischer Ölfarbe oder Terpentin. Aber die Bilder hängen noch in allen größeren Zimmern, und immer noch führe ich Besucher in das unaufgeräumte Atelier, in dem ich nichts verändert habe. Es bestand die Gefahr, daß es zu einem Mu-

seum oder gar zu einem Schrein werden würde. Aber ich war entschlossen, es nicht dazu kommen zu lassen, auch wenn mich hier alles noch an Jacques erinnerte. Jetzt scheint mir das Haus aber einen anderen Charakter angenommen zu haben. Ich habe nämlich leichte, kaum merkbare Veränderungen vorgenommen. Nun ist es mehr *mein* Haus. Ich habe es außen und teilweise auch innen neu angestrichen. Ich habe auch die Landschaft des Gartens leicht verändert. Hier eine neue Einfassung, dort ein neues Lavendelbeet, dazu einige neue Rosensträucher. Doch das reicht aus, um mir das Gefühl zu vermitteln, daß es *mein* Garten ist.
Ich halte das für sehr wichtig, falls man in dem Haus bleibt, in dem man viele Jahre lang mit seinem Partner gewohnt hat. Richte ein Zimmer neu ein, stelle die Möbel um, und mit der Zeit gewinnt das Haus wie du eine neue Identität. Jetzt denke ich daran, wenn ich weiter hierbleibe, aus dem Atelier eine Bibliothek zu machen. Es erscheint mir nicht mehr – wie noch vor einem Jahr – nötig, jeden alten Pappkarton, jedes Marmeladenglas und jede ausgequetschte Farbtube aufzuheben. Ich kann mich allmählich von solchen Dingen aus der Vergangenheit trennen. Aber es gibt auch vieles, das ich aufbewahren möchte. Und was sollte daran verkehrt sein?

Einmal habe ich vorübergehend eine Wohnung in Nord-London gemietet.

Mai 1989

Ich versuche, ein Paar Türen zur Vergangenheit zu schließen und neue Türen in die Zukunft aufzustoßen. Aber das ist sehr schwierig. Ich habe Fuchsia Cottage zum Verkauf ausgeschrieben. Außerdem habe ich ein kleines Zwei-Zimmer-Appartment mit Schlafzimmer in Hendon gemietet. Es liegt in der Straße, wo ich einmal zur Schule gegangen bin, in einem schäbigen Häuserblock, in dem lauter alte Damen wohnen (wahrscheinlich Witwen wie ich). Die Wohnung selbst ist hübsch, hell und luftig. Mr. Yan, der chinesische Inhaber, hat sie renoviert. Es ist vorgesehen, daß Mina und ich darin wohnen werden. Sie hat alle ihre Sachen hergeschafft, ich werde aber nur ein, zwei Nächte in der Woche hier schlafen. Meine Mutter kann manchmal herkommen, und Mina wird in der Nähe der Familie sein. Zurück zu den Wurzeln!

Dieser Zustand hat nicht lange angedauert. Wenn ich dort war, sehnte ich mich nach meinem Haus und konnte es gar nicht abwarten, wieder zurückzufahren. An anderen Tagen kam mir aber seine Leere zu Bewußtsein.

Ich bin schrecklich traurig, empfinde sogar Schmerz. Den ganzen Feiertag über sitze ich allein in dem großen Haus. Der spanische Flieder blüht, der Rasen ist voller Gänseblümchen, und die Katzen liegen zu meinen Füßen. Ich frage mich: wohin ist alles entschwunden? All diese Jahre mit dem Lachen der Kinder, den Familienfeiertagen, den großen Festessen und Ausflügen? Mina und Elias sind weg, und nun bin ich wirklich ganz allein. Ich leide am Syndrom des leeren Nests wie an der Trauer.

Ich wurde hin- und hergerissen. Sollte ich das große, alte Haus verkaufen oder nicht? Da setzte die Rezession ein, und wie viele andere Hausbesitzer war ich nicht willens, einen einst wertvollen Besitz weit unter dem normalen Preis zu veräußern. Wegen der Rezession zog auch mein 25jähriger Sohn, nachdem er das zweite Examen in Archäologie an der Universität abgelegt hatte, schließlich wieder ins Haus. Für Archäologen war es schwer, eine Stellung zu finden. Daher entschloß er sich, eine selbständige Firma zu gründen. So wurde das Atelier, das ich in eine Bibliothek hatte umwandeln wollen, sein Büro. Und wieder einmal nahm das Haus einen neuen Charakter an.

Ich mache aber schon Pläne für bessere Zeiten. Dann werde ich das Haus schließlich doch verkaufen. Aber in diesem Augenblick ist es noch nicht nötig, eine endgültige Entscheidung zu fällen. Das zeigt meiner Meinung nach den Unterschied zwischen meinem jetzigen Gemütszustand und dem vor drei, vier Jahren. Damals fühlte ich mich verpflichtet, überstürzte Entschlüsse zu fassen. Jetzt lebe ich wieder wirklich in der Gegenwart und kann mir eine Zukunft für mich vorstellen. Die Vergangenheit hält mich nicht mehr so fest in ihren Fängen.

In den letzten Jahren habe ich auch feststellen müssen, wie schwierig es für eine Frau ist, ein altes Haus instandzuhalten. In den ersten Monaten nach Jacques' Tod stellte sich heraus, daß viele Dinge im Haus ebenfalls ihren Geist aufgegeben hatten. Von zahlreichen Witwen habe ich gehört, daß gleich nach dem Tod ihres Mannes einfach alles im Haus repariert werden muß. Woran liegt das? Einerseits weil man mehr Zeit zu Hause verbringt als bisher und daher schneller merkt, wenn dort etwas kaputtgeht. Zum anderen weil man so mit der Krankheit seines Partners beschäftigt war, daß man andere Dinge vernachlässigt hat. Hinzu kommt, daß in der Ehe die Instandsetzungsarbeiten oft nur von unserem Partner wahrgenommen wurden. Man merkt kaum etwas davon und verläßt sich darauf, daß immer alles in Ordnung ist. Die Arbeitsteilung bewirkt, daß Geräte repariert, Glühbirnen ausgewechselt und verstopfte Leitungen ohne unser Zutun und Wissen gereinigt werden.

Jacques war immer ein sehr guter Mechaniker, Tischler und Maurer. Deshalb hatte ich ihm das alles überlassen. Soweit ich mich erinnere, hatten wir nie Handwerker im Haus gehabt. Zu meiner Schande muß ich gestehen, daß ich zu Anfang nicht mal eine Glühbirne auswechseln konnte. Aus diesem Grunde mußte ich manchmal im Dunkeln sitzen. Aber das war mir noch lieber, als meinen Nachbarn um Hilfe zu bitten, weil ich vor ihm nicht als kleines Dummchen dastehen wollte. Erst nach einigen Monaten überwand ich meine beinahe unvernünftige Angst vor elektrischem Strom und schaffte es zum erstenmal, eine neue Birne einzuschrauben.

Jetzt vergeude ich eine Menge Zeit, um mit Baufirmen, Klempnern und anderen Handwerkern zu telefonieren. Diese Extraarbeiten waren ein echter Schock, und sie waren auch außerordentlich aufreibend und teuer. Es kommt mir so vor, als suchte ich oft stundenlang in den Gelben Seiten nach geeigneten Firmen. Ich hatte auch den Verdacht, jeder Handwerker, den ich anrief, werde sofort seine Preise erhöhen, sobald er merkte, daß er es mit einer alleinstehenden verzweifelten Frau zu tun hatte. Doch ich wußte nicht, wie ich selbst damit fertigwerden sollte. Denn wenn alle Hähne leck waren und es durchs Dach regnete, war ich ihnen auf Gnade und Barmherzigkeit ausgeliefert.

Ich erinnere mich an einen Fachmann für Zentralheizungen, der meinen Boiler nachsehen sollte. Er sagte mir, er müsse ein größeres Ersatzteil einbauen. Es kostete ein schönes Stück Geld. Doch nach dem Einbau streikte der Boiler völlig. Er kam und erklärte, da sei ein noch größeres Ersatzteil nötig. Ich war einverstanden. Der Einbau dauerte wieder mehrere Tage. Danach eröffnete er mir, der ganze Boiler müsse ersetzt werden und nannte mir einen »Sonderpreis« von etwa 2000 Dollar.

In diesem Moment sagte mir eine innere Stimme, daß ich noch ein zweites Urteil einholen müsse! Zum Glück fand ich auf den Gelben Seiten einen ehrlichen Handwerker, einen echten Fachmann, der seit vielen Jahren mit seinem Vater in der Branche tätig war. Er untersuchte den Boiler sorgfältig. Es stellte sich heraus, daß er überhaupt nicht kaputt war. Nur das erste Ersatzteil war falsch eingesetzt worden und erzeugte ein ständiges Klopfen. Da der dafür verantwortliche Mann sich sehr aggressiv und wirklich unangenehm benommen hatte, traute ich mich nicht, noch einmal mit ihm zu verhandeln, obwohl er mir viel Ärger und erhebliche Kosten verursacht hatte. Ich bat den zweiten Handwerker, ihn selber anzurufen, ihm seine eigene Diagnose mitzuteilen und zu versuchen, für mich irgendeine gütliche Vereinbarung herauszuschlagen. Freundlicherweise übernahm er das und ersparte mir die Schimpfreden und das drohende Auftreten des Rauhbeins. Für eine Witwe, die sich solchen Zwischenfällen nicht gewachsen fühlt – was nicht selten der Fall ist – erweist sich ein solcher fachmännischer Vermittler als wahres Gottesgeschenk.

Ich hatte eigentlich nur erfahren, was jede alleinstehende Frau nachträglich lernt: Mir war in meiner Ehe gar nicht bewußt geworden, wie beschützt ich gewesen war. Auf einmal wurde ich zum Opfer jedes rauhbeinigen und hemdsärmligen Geschäftemachers. Allerlei zweifelhafte Kerle tauchten an meiner Türschwelle auf und boten ihre Dienste an, vom Dachdecken bis zum Bäumebeschneiden. Einer von ihnen fing tatsächlich an, einen Baum abzusägen, ohne daß ich ihm den Auftrag erteilt hätte. Ich raste hinaus und gebot ihm Einhalt. Woraufhin er für die beiden Äste, die er bereits abgesägt hatte, obendrein noch Bezahlung verlangte.

Zuerst bildete ich mir noch ein, es handelte sich um besonders hilfsbereite Menschen. Erst nach einiger Zeit kam ich dahinter, was wirklich vorgegangen war. Sie hatten von irgendwem gehört, daß hier eine junge Witwe allein ein großes Haus bewohnte, und da dachten sie, sich an mir bereichern zu können. Es dauerte geraume Zeit, ehe ich das Gefühl loswurde, daß mich jeder als leichtes Ausbeutungsobjekt ansah. Ich war eben noch nicht in der Verfassung, mich in der Welt zu behaupten und energisch aufzutreten. Erst mit der Zeit gelang es mir, die Botschaft zu verbreiten, daß die »arme Witwe« nicht gesonnen war, sich ausnutzen zu lassen.

Ebenso dauerte es seine Zeit, bis es mir dämmerte, daß ich im Haus für jede Entscheidung die alleinige Verantwortung übernehmen mußte. Natürlich auch beim Kauf neuer Haushaltsgeräte. Es hört sich vielleicht seltsam an, aber bis dahin hatte ich diese Entscheidungen nie selber getroffen. Kurz nach Jacques' Tod gaben der Staubsauger und die Waschmaschine endgültig ihren Geist auf. Bei so großen Geräten hätte es früher Jacques übernommen, neue zu kaufen. Es waren immerhin teure Anschaffungen, und so wußte ich nicht, was tun.

Schließlich ging ich in ein Geschäft, das gerade einen Ausverkauf veranstaltete. Da ich nicht in der Lage war, die Qualität der verschiedenen Modelle zu beurteilen, schlug ich den einfachsten Weg ein und nahm die beiden Geräte mit den bekanntesten Markennamen, den am leichtesten zu verstehenden Gebrauchsanweisungen und den längsten Garantiezeiten. Außerdem bezahlte ich mittels nachdatierter Schecks. Das war zwar nicht ganz so vorteilhaft wie ein Ratenkauf, riß aber wenigstens kein größeres Loch in der Haushaltskasse. Nachdem alles geliefert und die Waschmaschine angeschlossen war, war ich richtig stolz auf meine Errungenschaften. Denn nun hatte ich begonnen, meinen eigenen Haushalt, unabhängig von einem Ehepartner, einzurichten.

Wenn ich das alles in meinem Tagebuch nachlese, wird mir klar, was für eine gefühlsmäßige Entwicklung ich durchgemacht habe. Zuerst sah ich in meinem Haus nur einen sicheren Hafen, dann eine Arbeitsstätte und schließlich, nun ganz nüchtern, einen Besitz, den ich im Laufe der Zeit nach eigenem Belieben erweitern, verkleinern oder sonstwie verändern kann. So ist das: Zuerst will man sich nur wie ein verängstigtes Tier in einem dunklen Loch verkriechen und seine Wunden lecken. Dann erblickt man einen Hoffnungsschimmer, die Wunden verheilen, und alles um Sie, die vertrauten Gegenstände und die kleinsten Einzelheiten, nehmen einen neuen Glanz an. Vorläufig verkörpern sie den Sinn Ihres Lebens. Schließlich wagen Sie sich weiter aus Ihrem Bau. Die primitive animalische Art, die vorübergehend Ihr Verhalten bestimmt hat, fällt von Ihnen ab. Sie können die Welt wieder mit objektivem Blick anschauen.

X

Heraus aus dem Dunkel

Umarme die Leere und erkenne, daß du dich nicht ewig so fühlen wirst.
Halte nur still und fühle sie, dann wirst du die Leere mit der Wärme deiner Selbstannahme füllen.

Robin Norwood, *Wenn Frauen zu sehr lieben*

Trauer scheint aus zwei Abschnitten zu bestehen. Zuerst das Innehalten und Stillsein. Dann das Kräftesammeln und der Sprung nach vorn. Um in dieses zweite Stadium zu gelangen, müssen Sie eine Zeitlang auf der Stelle treten, sich eine Pause gönnen und keine Entschlüsse fassen. Löschen Sie für eine Weile das Licht und lassen Sie den Schmerz zu Ihnen sprechen! In dieser Zeit sind Sie außergewöhnlich leicht verletzbar. Da ist es am besten für Sie, wenn Sie sich in einen Kokon einspinnen. Halten Sie sich von allen Menschen und Erlebnissen fern, die Ihnen wehtun oder gerade verheilende Wunden neu aufreißen könnten! Dies gilt auch für Bücher, die Sie lesen, für die Musik, die Sie hören und die Freunde, bei denen Sie Rat suchen. Wie ein Patient auf der Intensivstation brauchen Sie tiefe Stille und Schutz vor Infektionsgefahr und nach Möglichkeit jemanden, einen Berater oder einen Therapeuten, der Sie in dieser Zeit betreut.

Die Depression, die Sie nach einem Trauerfall befällt, ist schwerer abzuschütteln als alles andere. Ihre Entstehung hat ja auch einen guten Grund. Sie sehen keine Zukunft mehr für sich, Ihr Leben scheint seinen Sinn verloren zu haben. Bleierne Schwere lastet auf Ihnen. Ein Tag ist so endlos grau wie der andere. Sie machen eine schwere Prüfung durch . . .

Sie müssen sich an diese langen Perioden der Stille gewöhnen. Einer Stille, die nur unterbrochen wird, wenn Sie in Ihrer Einbildung das gespenstisch klingende Schlagen der Tür zu der Zeit hören, wenn er immer heimkam, seine Schritte auf der Treppe oder das Knarren des Sessels, in dem er immer saß. Dann wieder tiefe Stille. Nicht mal das Telefon läutet. Und Sie meinen, es wird nie mehr läuten.

Früher habe ich die Stille immer gern gehabt. Sie war eine willkommene Abwechslung von den hektischen Geräuschen um mich. Doch jetzt gab es nur noch Stille. Es wäre nicht ehrlich, wenn ich behauptete, ich hätte in der Zeit nicht unter schwersten Anfällen von Niedergeschlagenheit zu kämpfen gehabt. Ich wollte ja in die Welt zurück. Ich tat alles mögliche, um wieder Boden unter die Füße zu bekommen: Traumtherapie, Hypnosebehandlung, Diät, Gymnastikübungen, Willenskraft und Arbeit. Doch immer wieder überfielen mich Depressionen! Sie waren unausweichlich.

Die schwerste Zeit für mich war ungefähr ein halbes Jahr nach Jacques' Tod. Da machte ich eine echte Krise durch. Und dabei hatte ich mir doch schon bewiesen, daß ich juristische Angelegenheiten aufarbeiten konnte. Ich hatte meine Kinder auf den rechten Weg gebracht und wieder angefangen zu arbeiten. Es ging mir gut. Ich fühlte mich einigermaßen optimistisch und kräftig. Und dann plötzlich wollte ich nicht mehr.

Schwarze Verzweiflung überfiel mich. Ich hatte das Gefühl, ich würde es ja doch nicht schaffen. Ich wurde apathisch, hatte keine Lust mehr zu arbeiten, mit jemandem zu sprechen oder den Haushalt zu machen. Ich meinte, es wäre ja doch alles sinnlos. Ich hörte sogar auf, zum Friedhof zu fahren, was doch bis dahin immer tröstlich auf mich gewirkt hatte. Die Realität starrte mich aus freudlosen Augen an. Ich war eine Witwe – und wie sollte ich diesen Teufelskreis aus Verzweiflung und Hoffnungslosigkeit durchbrechen?

Da half mir die Bemerkung einer Freundin: »Wenn ich an deiner Stelle wäre, würde ich mich nicht so abstrampeln, um mit allem fertigzuwerden. Ich würde mir die Bettdecke über den Kopf ziehen und drei Monate lang nichts sehen und nichts hören wollen. Ich würde mich so verhalten, als sei ich krank. Und du *bist* krank.«

Sie hatte recht. Ich hatte mich zu sehr abgestrampelt, um allem gerecht zu werden. Meine tägliche Routine hatte nur dürftig meine Emotionen übertüncht. Jetzt drängten sie danach, sich freien Lauf zu verschaffen. Zorn erfaßte mich, daß ich so viel Verantwortung zu tragen hatte, ich allein. Ich ging wieder zum Friedhof und wütete mit Jacques. »Wie konntest du mir das antun?« Tagelang haßte ich ihn und alle anderen. Und dann geschah das Wunder: Der Sturm legte sich.

Ich hatte die »große Krise« der Trauer durchlebt. Manche erleben sie nach einem halben Jahr wie ich, andere nach einem Jahr, wieder andere viele Jahre später und manche überhaupt nicht. Viele Witwen haben über diese Krise und die Schwierigkeit, sie zu überstehen, mit mir gesprochen. In mein Tagebuch schrieb ich:

> Es kommen Tage, da fühlst du dich so mies, so zurückgeworfen, daß du am liebsten nichts mehr essen, sondern dich unter einem Kissen vergraben oder dich vor einen Zug werfen möchtest. Dann bleibt dir nur eins: Du mußt dich zum Leben durchringen.

Oft wird die Krise durch extreme Müdigkeit ausgelöst. Es dauert lange, bis sich der Körper daran gewöhnt, alles allein zu erledigen. Ein Jahr lang flatterte ich wie ein Huhn ohne Kopf umher und versuchte, allein alles zu tun, was früher zwei Menschen getan hatten. Ich ließ nichts aus. Ich erledigte Aufträge meiner Kinder, und sie gewöhnten sich schnell daran, mich als Sekretärin, Helferin, Botin, Bücherbesorgerin, Ermittlerin, Interviewerin und Mädchen für alles einzusetzen. Ich bemühte mich, meine Mutter und die übrigen Angehörigen zu besuchen und den Verkehr mit Freunden aufrechtzuerhalten. Es fiel mir nie ein, einmal innezuhalten und das Leben an mir vorbeirauschen zu lassen. Ich war fieberhaft damit beschäftigt, den Erwartungen nachzukommen, die man in mich setzte.

Dann trat die Krise ein und schien lange Zeit nicht zu weichen. C. S. Lewis nannte sie »die Trägheit des Kummers«. Eine treffende Bezeichnung. Man kann sich kaum dazu aufraffen, die leichteste Arbeit zu erledigen. Zum Beispiel, ein Auto zu verkaufen. Fast zwei Jahre lang stand Jacques' Wagen unbenutzt in der Garage. Der TÜV war abgelaufen, ich zahlte keine Kfz-Steuer mehr. Ich wollte ihn unbedingt verkaufen, denn für mich war er viel zu groß. Doch dann überfiel mich diese entsetzliche Trägheit. Um ihn zu verkaufen, hätte ich eine Anzeige aufgeben, Telefonanrufe entgegennehmen und später einen anderen, kleineren Wagen als Ersatz anschaffen müssen.

Wochen, Monate und schließlich Jahre stand er in der Garage und verstaubte völlig. Ich fand einfach nicht die geistige Kraft, die Sache in Angriff zu nehmen. Ebenso ging es mir mit anderen anstehenden Aufgaben, Arbeiten am Haus und finanziellen Dingen, die neu organisiert werden mußten. Es dauerte fast zwei Jahre, bis ich mich daran wagte. Und dazu bedurfte es auch noch eines äußeren Anstoßes.

Bei dem Auto waren es die Bauhandwerker, die verspätet an der Hausfassade arbeiteten. Sie boten mir an, das Auto zu kaufen und für mich ein anderes zu beschaffen. Bei genauerer Besichtigung fanden sie aber heraus, daß das Fahrgestell durchgerostet war, und zogen ihr Angebot zurück. Also blieb das Auto in der Garage stehen – wie das Symbol eines Beschützers. Aber das war schon in Ordnung. Zumindest wußte ich jetzt, daß es nichts mehr wert war. Schließlich waren die Fensterscheiben mit Moos und Schimmel bedeckt.

Ich war etwas beschämt darüber, daß ich es hatte so verkommen lassen und es nun gegen Bezahlung abschleppen lassen mußte. In meinem vierten Trauerjahr verkaufte uns ein Freund meines Sohnes einen kleinen VW Polo. Das heißt, er verlangte praktisch nichts für den Wagen. Er hatte jahrelang in seiner Einfahrt gestanden, war aber noch gut in Schuß. Mein Sohn war sehr froh darüber, denn das von ihm eröffnete Geschäft verlangte, daß er viel in der Gegend herumfuhr. So kam es zu der Abschleppaktion eher durch Zufall als durch meine Initiative. Und an dem Tag, als der Schrotthändler mit seinen Gehilfen das alte Auto abholte, ging ich vorher aus, um nicht dabeisein zu müssen. Als ich zurückkam, war ich sehr erfreut, den freundlichen kleinen, silberfarbenen Polo in der Einfahrt stehen zu sehen.

Zum Teil geht die Trägheit auf unbewältigte Schuldgefühle zurück. Trauerfälle schaffen kleine Löcher im gesellschaftlichen Gefüge, und die Menschen wollen sie schließen, so schnell wie möglich. Sie spüren vielleicht, daß die Leute Sie, ohne es auszusprechen, doch stillschweigend für den Tod Ihres Mannes verantwortlich machen. Dies trifft besonders dann zu, wenn Ihr Partner an einer Krankheit gestorben ist. Die menschliche Natur verlangt nach einem »Schuldigen«.

Hat die Krankheit ihn plötzlich befallen und schnell zum Tode geführt, dann zermartert man sich den Kopf, was in der gemeinsamen langen Beziehung der Auslöser gewesen sein könnte. Der Geist möchte immer alles in saubere Kategorien einteilen. Er will nicht anerkennen, daß es vielleicht überhaupt keinen besonderen Auslöser für die Krankheit gegeben hat, daß sie auf eine vererbte Veranlagung zurückzuführen ist. Einer von Jacques' wenigen Verwandten, die ich kennengelernt habe, war in der Tat am gleichen Krebsleiden in genau demselben Alter gestorben wie er, was auf eine solche Erbanlage hindeuten mag.

In meinen schlimmen Stunden quälte ich mich mit dieser Frage. Ich sah mir noch einmal alle alten Fotos durch und suchte nach winzigen Veränderungen in Jacques' äußerem Erscheinungsbild. War er hier dünner oder dort? Sah er hier ein bißchen grau aus, oder bildete ich mir das nur ein? Ich mußte, um damit aufzuhören, mich schließlich buchstäblich anschreien: »HALT! Was treibst du denn für einen Unsinn? Dann kannst du dir ja gleich ein härenes Sünderhemd anziehen und dich mit Peitschen geißeln.« Von diesem Augenblick an ließ ich mich nicht mehr von solchen Gedanken treiben. Wie sollte man denn auch je feststellen, wann das Krebsleiden angefangen hatte?

Nach einem Todesfall fühlen Sie sich ähnlich wie nach einer Geburt. Alles führt bei Ihnen zu Überreaktionen. Sei es, daß die interesselose Verkäuferin zu Ihnen sagt, Sie sollten sich selber etwas in Größe 46 heraussuchen, sei es, daß Sie in der Schlange vor dem Postschalter Zeuge werden, wie eine Mutter ihr Kind schlägt. Sie weinen viel – und es hilft Ihnen, Ihren Gefühlsüberschwang abzubauen. So wie ich damals schrieb:

Es sieht so aus, als müsse ich zur Zeit über alles und jedes weinen. Eben habe ich einen Dokumentarfilm aus der Fernsehserie »40 Minuten« gesehen. Er hieß »Wer wird Jeanette bekommen?« und handelte von einer 17jährigen, die sich das amerikanische Ehepaar »aussucht«, dem sie ihr Baby überlassen will. Ich habe geheult wie ein Schloßhund. Jedes Unglück scheint mich zu betreffen. So geht es einem nach dem Verlust eines geliebten Menschen.

Die Angstgefühle, die Unsicherheit und die Depressionen können zeitweise so stark werden, daß Sie fürchten, den Verstand zu verlieren. In meinem Fall genügte dafür schon eine gedankenlose, wenn auch freundlich gemeinte Bemerkung, vor allem wenn sie wieder halb unterdrückte Schuldgefühle hervorrief. Ich erinnere mich, wie ich kurz nach Jacques' Tod einen russischen Gast in Windsor herumgeführt habe. Plötzlich blieb sie vor einem Antiquitätengeschäft in Eton stehen, weil sie im Schaufenster einen prächtigen Spiegel entdeckt hatte. Dann fragte sie mich, seit wann der Frisierspiegel in unserem Gästezimmer schon einen Sprung habe. Ich war etwas beschämt, weil ich immer gedacht hatte, den Sprung sehr geschickt verdeckt zu haben. Aber dann erklärte sie mir, daß in Rußland ein Sprung im Spiegel einen Todesfall in der Familie ankündige.

In diesem Augenblick bekam ich einen Schwindelanfall und die schlimmsten abergläubischen Anwandlungen. Ich zermarterte mir den Kopf. Wann hatte der Spiegel den Sprung gekriegt? Hatte ich es damals gleich bemerkt? Wer hatte den Sprung verursacht? Und die schlimmste Frage: War ich das gewesen? Hatte ich etwa unabsichtlich den Tod meines Mannes verschuldet? Glücklicherweise fiel mir ein, daß es unsere Haushaltshilfe (ein rechter »Trampel«, der oft gegen etwas anstieß) gewesen war, die den Staubsauger gegen den Spiegel gerammt hatte. Mit diesem Wissen gewann ich mein seelisches Gleichgewicht wieder. Ich erzähle das nur, um zu zeigen, wie leicht man sich von dummen, selbstquälerischen Gedanken und Schuldgefühlen überrennen lassen kann. Dann lauert irgendwo im Hinterkopf der Verdacht, man könnte die Krankheit tatsächlich ausgelöst haben, und die kleinste Andeutung spült alle Schuldgefühle an die Oberfläche.

In einer bestimmten Trauerphase kann sich Ihr Zustand dem Verfolgungswahn nähern. Niemand kann diesen Zeitpunkt voraussagen, weil er bei jedem Menschen anders ist. Dann haben Sie das Empfinden, die ganze Welt wäre Ihnen feindlich gesinnt und niemand hätte Verständnis für Ihr Seelenleben. Im Sommer 1989 notierte ich einen Vorfall mit meinen Mohnblumen, als ich das Gefühl hatte, alle hätten es »auf mich abgesehen«.

> Sonderbar, wie alle darauf aus sind, meine Erinnerungen abzutöten. Jetzt gräbt der Gärtner, im Bestreben, den Garten ordentlich herzurichten, auch noch die Hälfte meiner Mohnblumen aus und köpft sie. Ich komme dazu, als er noch mit der Sichel in der Hand dasteht, schreie ihn an, er solle aufhören, und erschrecke den armen Mann fast zu Tode. Natürlich kann er gar nicht wissen, daß diese Mohnblumen mich immer an Jacques und seine Gemälde erinnern. Ich bin zugleich wütend und traurig.

Etwas Ahnliches passierte mit den großen Fuchsienbüschen, die auf der Terrasse unseres Ferienhauses in Cornwall wuchsen. Der Makler hatte meine Anweisung, dort das Unkraut zu beseitigen, mißverstanden und beauftragte einen Mann, die schönen, drei Meter hohen Fuchsien brutal auf einen knappen Meter zurückzustutzen. Als ich ankam, sah es wie nach einem Massaker aus. Ich war erschüttert. Und dann kam auch noch eine Nachbarin und sagte lässig: »Ich weiß gar nicht, warum Sie sich so aufregen. Die hätten schon seit Jahren gestutzt werden müssen.«

In meinem überempfindlichen Zustand hätte sie mich gar nicht tiefer treffen können. »Konnte sie denn nicht begreifen«, schrieb ich in mein Tagebuch, »daß diese glokkenförmigen Blumen für mich liebe Erinnerungen bargen? Aber andere Leute interessieren sich ja nicht für deine Erinnerungen, oder sie können sie nicht verstehen. Wie sollten sie auch? Deshalb gehen sie so rücksichtlos damit um.« Im Rückblick spiegelt das sehr genau meine verletzten Gefühle von damals wider. Viele Witwen, mit denen ich gesprochen habe, stimmten mir zu. Auch sie hatten das Gefühl gehabt, daß ihre Umgebung keinerlei Verständnis für sie aufbrächte.

Aber gerade in diesem Augenblick, wo solche Empfindungen Sie übermannen – sie entsprechen den Gefühlen der Ohnmacht, die ein kleines Kind oft hat – wird es Zeit, daß Sie in dem Sinne tätig werden müssen, den ich »Sich-zum-Leben-Durchringen« genannt habe. Sie können die Depressionen, die Ohnmacht und die Verzweiflung nur überwinden, wenn Sie Ihr Leben wieder einigemaßen in den Griff bekommen. Es hilft alles nichts, Sie müssen die Zügel in die Hand nehmen und sagen: »Ich will!« Jedesmal, wenn Sie selbst eine Wahl treffen, fühlen Sie sich besser. Die Verzweiflung kommt von dem Gefühl, daß Sie »manipuliert« werden, statt selber zu handeln. Deshalb rate ich dringend allen, die gerade die schreckliche Phase der Trägheit oder Apathie durchmachen, sich bei jeder Gelegenheit zum Handeln zu zwingen.

Was Sie tun, mag geringfügig sein. Aber es ist besser, einen Spaziergang zu machen, als dazusitzen und die Wand anzustarren. Können Sie sich beim Einkaufen im Supermarkt nicht entscheiden, ob Sie sechs Äpfel oder drei Apfelsinen nehmen sollen, dann kaufen Sie sich einfach ein halbes Dutzend Osterglockenzwiebeln, eine neue Schallplatte, ein Buch oder meinetwegen ein Stück Seife! Auch wenn Ihre Handlungen im Augenblick recht beziehungslos und unwichtig erscheinen, Sie haben zumindest eine eigene Wahl getroffen.

Einer der besten Ratschläge, die ich je erhielt, lautete: »Sieh zu, daß du auf jeder Hochzeit tanzt!« Damals verstand ich das nicht ganz. Es soll heißen, daß man keine Gelegenheit zum Feiern versäumen soll. Was man feiert, kann eine ganz persönliche Angelegenheit sein, die für niemand außer Ihnen Bedeutung hat. Zünden Sie eine Kerze an, wenn Ihnen danach ist! Ziehen Sie sich nur für sich allein gut an! Um den Weg in die Außenwelt zu finden, müssen Sie Ihr Leben in feste Bahnen zwingen. Wir haben alle Symbole nötig, die das Leben in seiner ganzen Fülle und Freude darstellen.

Natürlich muß der einzelne seinen eigenen Weg finden. Bei mir war es so, daß ich mir als »Akt der Zuversicht« ein schönes Abendkleid aus silbernem und schwarzem Taft kaufte, das ich im Schaufenster einer Boutique im Ort gesehen hatte. Ich hatte gar keinen Ball in Aussicht, geschweige denn einen Begleiter. Aber ich gefiel mir in dem Kleid und stellte mir vor, daß auch mal wieder eine Zeit käme, wo jemand mich zu einer Tanzveranstaltung einladen würde. Also kaufte ich es und verwahrte es in der Dachkammer. Von Zeit zu Zeit ging ich nach oben und betrachtete es. Für mich war es das Symbol einer erhofften Zukunft. Und es wirkte. Es war der Beginn einer Veränderung in mir, obwohl ich es bis zum heutigen Tage noch nicht einmal getragen habe.

Sie brauchen sich deshalb nicht gleich ein Ballkleid zu kaufen. Wenn Sie anfangen, positiv zu denken – »Ich fühle mich schon besser« oder »Einmal werde ich wieder glücklich sein« – so ist das ein guter Ausgangspunkt. Daran glaube ich fest, und ich bemühe mich jeden Tag, positiv zu denken. Das drückte sich in jedem Kaufentschluß aus, von einem Staubsauger bis zu einem neuen Strauch für den Garten, und in jeder neuen Tätigkeit, vom Schreiben des Situationslustspiels im ersten Trauerjahr bis zum Steptanzkurs, den ich im zweiten Jahr mitmachte.

Dabei müssen Sie in Kauf nehmen, daß Sie in den ersten beiden Jahren manchen Rückfall erleben werden. Oft denken Sie, es geht immer einen Schritt vorwärts und zwei zurück. Und nichts weckt in Ihnen so schmerzliche Erinnerungen wie die Teilnahme an einer Beerdigung. Nach Jacques' Tod kam es zu einer Flut von Todesfällen. Auch einer meiner älteren Verwandten war darunter. Keinen aber fand ich so tragisch wie den Tod einer engen Freundin, die nur ein halbes Jahr später an Brustkrebs starb. Sie hatte immer ein sehr lebhaftes Wesen. Ich habe bis zum Ende beim Kochen für sie geholfen. Ihr Kampf gegen den Krebs verlief fast genauso wie bei Jacques, nur mit dem Unterschied, daß sie in den letzten Wochen einwilligte, in ein Pflegeheim gebracht zu werden. Ich habe aus nächster Nähe noch einmal dieselben Schrecken miterlebt, vielleicht in der Hoffnung, daß es sich *diesmal* zum Guten wenden würde.

> Plötzlich ist wieder ein Stern an deinem Firmament erloschen. Ein weiteres Licht geht aus, und ein neuer Verlust erinnert dich an den vorangegangen. Sie wurde ganz in der Nähe von Jacques begraben. Als ihr Sarg hinabgelassen wurde und ich wie die anderen Leidtragenden Erde darauf warf, konnte ich den Blick nicht von seinem Grabstein abwenden, auf dem ich kurz zuvor Champagnerrosen niedergelegt hatte. Ich war ihrem Sarg in

einem langsamen, tranceähnlichen Schritt gefolgt und hatte den vertrauten Worten des Rabbis gelauscht. Und ich dachte dabei: »Nun bin ich schon hinter zu vielen Särgen hergeschritten.«

Jede Bestattung weckt die Gefühle von neuem. Von Berufs wegen erhielt ich eine Einladung zum Gedenkgottesdienst für Sir Laurence Olivier. Eine Zeitlang übten solche Ereignisse eine beinahe krankhafte Anziehungskraft auf mich aus. Vielleicht wollte ich unbewußt etwas wiederfinden, das ich mit Jacques eingebüßt hatte.

Eine Stunde vor dem Gedenkgottesdienst sitze ich allein mit meinen Gedanken im Hotel St. Ermin. Ich denke an das Leben eines großen Künstlers. Dann gehe ich über die Straße und schließe mich am Nordportal der Abtei den übrigen Gästen an. Von meinem Platz aus schaue ich zu den gotischen Spitzbögen hinauf, sehe die Berühmtheiten ringsum, all den Pomp und das Gepränge bei Sir Laurence Oliviers Gedenkgottesdienst. Für mich ist es wie ein Gedenkgottesdienst für Jacques. Wie hätte auch er die Farben und den Glanz, die Trompeten und den Chorgesang, die guten und schönen Worte zu seinen Ehren geliebt! Wir haben beide Alec Guiness verehrt. Daran muß ich denken, als der schöne Klang seiner Stimme die Abtei mit Anmut, Eleganz, Einfachheit und Schönheit durchdringt. Dann weinen wir alle um einen schönen und begabten Mann. Und wieder denke ich an Jacques.

So kommt es, daß Sie oft meinen, überhaupt keine Fortschritte gemacht zu haben. Aber wenn die alten Gefühle wie so häufig bei Geburts- und Jahrestagen oder beim Tod anderer Menschen wieder in mir hochstiegen, hatte ich eine

Methode gefunden, sie zu bewältigen. Ich mußte nur das »Mädchen in mir« fest in den Griff nehmen. Dann konnte ich mich aus den schlimmsten Schmerzen der Verzweiflung und Verlassenheit befreien. Ich mußte mich daran erinnern, daß »das Mädchen, das ich einmal war«, nie stirbt. Daß sie immer darauf wartet, wie ein wunderbarer Geist herbeigerufen zu werden. Auch der Tanz, die Poesie und später das Malen – sie alle haben ihr Teil dazu beigetragen.

Bei anderen Gelegenheiten, wenn ich in schwarzer Stimmung war, habe ich mich zu irgendeiner anstrengendenden Tätigkeit gezwungen, wie den Garten umgraben, oder zu etwas, das große Konzentration verlangt, wie Federzeichnungen. Das hat immer gewirkt. Manchmal genügte auch eine einfachere Beschäftigung wie das Zubereiten von Gemüse für eine Suppe. Wenn man für sich kocht, nährt man sich selbst. Es ist sehr wichtig, sich dazu aufzuraffen. Man tröstet sich damit selbst.

In sich selbst Trost zu finden ist vielleicht das Wichtigste, was man nach einem schweren Verlust, welcher Art auch immer, tun kann. Sehr oft ist ja niemand vorhanden, der einem Unterstützung gibt. Dann muß man sie in seiner Seele finden. Die Therapeuten bezeichnen diesen Vorgang mit verschiedenen Ausdrücken. Einer lautet: »sich selbst bemuttern« – zu lernen, seine eigene Ernährerin zu sein.

Wie wird man seine eigene Ernährerin? Um mit dem Einfachsten anzufangen: Bereiten Sie sich eine hübsche Mahlzeit! Ich leistete mir gelegentlich ein Bündel bester Spargelstangen oder 100 bis 150 Gramm geräucherten Lachs. Vielleicht ein Luxus, aber Sie haben ihn verdient.

Eine andere Möglichkeit ist die »Blumentherapie«. Einmal in der Woche kaufte ich ohne Rücksicht auf die Kosten einen Armvoll meiner Lieblingsblumen. Für mich ist das kein Luxus, sondern eine Notwendigkeit. Wenn Ihnen niemand Blumen schickt, dann schenken Sie sich selber welche, auch wenn Sie sich nur einen kleinen Veilchenstrauß erlauben können! Ich habe immer Blumen als Therapie verwendet.

Ich erinnere mich: Als ich mich jung verheiratet im New Yorker Winter ziemlich einsam fühlte, bin ich losgegangen, um mir große Mengen von Blumen zu kaufen und damit unsere spärlich möblierte Wohnung im 5. Stock ohne Fahrstuhl zu schmücken. Ich versäume nie, jeden freien Platz im Haus mit frischem Grün und bunten Blumen zu füllen. Wenn Sie keinen Garten haben, stellen Sie sie auf den Balkon oder kaufen Sie sich ein paar Pflanzen für die Wohnung, und bringen Sie sie in einer Ecke unter! Ich bin überzeugt, daß Farben und Duft der Blumen eine heilende und beruhigende Wirkung auf die Stimmung haben. Möglicherweise wird diese Theorie in der Aromatherapie angewendet. Abgesehen von dem visuellen Eindruck könnte das vielleicht wissenschaftlich stärker untermauert sein, als man glaubt. Denn es ist ja bekannt, daß Pflanzen einen starken Einfluß auf das Gefühlsleben des Menschen haben.

Wenn Sie wie ich zu Haus arbeiten oder gleich über Ihrer Arbeitsstelle wohnen, brauchen Sie unbedingt ein Zimmer oder ein Plätzchen, das nur zum Ausspannen da ist. Ich habe ein Zimmer mit Möbeln in Weiß und Beige eingerichtet, das mir als »Ruhezentrum« dient. In diesem Zimmer lege ich eine Schallplatte auf, lese bestimmte Bücher (doch nie welche, die mit meiner Arbeit zu tun haben) oder schaue auch nur längere Zeit aus dem Fenster. Es ist meine Zuflucht vom Alltag, in dem ich den Wirrwarr von Rechnungen und Briefen vergesse. Hier erinnert mich nichts an meine Verpflichtungen.

Es gibt noch andere Möglichkeiten, sich zu verwöhnen, um Trost und geistige Erholung zu finden. Dazu gehören ein heißes Bad, der Umgang mit angenehmen Menschen – ich betone das Wort *angenehm* – mit jemandem, der Sie zum Lachen bringt, ein Kino- oder Theaterbesuch. Ich habe immer festgestellt, daß mich ein unterhaltsames Stück selbst in schweren Stunden wieder aufmuntert, sei es ein mitreißendes Musical oder etwas, das so spannend ist, daß ich alles um mich herum vergesse. Sie müssen Ihre Wahl aber sorgfältig treffen, denn der falsche Film oder das falsche Theaterstück können genau das Gegenteil bewirken und Ihre Depressionen noch verstärken.

Jeder hat seine Lieblingsfilme, die ihn aus dem Alltag entführen. Für mich ist es alles, was mit dem Steptanz zu tun hat, oder *Vom Winde verweht.* Auch *Oklahoma* schafft das. Natürlich müssen Sie auch auf Ihre augenblickliche Stimmung Rücksicht nehmen. Deshalb empfiehlt es sich nicht, im voraus Karten zu bestellen, sondern sich das anzusehen, worauf man gerade Lust hat.

Sich selbst zu trösten – das gilt nicht nur für die Stunden tiefster Verzweiflung. Es sollte morgens beim Aufwachen beginnen und bis zum abendlichen Schlafengehen fortgesetzt werden. Denn gerade in diesen beiden Momenten haben Sie Tröstungen besonders nötig. Apathie und Depressionen sind häufig darauf zurückzuführen, daß Sie sich innerlich und äußerlich in einem Chaos zu befinden glauben. Ihre Nerven liegen dann so blank, daß Sie sich auf nichts mehr verlassen können. Sie leben auf einem Vulkan. Da ist es kein Wunder, daß Ihre Stimmung jeden Augenblick umschlagen kann.

Jeder Verlust und besonders einer durch Todesfall bedeutet den Verlust von Rhythmus und Ordnung. Es ist unbedingt nötig, daß Sie eine neue Ordnung finden. Sie muß nicht unbedingt die gleiche sein wie vorher. Deshalb sollten Sie als erstes wieder zu einem geordneten Tagesablauf kommen. Nichts sorgt besser für Beruhigung. Ich selber fand schon in den ersten chaotischen Monaten dazu. Gegen 7 Uhr morgens ging ich gewöhnlich nach unten. Dort bereitete ich mir eine Tasse Tee zu, ließ die Katze hinaus oder herein, nahm den Tee und die Zeitungen mit nach oben und ging noch einmal ins Bett. Vor dem Bad las ich dort eine Viertelstunde. Früher hatte Jacques mir immer frühmorgens eine Tasse Tee gebracht, und es dauerte lange, bis ich mich daran gewöhnt hatte, ihn mir selber zuzubereiten.

Erst nach dem Bad habe ich das Gefühl, daß mein Tag begonnen hat. Das ist etwas ganz anderes als das graue Gefühl, daß die Minuten und Stunden formlos verrinnen und die Zeit keine Bedeutung mehr hat. Um Ihrem Tag einen Inhalt zu geben, genügt es, wenn Sie einen gewissen Ablauf einhalten: Sie könnten zunächst Zeitung lesen, ein paar Briefe schreiben, danach eine halbe Stunde einkaufen gehen, etwas Einfaches kochen, saubermachen und die Fernsehnachrichten angucken. Dazu habe ich in meinem Tagebuch vermerkt:

> Es kommt mir vor, als fegte ich unentwegt Krümel von einer Ecke der Küche in eine andere. Ich mache Ordnung, putze, räume einiges um, lege eine Gabel hierhin, stelle eine schmutzige Tasse dorthin, sammle tote Blätter von den Pflanzen. Dieses geradezu besessene Aufräumen kommt von dem Bedürfnis, wenigstens einen begrenzten Teil meines Lebens in Ordnung zu bringen. Meine Küche ist eine Schiffskombüse geworden. Früher war ich nie ein Putzteufel. Aber jetzt fürchte ich mich davor, daß ein einziges Reiskorn auf dem Fußboden herumliegt, daß es aus dem Ausguß stinken oder die Geschirrhandtücher schmutzig sein könnten. Denn das würde anzeigen, daß ich müde und lustlos bin.

Früher hat die Familie am Wochenende irgend etwas unternommen, ohne daß vorher groß darüber geredet werden mußte. Heute muß ich für jedes Wochenende sorgfältig Pläne machen. Sonnabends tritt bei mir immer eine »Untergangsstimmung« auf. Ich führe das darauf zurück, daß mein Vater darauf bestand, ich müsse an diesem Tag mit ihm in die Synagoge gehen. Bis zum heutigen Tag wache ich sonnabends stets mit schweren Kopfschmerzen auf. Und den ganzen Tag über, der doch eigentlich der geistigen Erholung und der Ruhe gewidmet sein sollte, wandere ich niedergeschlagen umher.

Am Sonntag schlägt meine Stimmung um. Ich wache mit dem festen Entschluß auf, etwas zu tun. Was ich mir dann vornehme, mag wenig Bedeutung haben, lädt aber meine Batterien wieder auf. Zwei Dinge habe ich fest eingeplant. Zuerst lese ich die Sonntagszeitung, danach mache ich einen Dauerlauf. Das letztere ist etwas übertrieben ausgedrückt. In der Hauptsache ist es ein schnelles Gehen mit ein paar kurzen Laufeinlagen. Sobald ich mich wieder meiner Hauseinfahrt nähere, mache ich einen Endspurt, um wenigstens meine Nachbarn zu beeindrucken. Ich bin nämlich zünftig angezogen: Trainingsanzug, Laufschuhe und Stirnband. Wenn ich dann schwitzend und atemlos ins Haus komme, habe ich das angenehme Gefühl, etwas geleistet zu haben, wenn es auch nicht viel sein mag.

Dann überlege ich, ob ich eine der »Überzähligen«, wie ich eine bin, anrufen soll, eine meiner alleinstehenden Freundinnen, die vielleicht ebenfalls am Wochenende nichts besonderes vorhaben, ob ich sie zum Mittagessen oder zum Tee einladen oder mich in den Zug nach London setzen soll, um dort etwas zu unternehmen (kommt selten vor) oder eine Reise anzutreten (noch seltener). An jedem dieser ereignislosen Wochenenden überlege ich mir die gleichen Möglichkeiten. Aber meistens endet es damit, daß ich nur ein bißchen Geschirr abwasche oder einen Brief schreibe. Dann denke ich schweren Herzens an die Sonntage mit Jacques zurück. Da haben wir oft die nahegelegene Gärtnerei besucht, und ich schleppte dann Dutzende von Pflanzen mit nach Hause, die wir am Nachmittag bei uns einpflanzten.

Gleich neben der Küche gab es da ein Stück Garten, das ich »mein Wunderland« nannte. Eine schöne Terrasse voller Pflanzen und Blumenkästen, die einzige nicht gebändigte Abteilung des Gartens. Wenn Maiglöckchen, Stiefmütterchen und Petunien dort zu Hunderten durcheinanderwuchsen, umgeben von dichten Hecken von Geißblatt, wenn schwere Rosen- und Lavendeldüfte die Abendluft erfüllten, dann war ich immer sehr stolz. »Sieh dir doch mal mein Wunderland an!« sagte ich zu Jacques, öffnete die Hintertür, ließ ihn hinausschauen und die vielen vermischten Düfte schnuppern. Woche für Woche gab er meiner kindischen Gier nach immer mehr Blumen nach, und wir schoben unseren Karren durch die Gärtnerei, bis er so voll beladen war, daß wir ihn kaum noch von der Stelle brachten.

Allmählich gewöhnte ich mich an die Veränderungen. In der Zwischenzeit hatte ich Freunde dazu überredet, anstelle von Jacques mit mir zum Garten-Center zu fahren. Mit anderen Worten, ich versuchte, die alte Gewohnheit beizubehalten. Es dauerte ungefähr drei, vier Jahre, bis ich mit allen alten Gewohnheiten brach und etwas ganz Neues anfing. Erst jetzt fällt mir auf, wie hartnäckig ich mich an meine alten Gewohnheiten geklammert habe. Die Art, wie ich besessen fegte, saubermachte und den Garten bestellte, gehörte zu meinen Bemühungen, mein Leben in den Griff zu bekommen. Ich klammerte mich an totes Holz, bis endlich neue grüne Sprossen trieben.

Das Gefühl der völligen Verlassenheit gehört mit zum Schlimmsten, was nach dem Tod eines geliebten Menschen eintritt. Zeitweise fühlen Sie sich wirklich »verwaist«, kommen sich wie eine verlorene Seele vor und denken, es gäbe für Sie auf der Welt keinen Platz mehr. Das kann Sie ganz und gar kaputtmachen. Dieser Zustand kann schon nach einiger Zeit erneut eintreten, gerade dann, wenn Sie schon meinen, große Schritte nach vorn gemacht und, worauf Sie unglaublich stolz sind, gelernt zu haben, wieder auf eigenen Füßen zu stehen. Jeder Trauernde erleidet irgendwann einen plötzlichen enttäuschenden Rückfall in die Hilflosigkeit.

Nach zwei Jahren des Alleinseins fühlte ich mich ganz behaglich und sicher. Ich konnte mit den meisten Alltagsereignissen umgehen, verdiente gut, kam unter Menschen,und alles schien sich prächtig zu entwickeln. Dann kam es ganz unerwartet zu einer Reihe seltsamer, beunruhigender Zwischenfälle. Sie fingen an einem scheußlichen Abend an, als ich aus dem Theater kam und feststellte, daß ich nicht mehr ins Haus konnte. Auf geheimnisvolle Weise war der Riegel von innen vorgeschoben worden. Ich rief einen Nachbarn. Er kletterte mit Hilfe einer Leiter durchs Fenster und riegelte mir die Tür auf. Ziemlich erschüttert ging ich zu Bett, wurde aber gleich wieder durchs Telefon aufgescheucht. Als ich den Hörer abnahm, hörte ich auf der anderen Seite nur schwere Atemzüge. Eine halbe Stunde danach kam der nächste Anruf und dann noch einer und noch einer.

Das sollte der Beginn einer Zeit geheimnisvoller Anrufe werden, die mich sehr erschreckten und eine ständige Bedrohung blieben, bis ich mir eine Geheimnummer zuteilen ließ. Alle Augenblicke klingelte das Telefon, und immer war nur zu hören, wie jemand atmete. Die Anrufe hatten eine verheerende Wirkung auf mich. Ich fühlte mich verletzlich und in meinem eigenen Haus nicht mehr sicher. Immer wenn das Telefon klingelte, packte mich die Angst. Es war, als hätte ich mir eine Seuche zugezogen. Irgendwo lauerte eine düstere Macht und wollte mir Schaden zufügen. Am schlimmsten aber war die dauernde Angst und meine Hilflosigkeit. Es konnte irgend jemand sein, der meine Kolumne las. Hatte ich irgendwo einen Feind? Bei der britischen Telecom erfuhr ich, daß erfahrungsgemäß selten ein Fremder hinter solchen Anrufen steckt. In der Mehrzahl dieser Fälle handelt es sich um eine Frau. Die Vorstellung, daß irgendwo eine irre Frau fortwährend an mich dachte, trieb mich fast in den Verfolgungswahn.

Schließlich wurde durch die neue Telefonnummer das Problem gelöst. Doch zweifellos hatte der ganze Vorgang mein Gefühl, völlig schutzlos zu sein, nur noch verstärkt. Die Anrufe hatten beinahe zu einem Nervenzusammenbruch geführt. Außerdem mußte ich mich in dieser Zeit im Krankenhaus einem chirurgischen Eingriff unterziehen. Danach bekam ich eine Infektion und mußte hohe Dosen von Antibiotika schlucken, die unweigerlich ein Stimmungstief zur Folge hatten. Dazu kam starker Druck durch die vermehrte Arbeit in der Weihnachts- und Neujahrszeit. Ich war völlig am Boden. Und das inmitten allgemeiner Fröhlichkeit, an der ich zwar nie großen Anteil genommen hatte, die aber auch die Zeit von Jacques' Tod war und der wiederkehrenden Erinnerungen.

Jedes Jahr hielt ich an seinem Todestag eine Wohltätigkeitsveranstaltung zugunsten der Nationalen Gesellschaft zur Verhinderung von Kindesmißhandlungen (NSPCC) ab.

Das Jahresende ist äußerst anstrengend gewesen. In diesem Jahr war ich noch ehrgeiziger als im letzten, auch bei der Wohltätigkeitsparty der NSPCC. (Im vergangenen Jahr gab es Suppe und Sandwiches, diesmal ein

Essen in drei Gängen für 60 Personen.) Ich habe für zwei geschuftet, und mein Körper hat es gemerkt. Ich bin an jedem Tag der Woche in London gewesen. An dem Tag, als ich die Veranstaltung der *New Woman* besuchte, wurde ich obendrein in meinem dünnen Samt-Partykleid bis auf die Haut durchnäßt, als ich in der Oxford Street auf ein Taxi wartete und keins kam. Dann brachte mich der Bus Nr. 8 fast bis nach Paddington, aber ich mußte immer noch 800 Meter laufen und wurde wieder durchnäßt.

Manchmal scheint sich alles gegen dich verschworen zu haben. Keiner holt dich nach der Fahrt am Bahnhof ab. Keiner bereitet dir eine Tasse Tee zu, wenn du schließlich heimkommst. Ich hätte am liebsten laut geschrien, aber außer der Katze hört mich ja doch niemand.

Wider versuchte ich, meinen Kindern Mutter und Vater zugleich zu sein, wobei ich auch an die Nachmittagsveranstaltungen dachte, in die ich früher mit ihnen gegangen war. Mit meinem Sohn allein Weihnachten zu feiern, war wohl nicht das Gelbe vom Ei. Zu viel Zeit und kein Programm, das sie ausfüllte.

Doch alles verschwor sich gegen mich. Ich kam mir vor wie ein Fußball, der hin- und hergetreten wird. Oder wie ein kleines Boot auf stürmischer See. Weihnachten ist für Trauernde ohnehin ein schwieriges Fest. Für mich um so stärker, weil es mit Jacques' Todestag zusammenfällt. Ich war wieder mal am seelischen Tiefpunkt angelangt. Öfter als sonst stellte ich mir die Frage: »Warum gibt es niemand, der für mich da ist?« Bestimmt geht es allen alleinlebenden Frauen ab und zu ähnlich. Es fällt schwer, seiner Schwäche nicht nachzugeben und sich nicht um einen neuen Jemand männlichen Geschlechts zu bemühen. Mit anderen Worten, um einen »Retter«.

Das wäre natürlich nur eine andere Form eines Rückfalls ins Infantile. Damit würden wir in das Gefühl des Alleingelassenseins und der Hilflosigkeit eines kleinen Kindes flüchten. Ich bin dafür besonders empfindlich. Vielleicht weil ich in sehr jungen Jahren während des Krieges von meiner Mutter getrennt leben mußte. Ich muß mich zusammenreißen, mich dagegen wehren und mich daran erinnern, daß ich bereits große Fortschritte gemacht habe, eine starke, unabhängige Frau bin und mich nicht durch unglückliche Umstände wie eine Sechsjährige benehmen muß.

Mein Rat an andere Frauen, die unter ähnlichen Rückschlägen leiden und dabei das Gefühl der Hilflosigkeit nur zu genau kennenlernen: Versuchen Sie, sich daran zu erinnern, wann Ihnen das zum erstenmal passiert ist! Denn dieses Gefühl hat seine Wurzeln mit Sicherheit in einer viel früheren Periode. Ergreifen Sie außerdem verschiedene praktische Maßnahmen, die sicherstellen, daß Ihre Gesundheit und Ihre Sicherheit nicht gefährdet werden. Ich habe zu diesem Zweck einige Freundinnen verpflichtet, mich nacheinander, gleichsam im Rotationsprinzip, in dieser gefährlichen Zeit zu besuchen und eine Weile zu bleiben. Aber es müssen nicht unbedingt Menschen sein, die eng mit Ihnen befreundet sind. Jede Art von Gesellschaft hilft. Es ist erstaunlich, wie schnell sich Ängste in nichts auflösen, wenn Sie nur die Stimme eines anderen Menschen hören. Versuchen Sie, so gut es geht, Ihren Tagesrhythmus fortzusetzen. Es kann auch nützen, Ihr Gefühl der Hilflosigkeit und der Verzweiflung in Zorn umzuwandeln, ja sogar, sich im Geist eine Konfrontation mit Ihrem »Quälgeist« vorzustellen.

Rückfälle können sich zu jeder Zeit an jedem Ort ereignen, besonders wenn plötzlich ein Bild aus der Vergangenheit vor Ihnen aufsteigt und Sie sich fragen: »Wohin ist das alles entschwunden?« Jeder Trauernde weiß ein Lied davon zu singen. Ich habe zum Beispiel geschrieben:

> Wer seinen Ehepartner verloren hat, für den kann es sehr traurig sein, wenn er sein früheres Leben Revue passieren läßt. Es heißt, daß man in den letzten Sekunden vor dem Tode sein ganzes Leben wie im Zeitraffer vor sich ablaufen sieht. Als Trauernde siehst du es in Momentaufnahmen. Plötzlich wird eine bestimmte Szene heraufbeschworen. Du siehst das Mädchen, die Ehefrau oder die junge Mutter vor dir, die du einmal warst. Du wünschst, daß das Bild bleibt. Du möchtest die Zeit zurückdrehen und dein Leben noch einmal neu erleben – ohne die bitteren Momente. Es ist ungefähr wie: »Halt die Welt an, ich will aussteigen!« Du tauchst in deine Träume ein. Das Gefühl klingt noch nach und färbt die Stunden, in denen du wach bist – dann streckst du die Arme nach ihm aus, aber kannst nicht wirklich greifen. So ergeht es mir bei meinen Träumen und Erinnerungen an die Vergangenheit. Ich sehe plötzlich Bilder wie Schnappschüsse: die junge Mutter mit dem Kinderwagen, Jacques, der den kleinen Elias wie Moses im Körbchen trägt, oder die goldene Zeit an den Stränden von Cornwall, als die Kinder noch klein waren. Wohin ist das alles entschwunden? Ich weiß, ich werde es nie wieder erlangen. Es ist die Vergänglichkeit der Zeit, des Sterbens so vieler Dinge, die einen am traurigsten stimmt.

Schließlich erreichte meine Krise ein Ende, Friede zog wieder in mein Herz, und ich konnte das schreiben:

> Die schlimmste Zeit ist vorbei. Ich bin von einer bedrückenden Last befreit. Wenn ich frühmorgens von

meinem Küchenfenster in den Garten blicke und den rosagoldenen Sonnenaufgang zu sehen bekomme, dann weiß ich, daß in meiner Welt wieder alles gut ist. Helle und düstere Perioden wechseln einander nun mal ab. Du mußt ständig mit neuer Hoffnung und neuer Zuversicht in die Zukunft schauen – vor allem aber, wenn es dir gerade schlecht ergangen ist.

XI

Der Schritt nach draußen

Wer um ein Mädchen wirbt, muß schmeicheln, heucheln und lügen. Wer dagegen um eine Witwe wirbt, muß die Hose runterlassen und rangehen.

Volksweisheit

Es wird selten darauf hingewiesen, daß die Libido durch Schock, Trauerfall und Depressionen abnimmt oder in manchen Fällen sogar ganz verschwindet. Ich bin nur sehr wenigen Witwen begegnet, die man als »wollüstig« bezeichnen könnte – wenigstens nicht unter denen, deren Trauerfall erst kurze Zeit zurücklag. Im Gegenteil, viele wollen noch jahrelang danach nichts mehr von Sex wissen. Manche deshalb, weil der Gedanke, mit einem anderen Mann ins Bett zu gehen, ihnen wie »Betrug« an ihrem verstorbenen Ehemann vorkommt. Andere, weil ihre neuen Tätigkeiten ihnen sehr wenig Zeit und Kraft lassen, auch nur daran zu denken.

In meinem Fall sank die Sexualität im ersten Jahr fast auf Null und regte sich erst im zweiten Jahr vorübergehend wieder, als ich mich eine kurze Zeit lang mit verschiedenen Männern verabredete und ausging. Als mein neues Leben im dritten Jahr Gestalt angenommen und mein Ich wieder erstarkt war, sank sie auf ein noch niedrigeres Niveau als vorher. Es sah beinahe so aus, als hätten die neuen Pflichten als berufstätige Frau die Sexualität als

Mittelpunkt meines Lebens ersetzt. Diese Verpflichtungen und das Anknüpfen neuer Beziehungen verschiedenster Art nahmen mich ganz in Anspruch.

Jetzt, nach vier Jahren, fühle ich mich wieder als »normales sexuelles Wesen«, bin aber nicht irgendwie besonders begierig oder scharf darauf. Vieles fließt in andere Kanäle wie Tanzen und Malen. In dieser Hinsicht unterscheide ich mich nicht von irgendeinem heutigen Single, ob sie 25 oder 65 Jahre zählt, die mit Sicherheit weniger geneigt ist, sich auf unverbindlichen Sex einzulassen, als es vor zehn Jahren der Fall war. Das soll nicht heißen, daß ich mich nicht nach Berührungen und Zuneigung sehnte. Diese Sehnsucht war sogar nie so stark wie unmittelbar nach Jacques' Tod, als ich allein in dem großen Haus wohnte.

Doch besonders in England verwechselt man gern Berührung mit Sex oder glaubt, daß das eine notwendigerweise zum anderen führen muß. Deshalb kommen wir nur selten in den Genuß der lang ersehnten Umarmungen und Liebkosungen, ohne daß der männliche Partner dann mehr erwartet. Es kann durchaus sein, daß viele Frauen mit einem fremden Mann ins Bett gehen, nur um mal wieder zärtliche Berührungen und Haut-an-Haut-Kontakt zu spüren. Daraus erklärt sich wahrscheinlich auch, warum sich das Klischee von der Witwe als der Inkarnation der Fleischeslust, die ständig »heiß« ist und nach den sexuellen Avancen des Mannes lechzt, in der öffentlichen Meinung so dauerhaft hält.

Leider glauben viele Männer dieses Märchen. Jede junge Witwe kann wenigstens ein Erlebnis mit einem Mann erzählen, der ihr plötzlich und ganz gegen ihren Willen sexuelle Avancen gemacht hat. Oft war es ein alter Freund oder auch der Ehemann einer Freundin. Auch ich habe es in den Augen manches verheirateten Ehemannes verräterisch aufblitzen sehen, wenn sich für ihn die Gelegenheit ergab, mit mir allein zu sein. Der Arm, den er mir um die Schulter oder die Taille legte, fühlte sich auf einmal nicht mehr so unschuldig an. Ein-, zweimal benahm sich auch jemand mir gegenüber in einer Art, die an sexuelle Belästigung grenzte.

Stellt man den betreffenden Mann zur Rede, so verteidigt er sich mit denselben Worten wie alle: »Aber ich habe gedacht, du wolltest es. Es muß doch schwer für dich sein, jetzt ohne das auszukommen.« Mit anderen Worten. »Ich will dir doch nur einen Gefallen tun. Du müßtest mir also dankbar sein!«

Für die Witwe ist ein solches Verhalten durchaus nicht schmeichelhaft. Viel wahrscheinlicher ist es, daß sie darin einen Angriff auf ihre Persönlichkeit erblickt. Nicht immer weiß sie, wie sie sich dagegen verteidigen soll. Ihre Umwelt hat ihr ja fast wie bei einer Gehirnwäsche eingeredet, daß sie sich sexy fühlen müsse und daß Sex gleichbedeutend mit Liebe und Trost sei, ganz gleich, mit wem. Bei uns herrscht die weitverbreitete Vorstellung, daß es für jemand, der eine lange intime Beziehung gehabt hat, sehr schwer wäre, eine Pause in seinem Sexleben zu ertragen. Tatsächlich ist das Gegenteil wahr. Aber die Leute neigen dazu, ihre eigenen Phantasien und geheimen Begierden auf die Witwe zu projizieren, da sie ja in keine Schublade zu passen scheint. Solange sie nicht noch an ihre Vergangenheit gefesselt ist, gehört sie keinem anderen als sich selbst.

Eine Zeitlang wurde meine Sexualität durch den riesigen Energiebedarf aufgesogen, den ich dringend brauchte, um mit Volldampf zu arbeiten. Sex stand ziemlich unten auf der Liste meiner Prioritäten. Sehr viel dringender fand ich es, die Fähigkeit und das erforderliche Selbstvertrauen zu finden, um überhaupt Verbindung mit jemandem aufzunehmen. Es war nicht so, daß die sexuellen Gefühle vollständig verschwunden waren. Sie waren nur für einige Zeit gleichsam außer Kraft gesetzt, damit ich auf der grundlegenden Ebene des Überlebens funktionieren konnte.

Wer von einer Witwe in der ersten Trauerzeit sexuelle Betätigung erwartet, übt einen unzulässigen Druck auf sie aus. Wie ich festgestellt habe, kehren die sexuellen Gefühle zur rechten Zeit wieder, manchmal auch ganz unerwartet. Oft geschieht es, wenn ihr jemand mit echter Freundlichkeit und Menschlichkeit begegnet. Ich selber geriet keinen Augenblick lang in die Versuchung, auf dem Umweg über den Sex Trost, Ablenkung und Selbstachtung zu finden. Allerdings weiß ich, daß es Frauen gibt, die genau aus diesen Gründen eine Phase des »Betthüpfens« durchmachen. Sie sind oft in dem irrtümlichen Glauben befangen, das würde ihnen auf wunderbare Weise dazu verhelfen, neue Bande zu knüpfen. In Wahrheit wirkt es eher als Betäubungsmittel. Sie sind nicht mehr imstande, ihre Situation klar zu erkennen.

Häufig ist Sex aber auch der Beginn einer neuen Beziehung. Daneben übt die Gesellschaft einen bedeutenden Druck auf die Witwen aus. Man möchte sie baldmöglichst wieder unter die Haube bringen. Das ist allerdings schon immer so gewesen und zeigt sich auch in den vielen Sprichwörtern und Zitaten, die alle mehr oder weniger darauf hinauslaufen: Entweder schnappt sich der Mann die Witwe entschlossen und rasch, oder sie macht sich mehr und mehr selbständig und wird es sich zweimal überlegen, ob sie nochmals heiraten soll.

»Eine Witwe mußt du heiraten,
bevor sie die Trauerkleidung ablegt.«
George Herbert, *Jacula Prudentium*

»Die beste Gelegenheit, einer Witwe den Hof zu machen,
ist der Augenblick,
wenn sie von der Beerdigung kommt.«
»Wer um eine Witwe wirbt,
darf nicht lange zögern.«
Thomas Delovery, *Jack of Newberry* ca. 1597

»Meiner Seel, er nimmt sich
eine frische Witwe,
Die wird dann Braut und Frau an einem Tag.«
Shakespeare, *Der Widerspenstigen Zähmung*

Als ich das las, fragte ich mich: wozu diese Eile? Diese Art Volksweisheit erschien mir, die gerade ihren Mann verloren hatte, wie eine Sammlung ausgemachter Dummheiten. Denn wir wissen ja, daß wir in diesem Zustand gar nicht bereit sind für eine neue Beziehung. Erst müssen wir die alte vollständig überwunden haben.

Doch die Erfahrung von zweieinhalb Trauerjahren sollte mir zeigen, daß in der Volksweisheit doch ein Körnchen Wahrheit verborgen ist. Denn gleich nach dem Verlust ist die Witwe viel eher geneigt, sich in eine neue Beziehung zu stürzen, als wenn bereits einige Zeit seit dem Trauerfall vergangen ist. Die Gründe dafür sind einleuchtend. Wenn sie sich anfangs dazu entschlossen hat, allein zu bleiben, und es gelingt ihr, das auf Monate und Jahre hinaus erfolgreich durchzuhalten, dann wird sie in diesem Zeitraum ein hohes Maß an persönlicher Selbständigkeit entwickeln. Vielleicht entdeckt sie dabei auch erst ihre wahre Persönlichkeit, was ihr möglicherweise in einer Ehe nie geglückt wäre. Dort kommt sie oft nie ans Tageslicht.

Ich nenne es »das Mädchen in sich finden«. C. G. Jung sprach von der Individuation. Es geht darum, daß der reifer gewordene Mensch sich mit Konflikten und Teilen seiner Persönlichkeit,die er seit der Pubertät nicht ausgelebt oder nach außen hin zum Ausdruck gebracht hat, die aber noch in ihm vorhanden sind, nochmals auseinanderzusetzen hat. Vermutlich deshalb erleben viele von uns noch einmal die romantischen Träume unserer Jugend. Auch mir erging es so. Erneut verabreden wir uns mit Männern, denen wir als Teenager den Laufpaß gegeben haben. Bei mir geschah das etwa ein Jahr nach Jacques' Tod. Doch nach einem kurzen Strohfeuer von Rendezvous blieb ich am Samstagabend lieber mit meiner Katze zu Hause, guckte mir im Fernsehen Columbo an oder empfing einen meiner Freunde, die mich nur platonisch liebten. Sie begnügten sich damit, in meiner Küche zu sitzen und zu essen, was ich ihnen vorsetzte.

Im übrigen ließen Freunde und Angehörige nicht lokker in dem Bemühen, meine Gedanken auf eine zweite Heirat zu lenken. »Hast du schon jemand kennengelernt?« So eröffneten sie ungefähr jedes zweite Telefongespräch. Und ich bin keineswegs sicher, daß der Frage nur mein persönliches Wohlbefinden zugrunde lag.

Doch ist es viel schwieriger, nach dem Verlust seines Ehepartners einen neuen Geliebten, geschweige denn einen Ehemann zu finden, als allgemein angenommen wird. Laut Statistik gibt es von einem gewissen Lebensalter an mehr ledige Frauen als Männer. Das nicht allein: Wenn man 35 Jahre oder älter ist und eine Menge Gepäck aus seiner Vergangenheit mit sich herumträgt, dazu lebenslange Gewohnheiten, dann erfordert es schon beinahe eine übernatürliche Anstrengung, sich ein völlig neues Umfeld zu schaffen. Natürlich muß man auch den Willen dazu haben. Und manchmal ist man einfach nicht dazu imstande. Entweder ist man geistig oder körperlich zu müde, oder man findet mehr und mehr, daß ein Leben als Single den Einschränkungen und Anpassungen, die in einer neuen Ehe von einem verlangt werden, entschieden vorzuziehen ist.

Drohen ihm noch finanzielle Komplikationen von Seiten seiner ersten Ehefrau? Bringt er Kinder im schwierigen Teenager-Alter mit in die Ehe? Wenn er mit über 40 noch Junggeselle ist, warum hat er eigentlich noch nicht geheiratet? Es gibt viele Fragen, die Sie sich stellen werden.

Ich weiß, eines Tages könnte ich zum Beispiel auch das Problem einer Ehe mit Stiefkindern erfolgreich bestehen. Doch in den ersten beiden Trauerjahren fehlte mir einfach die geistige Energie, die ich dafür hätte aufbringen müssen. Bevor ich die Arme hoffnungsvoll nach anderen ausstrecken konnte, mußte ich erst lernen, mich in meiner eigenen Gesellschaft wohlzufühlen. Erst galt es, mein Selbstvertrauen wiederzufinden, mich darauf verlassen zu können, daß ich mit dem Leben fertigwerde. Stiefkinder, Exehepartner, Geschäfts- und Wohnungsprobleme – das alles kann auch in den besten Zeiten eine Beziehung stark belasten. Und ich sollte bald merken, daß die meisten Männer, die für eine Witwe zwischen 40 und 60 in Frage kommen, alle diese Probleme mit sich brachten. Vielleicht würde ich irgendwann auch das bewältigen. Jetzt aber mußte ich erst mal wieder lernen, die High Street entlangzugehen. Eins nach dem anderen.

Ich hatte mich immer gewundert, warum meine Großmutter – eine ungewöhnlich schöne Frau, die mit Anfang 30 Witwe mit fünf Kindern wurde – nicht wieder geheiratet hatte. Und das, obwohl sie religiös äußerst orthodox eingestellt war, was eine Wiederverheiratung so gut wie forderte. Jetzt, nachdem ich meine eigenen Erfahrungen gemacht habe, glaube ich, sie zu verstehen. Unter dem Zwang, ihr Leben allein gestalten zu müssen, erreicht eine Frau eine so starke Unabhängigkeit, daß es ihr schwerfällt, wieder einen Mann an Bord zu nehmen, der ihr die neugewonnene Freiheit beschneiden würde.

Eine Witwe ist in der einzigartigen Lage, die Ehe mit dem Single-Status zu vergleichen, ohne daß die Bitterkeit einer Scheidung ihr Urteil trübt. Zwei Jahre lang hatte ich alle Entscheidungen selbst getroffen, hatte gegessen, wann immer ich dazu Lust hatte, und mir die Fernsehprogramme angeguckt, die mich interssierten. Ich hatte die alltäglichen Kämpfe mit den Gaswerken und der Elektrizitätsbehörde, mit Handwerkern und der britischen Telecom ausgefochten. Nun würde es mir sehr schwer fallen, mich wieder an ein Leben zu zweit zu gewöhnen. Mein neues Selbstvertrauen, der Durchblick, den ich mir verschafft hatte, würden wohl kaum zulassen, daß ich mich noch einmal in eine unterwürfige Rolle fügte. Nach zwei Jahren wirkte die Aussicht auf ein Leben zu zweit wahrhaftig lange nicht mehr so verführerisch wie davor.

Daß Alleinleben egoistisch macht, ist mehr als eine Binsenwahrheit. Denn heutzutage ist die Ehe für eine berufstätige Frau viel problematischer als früher. Der Mann kann von ihr nicht mehr unbedingt erwarten, daß sie ihn nach Feierabend bemuttert. Wenn sie heimkommt, ist sie selber müde und braucht ihrerseits eine zärtliche Hand.

Als ich mit 22 Jahren heiratete, war ich wie wohl jede Frau in diesem Alter viel anpassungsfähiger, viel eher bereit, mich den Wünschen eines Mannes zu fügen, als ich es heute bin. Es waren auch andere Zeiten. Damals betrachtete man noch die Ehe als eine Karriere. Doch wie viele Frauen meiner Generation habe ich mich zwischen zwei Stühle gesetzt. Auf der einen Seite die traditionellen Wertvorstellungen der 50er Jahre über den Vorrang von Ehe und Familie, auf der anderen Seite die erstarkende Frauenbewegung der 60er mit ihren neuen Einsichten. Nun hatte die Frau nicht nur das Recht, sondern auch die Pflicht, ihre eigenen Interessen, ihre Karriere, ihren besonderen Weg zu verfolgen.

Ich habe seit jenen ersten Tagen einen langen Weg zurückgelegt, mußte vieles neu lernen, um die ersten zaghaften Schritte in eine neue Karriere und in finanzielle Unabhängigkeit zu gehen. Es war ein langer Kampf gewesen, und ich dachte nicht daran, meine Unabhängigkeit so schnell aufzugeben. Wenn ich jetzt eine neue Ehe eingehen sollte, dann nur zu meinen Bedingungen.

Viele dieser Ansichten werden auch von geschiedenen Frauen geteilt, obwohl sie vielleicht aus einem etwas anderen Blickwinkel entstanden sind. Witwenschaft bietet einige der gleichen Lernprozesse und Möglichkeiten zur Selbstfindung wie das Leben nach einer Scheidung, doch auch mit sehr markanten Unterschieden. Ich muß zugeben, daß es für mich nie besonders hilfreich war, mich mit Geschiedenen zu unterhalten. Sie müssen oft über haßerfüllte Erinnerungen hinwegkommen und stehen dem anderen Geschlecht mit bitterem Mißtrauen gegenüber, was sich mit meinen eigenen Gefühlen nicht vereinbaren läßt. Zudem sind viele von ihnen die neue Partnerschaft nur eingegangen, um sich aus einer schlechten Ehe zu befreien.

Als Witwe findet man sich ganz allmählich mit dem Verlust des Ehepartners ab, mit der Tatsache, daß er fortan körperlich nicht mehr vorhanden ist. Ich erinnere mich, mit einem großen Stoff-Panda ins Doppelbett gegangen zu sein. Er lag auf der Seite, wo Jacques immer gelegen hatte. Damals glaubte ich nicht, daß ich für irgend jemand je wieder so viel bedeuten könnte wie für Jacques.

Daher ist es eine unverhoffte Freude, wenn Sie merken, daß die Gedanken eines anderen Menschen, vielleicht auch nur zeitweise, um Sie kreisen. Es genügt zu wissen, *daß*

Liebe für Sie noch möglich ist, um Sie am Leben zu erhalten. Man hatte ja schon vergessen, wie stärkend dieses Gefühl ist. Mit das Schlimmste am Verlust eines Partners ist, daß Sie meinen, mit ihm sei Ihnen auch jede Chance verloren gegangen, jemals wieder einem anderen Mann liebenswert zu erscheinen. Das Gefühl ungeliebt, für niemand mehr etwas »Besonderes« zu sein, ist schlimmer als alles andere. Wahrscheinlich deshalb schicken wir in der ersten Trauerzeit laufend falsche Signale an die Männerwelt aus. Das geschieht aus Verzweiflung. Es kann auch vorkommen, daß wir uns in dieser Stimmung eine Liebesaffäre »herbeiwünschen«, die wir unrealistisch idealisieren und die zur Enttäuschung führen muß. Ich war bestimmt auch dagegen nicht immun, wie der folgende Tagebuchauszug beweist:

> Die Versuchung ist groß, zu etwas zurückzukehren, das du kennst. Die Vergangenheit bietet Sicherheit. Die Zukunft sieht bedrohlich aus. Vielleicht gibt es gar keine mehr für dich. Nehmen wir beispielsweise Männer: Wenn dich eine alte Flamme anruft, ist die Erinnerung an vergangene Tage voll Romantik verführerisch. Ich träume von einem Rendezvous mit ihm. Ich denke, neue Leidenschaft wird uns erfassen.
>
> Geheimnisvoll tauchten diese Männer, von Neugier getrieben, wieder aus der Vergangenheit auf. Meine Neugier war nicht geringer. Nach jedem Anruf träumte ich einen Tag lang von ihnen und erinnerte mich der schönsten Augenblicke, die wir zusammen erlebt hatten. Als alleinstehende Frau kannst du dir leicht vorgaukeln, du würdest mit jemandem, der dir ein wenig Interesse entgegenbringt, glücklich werden. Jemand, den du einladen kannst. Ein bißchen Zärtlichkeit genügt. Zu irgendeinem Zeitpunkt hast du ihn ja gut gekannt. Wie

leicht es dir fällt, anzunehmen, er sei noch so in dich verliebt wie früher und werde voller Verständnis sein!

Machen Sie sich nichts vor! Ich gebe Ihnen einen guten Rat: Bevor Sie ihn voreilig zu sich einladen, unterhalten Sie sich noch am Telefon eine Weile länger mit ihm! Dann fällt Ihnen wahrscheinlich wieder ein, warum Sie damals mit ihm Schluß gemacht haben. Sie werden feststellen, daß er immer noch so eingebildet, arrogant und unsensibel gegenüber Frauen ist, wie er vor Jahren war. Vielleicht sogar noch ausgeprägter. Fragen Sie ihn eine Zeitlang aus! Wenn er damals rücksichtslos, kalt und egoistisch war, dann wird er es jetzt noch zehnmal mehr sein. Falls Sie damals etwas füreinander empfunden haben, so wird diese Flamme längst erloschen sein.

Viele Frauen gehen Beziehungen ein, um sich von ihrer Trauer abzulenken, vor ihren Gefühlen zu fliehen. Ich kenne eine Witwe, die vor dem Alleinsein eine so schreckliche Angst hatte, daß sie den ersten Mann nahm, der ihren Weg kreuzte. Er war offensichtlich ganz ungeeignet – jünger, unzuverlässig, arbeitslos. Doch nach kurzer Zeit zog er in ihr großes Haus ein. Bald hatte er sie allen ihren Freunden entfremdet und machte sich daran, ihr Geld mit vollen Händen auszugeben und alles, was sie besaß, an sich zu bringen. Erst als die junge Witwe nach einigen Jahren eine Stellung antrat, begann sie, ihn mit den Augen zu sehen, mit denen ihn andere sahen. Ihre neugewonnene Selbstachtung ermöglichte es ihr, die Beziehung zu beenden.

Es ist weit besser, eine Zeitlang Einsamkeit zu riskieren. Sie werden merken, daß sie zu ertragen ist. Ja, sie hilft Ihnen, sich selbst zu erkennen. Diese Selbsterkenntnis kann Sie auf seltsame Wege führen. Es kann vorkommen, daß Sie sich nachher zu sehr unterschiedlichen Männertypen hingezogen fühlen. Zum Beispiel kann Sie in den ersten Wochen und Monaten jemand allein durch sein überschwengliches Wesen fesseln. Oder auch ganz im Gegenteil ein Mann, der außerordentlich feinfühlig und still ist. So oder so, es ist wahrscheinlich der Typ, den Sie in Ihrem labilen Zustand brauchen. Mit einem anderen könnten Sie gar nicht zurechtkommen. Wenn die Wunden dann verheilen, verfügen Sie wieder über eine größere seelische Spannbreite. Auch dies ist ein sehr guter Grund,die Dinge nicht zu überstürzen. Lassen Sie sich Zeit! Warten Sie, bis sich Ihre wahren Gefühle herauskristallisiert haben!

Die Männer, die in dieser erstens Trauerzeit von meinem Kummer oder meiner engen Verbundenheit zu Jacques keine Notiz nahmen, habe ich schnell abgehakt. Wie sehnte ich mich nach jemand, der mich verstand und sich mit meinen Gefühlen abfand, statt der bekannten Typen, die nichts weiter wollten, als die Gelegenheit bei einer gerade besonders schwachen Frau auszunutzen! Wie sehnte ich mich nach einem netten Mann, der mich schön und einzigartig fand und mir doch meine geliebte Vergangenheit ließ! Ich weiß, ich verlangte in jenen ersten Tagen Unmögliches. Ich kam mir vor wie eins der verletzten Vögel, die meine Kinder manchmal mit nach Haus brachten. Wir setzten sie in einen mit Baumwolle gepolsterten Pappkarton, fütterten sie und streichelten sie manchmal, bis sie geheilt waren.

Wenn Sie dann merken, daß Sie eine neue feste Beziehung eingehen wollen, wie machen Sie das? Als Single stehen Sie vor demselben Problem, vor dem jede geschiedene oder verwitwete Frau steht: Wo lernen Sie einen geeigneten Mann kennen? Entgegen allem, was man in Romanen liest, ist es unwahrscheinlich, daß Sie im Supermarkt, auf der Straße, im Flughafen, in einer Kneipe oder am Strand auf ihn stoßen. Jedenfalls nicht mehr von einem gewissen Alter an, wenn überhaupt. Bei gesellschaftlichen Veranstaltungen können Sie eventuell einen Junggesellen, geschiedenen Mann oder Witwer treffen. Aber natürlich sind Sie davon abhängig, daß man Sie einlädt. Deshalb rate ich Frauen auch immer, ihre Freundschaften mit anderen Frauen zu pflegen. Sie können noch so emanzipiert sein, noch immer übernehmen sie im allgemeinen bei Festen die Ausstattung und die Gästeliste. Das Timing muß stimmen. Zu früh – und Sie holen sich nur seelische Beulen. Warten Sie aber zu lange – dann verlieren Sie das Interesse. Sie spüren es, wenn es so weit ist, daß Sie es wagen können, sich auf eine neue Beziehung einzulassen.

Sie dürfen sich zu nichts zwingen. Besser als sich mit jemandem zu verabreden, mit dem Sie gar nicht zusammensein möchten, ist es, den Abend einsam zu verbringen. Ich erinnere mich an einen ausgesprochen scheußlichen Opernabend im ersten Trauerjahr. Mein Begleiter war ein Mann, den ich den »australischen Filmregisseur mit furchtbar wenig Charme« nennen will. Ich liebe die Oper. Sie ist eine meiner großen Leidenschaften. Und es gehört zu meinen größten Freuden, sie mit einem Menschen zusammen zu besuchen, der sich ebenso dafür begeistert. Weiß der Himmel, wie es kam, daß ich ausgerechnet einen Begleiter gewählt hatte, der sich von der ersten Note bis zur letzten Arie so schrecklich langweilte, daß er immer wieder zur Uhr sah.

Es war ein heißer Abend, und das Opernhaus hatte keine Klimaanlage. Gespielt wurde Tschaikowskys Oper *Eugen Onegin*, deren Erfolg immer von der Stimmung und der verständnisvollen Resonanz abhängt. Doch alles, was ich von seiner Seite an Schwingungen auffing, ließ sich nur so deuten, daß er sich fragte: ›Zum Teufel, was tue ich eigentlich hier, wenn wir doch jetzt in meinem Hotelzimmer sein könnten?‹ Ich war verärgert darüber, daß mein

Begleiter unruhig auf seinem Platz hin- und herrutschte und von Zeit zu Zeit gähnte. Denn das verdarb mir die ganze Vorstellung. Plötzlich riß mir die Geduld. In der Pause merkte ich, daß ich genug hatte. Ich sagte zu ihm: »Entschuldigen Sie, aber mir gefällt es nicht. Ich fahre nach Hause.«

Er war sprachlos. Ich ließ ihn stehen und sprang auf den Bus nach Paddington. Zu Haus fühlte ich mich gleich unendlich viel wohler, obwohl es mir leid tat, daß ich die zweite Hälfte der Oper nicht gesehen hatte. Das Ganze war für mich eine wertvolle Lehre. Es ist nicht verkehrt, in der Wahl seiner Begleiter wählerisch zu sein. Besser, Sie gehen allein aus als sich mit einem langweiligen Begleiter abzufinden, der Ihnen nur den Spaß verderben wird. Jetzt gehe ich oft allein in die Oper, zum Ballett oder ins Kino, verbringe dort anregende Stunden und habe kaum noch den Wunsch, das Vergnügen mit jemandem zu teilen.

Mehrmals habe ich die Männer, mit denen ich verabredet war,völlig falsch eingeschätzt. Oft lag es an den unrealistischen Erwartungen auf beiden Seiten. Ich erwartete einen zweiten Jacques, und der Mann erwartete eine verzweifelte, anlehnungsbedürftige Frau. Ein-, zweimal führte das zur Katastrophe, beinahe zu Gewaltanwendung. Es war unglaublich, welche Streiche mir meine Menschenkenntnis spielte. Aber vielleicht war ich auch nur aus der Übung. Am meisten erschreckte mich ein Erlebnis in der Silversternacht. Es wurde durch meinen Ehering ausgelöst.

Ich wußte lange Zeit nicht, was ich mit dem Ring machen sollte. Zuerst trug ich ihn weiter, ohne groß darüber nachzudenken, denn ich fühlte mich ja noch verheiratet. Gelegentlich fiel mir ein, daß ich damit falsche Signale aussenden könnte – zumindest gegenüber jemandem, der ein potentieller Partner sein könnte. Also steckte ich bei ein, zwei Anlässen den Ring an die andere Hand. Aber schon nach einer halben Stunde wurde mir das unangenehm, nicht zuletzt deshalb, weil die Finger meiner rechten Hand etwas dicker sind als die der linken und der Ring zu fest saß. Sofort bekam ich Schuldgefühle. Wenn ich jetzt jemandem in die Arme lief, der mich kannte, würde er unwillkürlich gleich einen Blick auf meine ringlose linke Hand werfen.

Bei dem Gedanken wurde mir leicht schwindlig. Ob die Leute denken würden, ich wäre geschieden? Ich bildete mir ein, daß jeder sofort auf meine linke Hand blickte. Ich stellte mir vor, daß sich alle den Kopf darüber zerbrachen, was der »weiße Ring« aus nicht gebräunter Haut, wo der Ring sonst gesessen hatte, wohl bedeuten mochte. Dieses Spiel mit mir selber endete immer damit, daß ich den Ring mit Hilfe von Seife vom Finger der rechten Hand abzog und wieder links anlegte. Ich kam dabei zu der Erkenntnis, daß ich einfach noch nicht reif dafür war, mich als »unverheiratet« oder »nicht mehr verheiratet« zu betrachten. Würde ich es je können?

An dem fraglichen Abend trug ich den Ring noch links. Dummerweise hatte ich jemand, den ich nicht sehr gut kannte, gebeten, mich zum Ball des Künstlerklubs Chelsea zu begleiten. Ich war ihm nur ein- zweimal begegnet, und da hatte er ganz charmant auf mich gewirkt. Jacques und ich hatten uns hier immer gut amüsiert. Ich war zwar darauf vorbereitet, daß der Ball sehnsüchtige Erinnerungen bei mir wecken würde, doch mit den grausamen Attacken dieses Mannes hatte ich nicht gerechnet. Nach mehreren Drinks begann er wegen des Eherings, den ich noch trug, zu sticheln. Es war mir klar, daß der Alkohol aus ihm sprach. Beim Tanzen zog er mich fest an sich, schwenkte mich wild herum und geriet gewaltig ins Schwitzen. Er ging an die Bar, wo er den Rest des Abends verbrachte und ein Glas nach dem anderen leerte. Gelegentlich bedachte er mich mit Beschimpfungen, die er meist mit den Worten einleitete: »Du Biest von einer Eiskönigin!«

Um Mitternacht, als alle *Auld Lang Syne* (»In der guten alten Zeit«) sangen, saß ich draußen auf einer Bank im Korridor und weinte, überwältigt von Erinnerungen und erschüttert von seinem brutalen Benehmen. Weil es am Neujahrsmorgen so schwierig ist, ein Taxi zu bekommen, hatte er mir im voraus versprochen, er werde mich im Dienstwagen seiner Firma nach Nord-London bringen lassen, wo ich im Haus meiner Mutter übernachten wollte. Nach Alkohol stinkend und kaum noch in der Lage, sich aufrecht zu halten, torkelte er zum Wagen, plumpste auf den Rücksitz und behielt während der ganzen Fahrt ein mürrisches Schweigen bei, während ich mich gezwungen sah, vorn mit dem Fahrer höflich zu plaudern. Der hatte offensichtlich keine Ahnung, was vorgefallen war.

Danach mußte ich meiner Mutter gegenübertreten, die natürlich annahm, ich hätte einen vergnügten Silvesterabend verlebt. Ich kämpfte mit den Tränen und brachte außer einem zittrigen »Gute Nacht« kein Wort heraus. Danach flüchtete ich nach oben. Sicherlich hat sie gemerkt, daß etwas schiefgegangen war. Seit vielen Jahren hatte ich keinen ekelhaften Betrunkenen mehr erlebt. Dieser Vorfall schockierte mich dermaßen, daß ich ein halbes Jahr lang keine Verabredungen mehr traf.

Anderthalb Jahre nach Jacques' Tod schrieb ich:

> Es ist schwer, sehr schwer. Ich benehme mich wieder wie ein junges Mädchen, wie ein verletzlicher Teenager. Ich träume von völlig ungeeigneten jungen Männern und fange an zu weinen, wenn sie mich sitzenlassen. Ich sitze am Telefon und zögere, den ersten Schritt zu tun. Die

Mädchen meiner Generation haben ja immer darauf gewartet, daß der Mann sie anruft. Mir wird klar, daß ich ganz falsche Signale aussende, zu anlehnungsbedürftig bin – und viel zu leicht zu kränken.

In der ersten Zeit wünscht man sich Gesellschaft und Wärme ohne weitergehende Verpflichtungen: jemanden, mit dem man lachen kann oder der einem das Gefühl gibt, beschützt zu sein. Einen guten Freund, eher einen *Kavalier* als einen Liebhaber.

Ich weiß noch, wie unsicher ich bei meinen ersten Verabredungen war. Ich hatte die ganze *Etikette* des Rendezvous vergessen. Über alles zerbrach ich mir den Kopf: was ich anziehen sollte, was ich tun würde, wenn er mich nach dem Abendessen im Wagen küssen will. Zahlreiche Witwen, mit denen ich sprach, haben mir bestätigt, daß es ihnen genauso gegangen ist. »Ich bin zwar kein junges Mädchen mehr«, sagten sie, »aber ich empfinde wieder dasselbe wie damals. Mit Zittern und Zagen gehe ich zu einer Verabredung.«

Es ist nicht nur die Angst vor einem Fehlschlag, die viele Witwen davon abhält, eine neue Beziehung mit einem Mann einzugehen. Sie meinen, dadurch dem Andenken ihres verstorbenen Ehemanns untreu zu werden. Unsicherheit und Ängstlichkeit vermehren die Schuldgefühle. Sie fragen sich: »Wer wird mich in meinem Alter noch haben wollen?« Bei einem Ehepartner, der mitangesehen hat, wie deine Taille von Jahr zu Jahr etwas stärker wurde, der dich jeden Morgen in nicht gerade glänzendem Zustand beobachten konnte, machte es dir nichts aus, dich »gehen zu lassen«. Aber wie in aller Welt schafft man es, dieses Stadium mit einem anderen zu erreichen? Das Problem ist, daß Ihre Beziehung in ihrer intimsten Phase jäh beendet wurde. Und wir Frauen sind so veranlagt, daß wir gern genau an dem Punkt weitermachen wollen, wo alles aufgehört hat. Darum möchten Sie am liebsten den ganzen langen, quälenden Vorgang des allmählichen Bekanntwerdens überspringen. Zudem lauert im Hintergrund immer die Furcht, Sie könnten abgewiesen werden.

Neben der bangen Frage: »Wer wird mich noch haben wollen?« taucht die Überlegung auf: »Wer könnte mir noch je gefallen?« Verlangen auf den ersten Blick wird, wenn man älter wird, unbestreitbar problematischer. Wenn man das erste Mal wieder wirklich von einem Mann erregt wird, empfindet man oft gleichzeitig Erleichterung und Reue. Erleichterung darüber, daß dieser Teil Ihrer selbst noch nicht gestorben ist, daß die Säfte noch fließen. Reue, weil es Ihnen so vorkommt, als wollten Sie Ihren verstorbenen Mann betrügen. Dieses Gefühl ist stärker, als es in einem solchen Fall zu seinen Lebzeiten gewesen wäre.

Es dauerte fast zwei Jahre, bis ich erstmals wieder so etwas wie Verlangen nach einem Mann spürte. Es geschah unerwartet, aus blauem Himmel heraus, und es war überwältigend. Vor Erleichterung und im Überschwang der Gefühle wollte ich heulen. Das Ereignis fand statt, als ich fern von meinem Zuhause war, was zweifellos meine Ängste und Hemmungen gemindert hat. Dennoch wurde ich in diesen Tagen von Schuldgefühlen gepeinigt, die zum Teil gar nichts mit den gegenwärtigen Ereignissen zu tun hatten, sondern mit einer früheren Schuld. Aber ich konnte sie nicht loswerden.

Überraschenderweise sah der Mann meinem verstorbenen Partner sehr ähnlich. Allerdings fiel mir das, so sonderbar es klingt, erst später ein. Es war weniger das Äußere als vielmehr eine gewisse ruhige Art, einen anzusehen, ein bestimmter Ausdruck in den Augen. Doch wenn ich das bemerkte, fühlte ich mich doppelt schuldig. Bald danach träumte ich von Jacques. Es war ein lebhafter, sinnlicher Traum: Jacques kam zu mir und massierte meinen Rücken. Das Wiedererwachen meiner körperlichen Wünsche hatte die Erinnerung an die körperliche Intensität unserer Beziehung aufgerührt. Ich bin sicher, daß viele Witwen Ähnliches erleben. Ich erwachte aus dem Traum in einem halb betäubten Zustand, und mir war nach Weinen zumute. Wieder sehnte ich mich nach körperlichem Kontakt mit Jacques. Diese Sehnsucht war stärker als alles, was ich an Gefühlen in den beiden Trauerjahren empfunden hatte.

Weinend wanderte ich im Haus umher. Ich hatte gedacht, daß ich nach zwei Jahren über dieses Stadium hinaus wäre, aber nun traf es mich mit um so größerer Wucht. Wahrscheinlich hatte ich die Stärke unserer Leidenschaft füreinander, besonders in den ersten Ehejahren, vor anderen, ja, auch vor mir selbst, geheimgehalten. Kürzlich fand ich zufällig unsere ersten Liebesbriefe, die mich lebhaft an diese Leidenschaft erinnerten. Zugleich fragte ich mich überrascht: Das war ich? Das war er?

Warum fühlte ich mich schuldig? Das hatte zweifellos mit meiner Strategie zur Trauerbewältigung zu tun. Ich hatte mich so in die Arbeit gestürzt, daß zärtliche Gefühle völlig unterdrückt worden waren. Doch jetzt im Urlaub in der Sonne mit einem Begleiter an meiner Seite, der diesen Teil meiner selbst wiederzuerwecken verstand, wallten die Gefühle mächtig auf und nahmen gebieterisch von mir Besitz. Zwei Jahre lang hatte ich das in mir verdrängt. Einmal im Gedenken an Jacques, zum anderen, weil ich tagsüber ebenso anstrengende wie ermüdende Arbeiten zu erledigen hatte. Da konnte ich mir nicht mal die Zeit nehmen, an Liebe auch nur zu denken. Es hätte mich abgelenkt, einen Teil meiner Energie in Anspruch genommen, und diesen Luxus konnte ich mir nicht erlauben. Ich hatte nicht gewußt, ob ich je wieder einen Mann lieben könnte oder nicht. Eine innere Stimme sagte mir: Ja, irgendwann einmal. Wenn du dazu bereit bist, wird es geschehen. Doch hatte ich mich in keiner Weise darum bemüht.

Sie mögen es momentan für aussichtslos halten, je eine neue Beziehung aufbauen zu können. Doch für Ihren Seelenzustand ist es besser, wenn Sie an diese zukünftige Möglichkeit glauben. Sie müssen sich immer wieder sagen, daß Sie nicht ewig in dieser düstergrauen Einsamkeit eingeschlossen sein werden. Der Glaube ist der Schlüssel, möglicherweise eins der wichtigsten, meist unterschätzten Elemente der Trauerarbeit und Genesung.

Mit Glauben meine ich nicht unbedingt religiösen Glauben, sondern einfach den Glauben an die Heilungs- und Erneuerungskräfte des Lebens. Allerdings schätze ich mich sehr glücklich, daß ich auch den Glauben im religiösen Sinn habe, daß ich an Gott glaube und zu ihm beten kann. Doch merke ich immer öfter, daß es auch andere Möglichkeiten gibt, meinen Glauben zu stärken. Oft beginne ich den Tag damit, daß ich aus meinem Schlafzimmerfenster auf einen bestimmten Baum schaue. Es ist ein Holunderbaum, in dem Jacques vor Jahren einem Nistkasten angebracht hat. Hier versammeln sich mit Vorliebe alle Vogelarten. Die Baumspitze liegt in Augenhöhe, und wenn ich am Frisiertisch sitze, sehe ich die kleinen Blaumeisen hinein- und hinausschlüpfen. Ein beruhigendes Gefühl. Es stärkt meinen Glauben an Erneuerung und Beständigkeit und erinnert mich gleichzeitig an die Vergänglichkeit des Lebens.

Man kann die Rolle, die der Glaube bei der Genesung nach irgendeinem Verlust, sei es Trauer um einen Toten, die Amputation eines Arms, Beins oder einer Brust oder auch Arbeitslosigkeit, gar nicht hoch genug schätzen. Irgendwie müssen Sie zum Glauben gelangen, zu der Hoffnung auf eine bessere Zukunft. Der Übergang zum Glauben kann nur in Ihrem Herzen vor sich gehen. Doch äußere Dinge können Ihnen das erleichtern, ob Sie sie nun in der Natur oder in der Kunst finden – alles, was Ihnen hilft, bestimmte Gefühle auszudrücken. Daran ist nichts falsch.

Menschen, die das schaffen, indem sie nur dasitzen und die leeren Wände anstarren, sind selten. Doch wenn Sie bedenken, wozu Menschen auch unter den widrigsten Bedingungen fähig sind, wird Ihnen klar, daß Sie allein mit Hilfe Ihres Glaubens die demütigendsten Erlebnisse überwinden können. Victor Frankl, ein Überlebender der Konzentrationslager, hat das in diesen oft zitierten Sätzen kraftvoll zum Ausdruck gebracht:

> »Erforderlich war ein grundsätzlicher Wandel in unserer Einstellung zum Leben. Wir hatten zu lernen und darüber hinaus die verzweifelten Menschen im Konzentrationslager zu lehren, daß es nicht darauf ankommt, was wir vom Leben erwarten, sondern darauf, was das Leben von uns erwartet.«

Ich fange an zu begreifen, was das Leben von mir erwartet.

XII

Unerledigte Dinge

Lerne begreifen, wodurch Sorge und Freude
und Liebe und Haß entstehen, warum du ohne dein Zutun
aufwachst, ohne dein Zutun schläfst
und dich ohne dein Zutun verliebst. Und wenn du das
genau untersuchst, wirst du IHN in dir finden,
in einer und in vielfacher Gestalt wie das Atom.
So findest du in dir einen Weg aus dir heraus.

Gnostischer Text

Es ist unwahrscheinlich, daß Sie eines Morgens beim Aufwachen urplötzlich merken, Sie haben »alles überstanden«. Die Genesung dauert ihre Zeit. Es kann sein, daß sie nie vollständig sein wird. Immerhin konnte ich nach zwei Jahren schon folgendes schreiben:

> Fast zwei Jahre später bin ich wieder einer gelassenen Heiterkeit fähig – oder bin ihr zumindest sehr nahe. Wenn ich im herbstlichen Garten sitze und auf die schwer mit Früchten beladenen Bäume und auf die anmutige Goldraute schaue, fühle ich, daß es etwas Größeres, Wichtigeres und Dauernderes gibt als die Trivialitäten und Mühen des Alltags. Der Anblick des Gartens im Wechsel der Jahreszeiten hat mir zweifellos geholfen. Schon wenn ich die Veränderungen im Aussehen der Bäume von einer Woche zur anderen betrachte, empfinde ich den

Rhythmus und die Muster des Lebens. Dann verblassen die Kümmernisse im Auf und Ab meines eigenen Daseins. Durch meine Pflanzen und Tiere versuche ich, der Natur so eng wie möglich verbunden zu bleiben. Dabei hilft mir auch meine immer freundliche schwarze Katze Didi, indem sie jeden Tag und jeden Abend am gleichen Ort darauf wartet, daß ich sie füttere und streichle und Ihr zurede, hereinzukommen oder hinauszugehen.

Wenn gewisse Dinge geschehen, weiß man, daß man auf dem Weg zur Genesung ist. Ein guter Indikator ist Ihr Schlafrhythmus. Wenn er sich normalisiert hat und Sie eine Nacht ohne die schreckliche morgendliche 4-Uhr-»Sorgenperiode« durchschlafen können, wenn Sie Wochenenden und Feiertagen entgegensehen können, ohne deprimiert zu sein, wenn Sie sich beim morgendlichen Aufwachen auf den vor Ihnen liegenden Tag freuen, und wenn Sie nicht mehr so empfindlich auf die oft gedankenlosen Bemerkungen Ihrer Mitmenschen reagieren. Mein Test war, ob ich ohne trübe Gedanken die Kastanien-Allee entlanggehen konnte, auf der Jacques abends seine letzten zitternden Schritte getan hatte. Jedesmal, wenn ich auf dem Weg zu den Läden des Ortes an den Bäumen vorbeiging, mußte ich daran denken. Doch endlich kam ein Tag, an dem die Bäume in voller Blüte standen und ich sie ansah und einfach glücklich über das Wunder der cremefarbenen wächsernen Blüten war. Es hatte drei Jahre gedauert.

Auch der Inhalt meiner Träume hatte sich geändert. Sie rieten mir jetzt, mich zu ändern.

April 1990:

Ich war im Mädchenschlafsaal, oder vielleicht war es auch ein Umkleideraum. Es herrschte großer Trubel. Die

Mädchen machten sich fein, frisierten sich, und alle Gespräche drehten sich um das Ereignis des Abends – eine Solovorstellung Dustin Hoffmans in einem Londoner Theater. Danach sollte ein gemeinsames Abendessen steigen. Es war *die* glanzvolle Veranstaltung an diesem Tag in der Hauptstadt.
Ich konnte mich nicht entscheiden, was ich anziehen sollte. Ich probierte ein Kleidungsstück nach dem anderen an. Zum Schluß hatte ich ein knallrosa Netzhemd und darüber eine Art Baseballjacke in Kastanienbraun an. Eine merkwürdige Zusammenstellung. Meine Haare waren zum Teil (der Pferdeschwanz) rein weiß, während sie vorn (der Pony) blond gefärbt waren, wobei das Schwarz der Haarwurzeln hervorschaute. Lange Zeit probierte ich, was besser aussah: wenn ich sie nach vorn oder nach hinten kämmte. Alle anderen Mädchen waren schon weg.
Plötzlich merkte ich, daß ich auf einem Schiff war, das flußabwärts dem Meer zusteuerte. Aufgeregt erkundigte ich mich, wie ich hierhergekommen war, wo ich doch jetzt in der Stadt sein sollte. Man sagte mir, es gebe heute abend zwei Veranstaltungen: die glänzende »Theatervorstellung« und einen stillen »Naturabend« auf dem Lande. Ich erwiderte, da müsse ein Mißverständnis vorliegen und fragte, ob sie mich irgendwo absetzen könnten. Ich wurde in einem Küstenbadeort an Land gesetzt, wo ich einen Bus anhielt, der mich nach London brachte. Gerade als ich ins Theater gestürmt kam, war Hoffman mit seiner Vorstellung zu Ende. Immerhin kam ich noch rechtzeitig zu dem Abendessen.

Der größte Teil meines Traums handelte von meiner Frisur – dieser sonderbaren Kombination von weiß (alt), blond (modisch) und Pony (jung). Ähnlich verhielt es sich mit der Zuammenstellung meiner Kleidung – ausgefallen, lässig, kurz, glanzvoll, clever. Der Traum hatte als Thema die Auswahl. Er wollte mir sagen, daß es noch nicht zu spät sei, umzukehren oder die Richtung zu ändern. Sein zweites Thema war meine noch unsichere Persönlichkeit, die ich erst Stück für Stück zusammenbaute.

Auf der langen Reise durch die Trauer erreichen Sie bestimmte Wendepunkte. Jedesmal, wenn Sie sich hinauswagen, »Angst haben und sich trotzdem trauen« (die Formulierung stammt aus einem bewundernswerten Buch), werden Sie stärker. Zwei Reisen, die ich unternahm, nach Rußland und nach Israel, sind gute Beispiele dafür.

Ich hatte Angst vor dem Besuch in Rußland, allein, mitten im Winter und dazu in meinem labilen Gemütszustand. Mich plagten Hunderte unausgesprochener Befürchtungen. Ich machte mir Gedanken um das Essen, das Trinkwasser, die Sprache, die schleppende Bürokratie und die Kälte. Doch zugleich war ich ungeheuer aufgeregt. Mit 13 hatte ich zum erstenmal *Krieg und Frieden* gelesen, und seitdem sehnte ich mich danach, den Geburtsort meines Großvaters zu besuchen. Als ich daher ein Jahr nach Jacques' Tod eine offizielle Einladung zum ersten Leningrader Dokumentarfilm-Festival erhielt, fand ich es richtig, hinzureisen, obgleich ich mir Rußland so düster und winterlich vorstellte, wie meine eigenen Gefühle zu dieser Zeit waren.

Es stellte sich jedoch heraus, daß die beiden Wochen, die ich dort verbrachte, zu den erfreulichsten und erlebnisreichsten meines Lebens zählten. Es war die Zeit des »Perestrojka-Fiebers«, und ich fühlte mich dem Volk sofort verbunden. Und tatsächlich hatte ich auch das Gefühl einer »Heimkehr«. Als ich nach England zurückkam, hatte ich einige Erlebnisse gehabt, die mich in meinem Innersten berührten. Meine ganze Einstellung hatte sich geändert. Wenn ich die Menschen auf den Straßen und im Supermarkt sah, dachte ich an den grauen Schmutz, den ich in Rußland gesehen hatte, und nun erschien mir hier alles hundertmal bunter und reicher. Ich erkannte, daß ich das Leben einer Privilegierten führte, denn ich konnte unter Hunderten verschiedener Nahrungsmittel und anderer Waren wählen. Doch zugleich vermißte ich die Wärme und Großzügigkeit, die ich in Rußland erfahren hatte – Wärme und Großzügigkeit, die nur in Mangel und Entbehrung gedeiht. Das übte eine tiefe Wirkung auf mich aus – und ich bin überzeugt, es trug dazu bei, daß ich mit vielen Aspekten meiner Vergangenheit besser zurechtkam.

Die Trauer um meinen Vater hatte ich noch nachzuholen. Meine Reise nach Rußland erleichterte mir das. Ich hatte diese Trauer praktisch auf die lange Bank geschoben, weil ich seelisch schon überbelastet war und man um Eltern ganz anders trauert als um einen Partner. Bei seinem Tod trauert man um den Verlust der gemeinsamen *Zukunft*, bei Eltern um Vergangenes. Bei einem Ehepartner hat man – wie auch immer die Beziehung war – eine gemeinsam verbrachte Zeit zu bewältigen, die zudem nicht lange zurückliegt. Bei Eltern muß man viel weiter in die Vergangenheit zurückgehen. Trotzdem kann die Beziehung zu einem Vater unvollkommen gewesen sein, wie in meinem Fall, denn als Kind hatte ich ihn selten genug gesehen. So betrachtet, hatte ich die Trauer um eine Beziehung nachzuholen, die zu Anfang überhaupt nicht bestanden hatte, obwohl ich das nicht wahrhaben wollte.

Er war in einer osteuropäischen Chassidenfamilie geboren worden. Doch hatte er als Soldat in den Kriegsjahren liberalere Ansichten angenommen. Auch meine Mutter war nicht ausgesprochen religiös. Deshalb war es für uns alle eine Überraschung, als mein Vater Anfang der 50er

Jahre beschloß, zu seinen chassidischen Wurzeln zurückzukehren. Meine Mutter entsinnt sich, daß es bei den größten Streits im Haus immer um die Religion gegangen war. Als ältestes Kind mußte ich die Hauptlast dieser Spannungen tragen. Gefühlsmäßig zog mich die mystische Seite des chassidischen Glaubens zwar an, doch stellte ich ihn schon recht früh auch in Frage, was meinen Vater besonders gegen seine Tochter aufbrachte. Manchmal sah er sich sogar genötigt, mich in meinem Zimmer einzuschließen, damit ich nicht am Vorabend des Sabbath zum Ballett oder zur Probe eines Theaterstücks in der Schule ging!

Sein Verhalten mir gegenüber war ausgesprochen zwiespältig. Einerseits war er stolz auf mich, dabei aber sehr kritisch eingestellt. Wenn ich ihm ein Zeugnis mit glatten Einsern in jedem Fach außer Handschrift und Leibesübungen zeigte, dann fragte er: »Und warum nur eine Zwei plus für Handschrift?« Andererseits verrät sein Tagebuch, daß er an meiner wachsenden geistigen Unabhängigkeit fast verzweifelte, denn er hatte von mir die für Mädchen traditionelle Fügsamkeit erwartet. Mit vielen anderen Vätern hatte er gemeinsam, daß er nichts davon hielt, mich zu loben. So hatten unsere Gespräche vornehmlich Negatives zum Thema: kritische Bemerkungen über meine Frisur oder meine Selbstsucht und Rücksichtslosigkeit zu anderen. Dabei weiß ich, daß er sich vor Freunden mit meinen Leistungen brüstete. Nur ich erhielt viel zu selten von ihm ein lobendes Wort oder ein Kompliment. Unnötig zu sagen, daß dies mein Selbstbewußtsein nicht gerade hob.

Nach seinem Tod versuchte ich verzweifelt, mir Szenen ins Gedächtnis zu rufen, in der wir zärtlich und liebevoll miteinander umgegangen waren. Anfangs fiel mir kaum etwas derartiges ein. Statt dessen erinnerte ich mich an Wortgefechte, an Geschrei und schlechte Behandlung.

Unmittelbar nach seinem Tod konnte ich mich an sehr wenige positive oder tröstliche Vorfälle erinnern. Schon das stimmte mich tief traurig. Ich hatte noch im Ohr, wie er mir gesagt hatte, mit meinen langen Haaren sähe ich wie eine »Hexe« aus. Oder wie er mich als 16jährige anschnauzte und verlangte, ich solle »das Schwarze« um die Augen wegmachen. Mir fiel der Satz ein: »Du zählst überhaupt nicht, es sind andere Menschen, die Gewicht haben.« Am Morgen nach seinem Tode fragte ich meine Mutter weinend: »Warum bin ich nie Daddys kleines Mädchen gewesen?« Nichts konnte mich trösten.

Heute hat sich das gemildert, und ich denke mit Rührung an die Sonntagnachmittags-Familienausflüge zurück. Dann trug er ausgebeulte Shorts wie ein Pfadfinderführer, manchmal auch im Winter, und fuhr uns mit aufgeklapptem Verdeck nach Box Hill, Dorking, seinem Lieblingsort. Auf der ganzen Fahrt sang er Lieder. Der Wagen war ein Singer, und der Motor fing oft Feuer, was jedem einen Schreck einjagte. Doch er nannte ihn unbeirrt den »besten Wagen, der auf den Straßen zu finden ist.« Wenn nicht Box Hill, dann war Southend-on-Sea unser Ausflugsziel. Dort besuchten wir den großen Vergnügungspark, den Kursaal, spazierten über die Promenade und aßen Zuckerwatte. Auf dem Rückweg durch Ost-London hielten wir oft bei Tubby Isaacs und kauften Fisch mit Pommes frites und große Mengen eingelegter Zwiebeln und Gurken, die mein Vater als »lecker« bezeichnete.

Heute weiß ich, daß er wie viele Männer mit lässigem Auftreten in Wirklichkeit ein sehr schüchterner Mensch war, das heißt, in privaten Angelegenheiten. Merkwürdigerweise hatte er nicht die geringsten Hemmungen, in einem Nachtklub als erster der Aufforderung einer Bauchtänzerin nachzukommen, mit ihr zu tanzen, oder meine Mutter im Ballsaal beim Tango zu schwenken. Er war sehr gefühlsbetont. Aber seine Gefühle konnten ebensogut in Zorn und Verzweiflung umschlagen wie in Zuneigung. Jetzt habe ich für seine Fehler mehr Verständnis.

In seinen letzten Lebensjahren brachte er es fertig, noch ein Buch zu schreiben – eine Art Familiengeschichte. »Alle meine Kinder schreiben«, sagte er, »warum ich nicht?« Erst nach drei Jahren wagte ich wieder einen Blick in das getippte Manuskript. Und jetzt bewahre ich es wegen seiner hübsch ausgeschmückten und idealisierenden Schilderungen wie einen Schatz auf. Sogar die grammatikalischen und orthographischen Fehler finde ich liebenswert. Nun kann ich seine Kämpfe, seine Kriegserlebnisse und seine Fehlschläge besser verstehen. Vieles geht darauf zurück,daß er zur zweiten Generation von Einwanderern gehörte. Und endlich gelingt es mir auch, mir einige zärtliche Augenblicke mit ihm zurückzurufen, wenn er seine Anforderungen an mich mal außer acht ließ und ein freundlicher Mensch wurde. Ich wünschte, es wäre öfter geschehen. Aber welches Kind wünscht das nicht?

Wenn ich jedes Jahr eine Kerze zur Erinnerung an meinen Vater entzündete, bin ich nicht mehr so tief verwundet wie bei seinem plötzlichen, viel zu frühen Tod. Damals war ich so schockiert, daß unmittelbar danach mein rechter Arm taub wurde und ich glaubte, auch einen Herzanfall erlitten zu haben. Ich nahm an seiner Shiva teil. Da wußte ich schon, daß Jacques krank war, hatte aber noch kaum eine Vorstellung, wie sich das entwickeln würde. Der Tod meines Vaters bewirkte, daß ich mich wie ein Kind zurückzog. Ich weiß noch, daß ich wieder mit meinem Panda-Bären ins Bett ging. Und daß Jacques wieder und wieder meine »gelähmte« Hand streichelte, obgleich er sich selber entsetzlich elend fühlte. Und daß ich versuchte, durch Stickerei auf andere Gedanken zu kommen. Ich mußte meine Trauer um meinen Vater verschieben, bis die richtige Zeit dafür war. Dann fing ich an, mich an die schöneren Dinge zu erinnern.

Seltsamerweise begann diese echte Trauer um ihn während meiner Reise nach Leningrad. Oder vielleicht war das auch logisch. Wenn ich die Newsky-Allee entlangging oder durch die Moskauer Gegend fuhr, erinnerte mich auf einmal alles an meinen Vater. Bis dahin hatte ich nicht bemerkt, wie sehr seine Persönlichkeit und sein Lebensstil von Osteuropa geprägt waren. Erst als ich Lebensmittel sah, die mir sonderbar bekannt vorkamen – Heringe, Schwarzbrot und eingelegte Gurken – begann ich über diese Mixtur von Kulturen und Sitten nachzudenken, die er mir vermacht hatte.

Eines Vormittags saß ich im Zuschauersaal des Kirow-Theaters anläßlich einer Ballettprobe der Ballerina Natalia Makarowa. Sie war zum erstenmal nach 19 Jahren in ihre Heimatstadt zurückgekehrt, um unter der Schirmherrschaft der Festivalleitung einen Ballettabend zu geben. Während ich dort in dieser glänzenden Umgebung den historischen Augenblick genoß, überschwemmten mich plötzlich alle Erinnerungen an meinen Vater. Zum erstenmal hatte ich das Gefühl, sein Wesen begriffen zu haben. So etwas konnte nur in Rußland geschehen. Es war, als müsse ich erst an einen weit entfernten Ort reisen, der unterbewußt mit meiner Kindheit verbunden war, um auf solche Gedanken zu kommen. Sie übten eine beruhigende Wirkung aus, und von nun an hatte ich freundlichere Erinnerungen an ihn.

Auch die Reise nach Israel – zuerst einige Tage in dem Seebad Elat und dann die Hochzeit eines Angehörigen, zu der ich nach Haifa fuhr – hatte mit meiner Identität zu tun, mit dem Bedürfnis, meine Wurzeln kennenzulernen. Auch sie hatte eine heilende Wirkung, allerdings in geringerem

Maße. Es war ein Neffe Jacques', der heiratete, und ich nahm an den Feierlichkeiten als Vertreterin der Familie Kupfermann teil. Ich hatte eine neue Verantwortung übernommen: die Rolle einer »Botschafterin«. Die Familie wurde durch den Tod einiger Mitglieder kleiner, und die Überlebenden mußten zusätzliche Aufgaben übernehmen. Dazu gehörte auch die Teilnahme an Hochzeiten im Ausland, denn die Familie war weitverzweigt, unter anderem mit »Filialen« in New York, Paris, Sydney und Zürich.

Dieser Tagebuchauszug zeigt den Fortschritt, den ich gemacht hatte:

> Zwei Jahre und einen Monat nach Jacques' Tod sitze ich hier und schaue auf eine flimmernde Oase. Elat besteht nur aus Sand, Meer und Felsen. Rundherum ist Wüste. Die Wüste paßt zu meiner Stimmung – karg, einfach, trocken, aber klar und voller Licht. Die Palmen sind für mich ein Symbol meines eigenen Gemütszustands: der Kopf umweht von starken, kalten Wüstenwinden (saubere, trockene Luft durchpustet den Geist), die Wurzeln tief im Boden, aus dem sie das Wasser saugen. Zwei Jahre danach, und ich kann den Kopf wieder oben tragen. Ich ertrage die starken Winde. Die Menschen bemerken meine neugewonnene Gelassenheit und sagen es mir. Nur wenige ahnen, wie schwer ich sie mir erkämpft habe. Es war ein Vorgang, der in Etappen ablief: eine Zeit der angstvollen Spannung und der quälend harten Arbeit, gefolgt von erzwungener Erholung, erneuter Selbstprüfung und neugefundenen Möglichkeiten, die Probleme zu lösen.
>
> Dies war der erste Urlaub, den ich wieder mit leichtem Herzen machte. Sogar Heiterkeit überkam mich. Zum erstenmal wollte ich entschlossen die schweren Bürden

der Vergangenheit abschütteln. Eine Sitzung mit einem Berater hatte mir die Augen geöffnet. Ich war an einem Kreuzweg angelangt und hatte alle möglichen wichtigen Entscheidungen zu treffen, die meine Arbeit, mein Haus und die Zukunft meiner Kinder betrafen, und geistig steckte ich in einer Sackgasse.

Eine Woche ruhiger, einfacher Freuden in der Wüste war genau das richtige, um mir Kraft und Entschlossenheit zu schenken. Tagsüber spielte ich Tischtennis und sonnte mich. Abends speiste ich und tanzte Lambada mit einem freundlichen texanischen Geschäftsmann, der mir angeboten hatte, mein ritterlicher »Bewacher« zu sein. Beim Tischtennis gewann ich etwas von meiner alten mädchenhaften Energie zurück. Seit Jahren hatte ich keinen Schläger mehr in der Hand gehabt. Doch zu meiner Überraschung spielte ich noch ganz gut. Ich hüpfte umher, versuchte, Rückhandschmetterbälle anzubringen und spürte wieder den alten Lebensfunken in mir. Ich kann jedem, der seinen »Angriffsgeist« verloren hat, so ein anspruchsloses Spiel wie Tischtennis nur empfehlen, das allerdings Geschicklichkeit und Energie verlangt. Erstaunlich, was einige Siege am Pingpong-Tisch bewirken können!

Wenn ich den Lambada mit seinen sinnlichen, ja, sogar ausgesprochen sexuellen Bewegungen tanzte, wurde ich fast wieder zu dem jungen Mädchen, das nächtelang Jive, Cha-Cha-Cha und Twist getanzt hatte. Ich war immer ins Tanzen verliebt gewesen – und es gab für mich kaum Enttäuschenderes, als anderen Leuten auf der Tanzfläche zusehen zu müssen und selbst keinen Partner zu haben. Jetzt war ich in der glücklichen Lage, einen charmanten und vorzeigbaren Partner zu haben, der genauso gern tanzte wie ich. Genau dafür war ich ihm dankbar und dafür, daß er nichts von mir verlangte, das ich ihm nicht hätte geben können.

Auf dieser Reise fühlte ich mich ganz anders als auf denen, die ich in den zwei Jahren davor unternommen hatte. Selbst auf den Flughäfen kam ich jetzt zurecht. Das Kofferschleppen war bis dahin immer ein Alptraum für mich gewesen. Ich hatte mich vor den langen Schlangen an den Schaltern gefürchtet und vor den Mühen, die es kostete, erst einmal dort hinzukommen. Jetzt hatte ich auch nicht mehr so viel Angst vor dem Fliegen. Irgend etwas war mit mir geschehen. Ich hatte eine unsichtbare Hürde übersprungen.

Richtig trauern bedeutet auch, Erinnerungsstätten wieder aufzusuchen und alte Gespenster zu bannen. Dazu gehören Jahrestage, die schmerzliche Erinnerungen wachrufen, gemeinsam gemachte Fahrten und Reisen, die man jetzt solo unternehmen muß. Manche Witwen suchen mit voller Absicht die Stätten auf, an denen sie früher gern mit ihrem Partner gewesen waren. So eine war ich. Erst als ich alle diese vertrauten Wege einmal allein zurückgelegt hatte – zwischen Cornwall und Woodstock, wo wir in den ersten Ehejahren gewohnt hatten – wurde ich mit den Gefühlen fertig, die diese Orte heraufbeschworen. Andere ziehen es vor, solchen Orten fernzubleiben. Ich weiß nicht, ob es eine allgemeinverbindliche »richtige« Lösung gibt. Bei mir war es jedenfalls so, daß ich alles noch einmal an Ort und Stelle in Gedanken wiedererleben mußte, bevor diese Erinnerung allen Schrecken und jede Traurigkeit verlor. Danach konnte ich mit guten Gefühlen daran zurückdenken.

Fuchsia Cottage verkörperte für mich sehr stark Jacques. Doch als ich an dem Tag, an dem wir Silberhochzeit gefeiert hätten, nach Cornwall fuhr, war ich froh, Reisegesellschaft zu haben. Diese beiden Tagebuchauszüge beschreiben meine Gefühle auf langen, einsamen Bahnreisen und an dem gefürchteten 25jährigen Hochzeitstag im Ferienhaus.

Nie fühle ich mich einsamer als auf Flughäfen und in Eisenbahnzügen, vornehmlich in dem Zug »Cornish Riviera«, in dem ich nach Bodmin Parkway fahre. Die Menschen, die diesen Zug benutzen, oft Urlauber, sind besonders freundlich, und ich verwickle sie immer in ein Gespräch. Es ist, als fühlte ich mich verpflichtet, ihnen mein Herz auszuschütten. Wenn danach der Zug auf dem Bahnhof einrollt und mich die Erinnerung an alle diese Sommer überfällt, tut es weniger weh.

Ich habe viel Glück mit meinen Begegnungen in Zügen. Es sieht so aus, als zöge ich immer die interessantesten Leute an. Jacques hat mich oft damit aufgezogen. Er behauptete, er säße im Zug stets einem sauertöpfisch blickenden Beamten gegenüber, der sich in seiner Zeitung vergräbt. Bei dieser Gelegenheit fuhren mehrere erfreuliche Menschen mit mir nach Plymouth, wo fast alle ausstiegen. Da war eine junge Mutter mit einem hinreißenden Säugling, der wie ein Engel von Botticelli aussah. Wenn ich auf so einer einsamen Reise ein schönes Kind sehe, freue ich mich jedesmal, weil es so lebenssprühend auf mich wirkt oder mich an das Kind erinnert, das noch in mir steckt. Und da war ein junger Lieutenant der Marineinfanterie, der von der Isle of Mull kam. Der junge Lieutenant versprach mir, mich in Cornwall zu besuchen und nahm mich durch seine tadellos höflichen und freundlichen Manieren für sich ein.

Am Tag, an dem wir Silberhochzeit gefeiert hätten:

Ein Tag, vor dem ich mich gefürchtet hatte. Der junge Lieutenant, den ich im Zug kennengelernt hatte, hielt sein Wort und kam nach Fuchsia Cottage. Er war lebhaft, voller Energie und dabei erstaunlich sanft und verständnisvoll. Wir wanderten über die Felsen am Port Quin, und ich war ganz überrascht, als der 1,92 m große Mann darauf bestand, meine Handtasche zu tragen, weil ich kläglich hinter ihm herstolperte, während er mühelos die Steigungen erklomm. Außerdem reparierte er meine altersschwache Haustür. Bis dahin hatte ich sie nachts nie abschließen können, aus Angst, ich würde sie nicht mehr aufkriegen. Er kam auf eine gute Idee. Auf seinen Rat borgte ich mir von den Nachbarn einen Dübel. Ich weiß nicht, wofür sie den hochaufgeschossenen, blonden jungen Mann hielten, der meine Vortreppe hinaufsprang. Es war mir auch gleichgültig. Ich war so zufrieden, daß ich an diesem besonderen Tag Gesellschaft hatte.

Meine Jugendfreundin Jackie, die einen Tag vor uns geheiratet und eben ihre Silberhochzeit gefeiert hatte, schickte mir einen schönen Blumenstrauß ins Ferienhaus. Ich stellte die Blumen, in verschiedenen Nuancen von Rosarot, in den kobaltblauen Krug, den ich so gern mag, brachte sie auf meinen Frisiertisch aus Kiefernholz und schaute sie unentwegt an. Ich war gar nicht so traurig, wie ich aussah. Denn während ich auf meinen Besucher wartete und Vorbereitungen traf, war ich beinahe aufgeregt. Ich fühlte, daß ich zur Abwechslung mal wieder etwas Positives tat.

Wenn Sie sich in Ihre neue Rolle in der Gesellschaft einzufinden haben, müssen Sie vor allem lernen, die Dinge neu zu sehen und zu erfassen. Ich kann natürlich nicht für Frauen sprechen, die mit Männern in anderen Berufen oder Stellungen verheiratet waren. Aber mir wurde erst nach Jacques' Tod so richtig klar, wie sehr ich mich daran gewöhnt hatte, die Frau eines Künstlers zu sein, wie viele seiner Auffassungen – hier besonders die visuellen – Einfluß auf mich genommen hatten. Ich sah nun auch die Jahreszeiten mit anderen Augen, wie es aus diesem Tagebuchauszug hervorgeht:

> Die Intensität meiner Traurigkeit wechselt mit den Jahreszeiten. Da ich die Hälfte meines Lebens die Frau eines Malers gewesen war, sah ich das wechselnde Bild der Landschaft vornehmlich aus seinen Augen, so wie er sie in seinen Gemälden dargestellt hatte. Vor allem der Herbst erinnert mich an ihn: wie er die braunen, roten und goldenen Farben der Bäume gemalt hatte, dieser Bäume, die für mich zu seinem Symbol geworden waren. Sogar der Himmel wurde ein Kupfermann-Himmel. Er lehrte mich, Licht und Schatten, Wolken und Sonnenstrahlen mit anderen Augen zu sehen. Wie könnte ich jetzt Bäume und Wolken betrachten, ohne an ihn zu denken! Gerade in diesem Jahr, wo ein ungewöhnlich schöner Spätsommer scharf ausgeprägte rote und gelbe Farben hervorbringt, fast wie im Indianersommer von Neu-England.
> Während unserer Ehe merken wir gar nicht, wie stark unser Partner unsere Sicht von den Dingen beeinflußt. Noch dazu, wenn er ein Künstler und ausgeprägter Augenmensch ist. Nach zwei Jahren sehe ich die Welt noch immer mit seinen Augen an. Aber jetzt fange ich selber zu malen an, und vielleicht werde ich dabei meine eigene Sicht entwickeln.

Das war kein Wunder, denn in all den Jahren, die wir zusammen verbrachten, hatte Jacques mit seinen Gemälden gelebt, geatmet und sogar »geschlafen«. Im Haus roch es stets nach Terpentin und frisch ausgedrückten Ölfarben. Oft war die Treppe voller Farbkleckse, Leinwände lehnten vorübergehend an Tischen und Stühlen, und er trug ständig Staffeleien hinauf und herunter. Bis zum heutigen Tag höre ich noch, wie der Fußboden im Atelier unter seinem Schritt knarrte, wo er dann wieder stundenlang dasaß und aus schmalen Augen auf eine leere Leinwand starrte. Wenn die Kinder ins Atelier wollten, klopften sie immer erst an, um ihn ja nicht in seiner fast wütenden Konzentration zu stören. Jacques' Konzentration ließ auch nicht nach, wenn er zum Abendessen herunterkam. Oft brachte er das angefangene Gemälde mit an den Tisch, stellte es vor sich auf und sah es während des Essens unverwandt an. Vor allem, wenn er gerade an einem »toten Punkt« angekommen war.

Künstlerfrauen müssen sich daran gewöhnen, daß sie ihren Mann mit einer »Geliebten« teilen, die eine viel tödlichere, rücksichtslosere Rivalin ist, als eine andere Frau es sein könnte. Manchmal sprach Jacques tagelang kein Wort. Nicht weil er schlechter Laune, sondern weil er so ins Malen vertieft war. Er wollte die Konzentration nicht verlieren. Für mich war das nicht immer einfach, denn ich bin von Haus aus ein gesprächiger Mensch. Aber schließlich fand ich mich damit ab. Kann sein, daß meine Forschungsarbeiten und Artikel mir über die Zeit hinweghalfen, in der sich Jacques so von der Welt abschloß. Manchmal erfaßte mich Unmut. Aber ich weiß auch, daß ich seine außergewöhnliche Konzentrationsfähigkeit bewunderte und ihn sogar darum beneidete. Wenn er ein Bild fertig hatte, bat er mich immer um eine ehrliche Kritik, und dann setzte wieder ein Dialog ein.

Ich hatte wirklich nicht wahrgenommen, daß ich im

Laufe der Jahre viele seiner Auffassungen, besonders was Landschaften und Himmelsansichten betrifft, übernommen hatte. Das gehört natürlich zu der gesellschaftlichen Realität, in die ein Ehepaar hineinwächst, und läßt sich nicht so einfach wieder abbauen. Jacques Bild von der Welt wird mich vermutlich noch viele Jahre beeinflussen.

Wenn man tastend nach seinem eigenen Weltbild sucht, muß man die Orte, Gegenstände und Ereignisse, die man gemeinsam gesehen und erlebt hat, gewissermaßen neutralisieren. Während man die alten Pfade abgeht, gilt es, sie mit einem neuen Sinn zu erfüllen. Der erste Schritt dazu wird sein, sie wieder so zu sehen, wie Sie *sie beide zusammen gesehen haben*. Danach erst können sie für Sie eine neue Bedeutung annehmen.

Bei mir hat es vier Jahre gedauert, bis ich angefangen habe, die Dinge mit meinen Augen zu sehen, und danach habe ich endlich zu malen angefangen. Jacques hat mir immer ans Herz gelegt, vor allem zu zeichnen. Er sagte, ich hätte einen guten Strich und es komme hauptsächlich darauf an, daß man *genau hinschaut*. Ich möchte gern mit dem Malen weitermachen, denn diese Tätigkeit eröffnet mir neue Ausdrucksmöglichkeiten und verbindet mich mit der Welt in einem Maße, wie es mir lange Zeit unmöglich war.

XIII

Der Kreis schließt sich

Ich habe entdeckt, daß intensive Trauer uns den Toten nicht näherbringt, sondern uns von ihnen fernhält.

C. S. Lewis, *Über die Trauer; 1961*

Zuerst hatte ich Schwierigkeiten, diesen Satz zu verstehen. Aber jetzt weiß ich genau, was C. S. Lewis gemeint hat. Erst wenn Sie Ihr Gleichgewicht wiedergefunden haben, den Anschluß ans Leben finden oder sich der Umwelt zugehörig fühlen, werden Sie dem geliebten Toten auf Dauer verbunden sein. Wenn ich zum Beispiel verbittert, zornig oder mit mir im Unfrieden bin, so ist Jacques mir weit entrückt. Ich fühle mich mehr denn je allein. Erst wenn ich zufrieden bin und mich über etwas freue, dann ist er mir nahe. Dann empfinde ich seinen Tod nicht mehr als Zäsur, als Verlust. Wenn auch Sie so empfinden, wissen Sie, daß die Heilung eingesetzt hat.

Viele Witwen sind verzweifelt, weil sie das Gesicht ihres verstorbenen Mannes nicht mehr vor ihrem geistigen Auge heraufbeschwören können, ganz besonders in der ersten Zeit. Ich habe sein Bild im ersten Jahr bewußt verdrängt, außer im Traum, weil meine letzten Erinnerungen an ihn nicht mehr den Mann, den ich gekannt habe, zeigten, sondern nur seine todgeweihte Hülle. Und ich wollte mich dieses erschreckenden Anblicks nicht erinnern. Jetzt endlich kann ich sein Bild wieder heraufbeschwören, so wie er ausgesehen hat, bevor die Krankheit zuschlug und bin dabei ruhig und heiter.

Ich kann sogar über seine Schwächen lächeln. Wie er sich immer geweigert hat, seine schiefstehenden Zähne richten zu lassen, oder was er für ein Theater um die ein, zwei dünneren Stellen in seinem sonst prächtigen Haarschopf gemacht hat. Als er älter wurde und seine Gesichtszüge feiner wurden, verlor er seine »Bogey«-Ähnlichkeit und sah eher wie der verstorbene Cellist Paul Tortelier aus. Vor kurzem sah ich die Fernsehsendung »Meisterklasse« von und mit Tortelier. Da war die Ähnlichkeit so unheimlich, daß ich förmlich Jacques' Gegenwart spürte.

Wenn Sie Ihren Kummer überwunden haben, merken Sie an vielen Dingen, daß der Verstorbene weiter in Ihnen lebt. Man nennt diesen Vorgang auch »einen Toten in sich aufnehmen«. Sie merken, daß der Mensch, den Sie verloren haben, weiterlebt – in Ihnen, in Ihren Kindern und überhaupt. Und vielleicht ist das der Punkt, an dem Sie ein gewisses Maß an heiterer Gelassenheit erreichen. Diese Gelassenheit kann sogar eintreten, wenn scheinbar ringsum das Chaos herrscht. Ich habe das ganz stark in der ersten Septemberwoche des Jahres 1989 erlebt.

Ich hatte gerade eine aufreibende Woche hinter mir. Was war da alles auf mich eingestürmt! Die üblichen frustrierenden Haushaltsprobleme wie fällige Rechnungen, Reparaturen, Schwierigkeiten mit den Kindern und dazu eine Fülle harter beruflicher Arbeiten. Außerdem hatte ich soeben erfahren, daß sich der Zustand meiner Freundin, die so tapfer gegen ihr Krebsleiden gekämpft hatte, auf einmal rapide verschlechtert hatte, so daß sie in ein Pflegeheim eingeliefert wurde. Das Herz wurde mir schwer.

Wir hatten einen langen, ungewöhnlich heißen Sommer mit wenig Regen hinter uns. Ich hatte eine Sonnenblume gezogen. Nur eine. Sie war mein ganzer Stolz, meine ganze Freude. Ich hatte allerdings mit einer ganzen Reihe angefangen. Aber die Blattläuse waren erbarmungslos und ließen mir nur die eine Sonnenblume, die so schnell wuchs wie eine Kletterbohne. Für mich war der Anblick wie ein Zauber, wie die Augen eines Porträts, die einem überallhin folgen. Ich konnte sie von meinem Schlafzimmerfenster und durchs Küchenfenster sehen. Sie öffnete sich zu einer golden strahlenden, struppigen Blüte. Während ihres Wachstums hatte ich zu ihr gesprochen, sie angespornt und ihr geschmeichelt. Nun konnte ich verstehen, warum die Menschen Bäche, Bäume und Steine verehrt hatten. Ich lobte sie täglich für ihre strahlende Schönheit. Für mich war sie ein göttliches Zeichen – ER war in meinem Garten und schenkte mir Hoffnung und Vertrauen in die Zukunft.

An einem Septembertag sagte mir jemand, ich müsse die Sonnenblume auf Papier verewigen, sie zeichnen oder malen. Seit Jahren hatte ich nicht mehr gemalt. In der Vergangenheit hatte Jacques mir sehr zureden müssen, damit ich es überhaupt tat. Und als er tot war, hatte ich diese Seite meines Ichs brachliegen lassen. Jetzt wußte ich, daß die Zeit dafür wieder reif war und setzte mich in den Garten, um die Sonnenblume zu skizzieren. Die ersten Striche waren noch zittrig. Doch allmählich kehrte mein Selbstvertrauen zurück, die Striche wurden sicherer, und das fertige Gemälde gefiel mir über alle Maßen. Es hatte mir das Gefühl gegeben, daß Jacques noch in mir lebte, mir zugeredet hatte, diese Seite meines Talents zu nutzen. Das machte mich sehr glücklich. Jetzt weiß ich, daß dies eine natürliche Phase der Tauerzeit ist. Wir müssen den Verstorbenen in uns »aufnehmen«.

Jeder tut das auf eine andere Art. Bei meiner Mutter war es die Gartenarbeit. Mein Vater war immer ein sehr eifriger Gärtner gewesen, meine Mutter nicht. Ihre Domäne war das Haus. Nachdem sie etwa ein Jahr lang die Rasenflächen und die Blumenbeete völlig vernachlässigt hatte, rief sie mich überraschend eines Tages an und sagte: »Weißt du was? Ich habe angefangen, im Garten zu arbeiten.« Sie hatte sich einen elektrischen Rasenmäher angeschafft und widmete sich nun einer Tätigkeit, die ihr ganz neu und fremd war. Ein Freund half ihr dabei. Mir fiel auf, daß der Beginn dieser Arbeit mit dem Todestag meines Vaters zusammenfiel.

So sehen wir, wie Witwen die ungewöhnlichsten Rollen übernehmen, von geschäftlicher Tätigkeit bis zum Bergsteigen. Ich kenne eine Witwe, deren Mann ein ausgesprochener Freiluftmensch gewesen war, während sie lieber mit einem Buch zu Hause blieb. Nach einem Jahr aber machte sie sich auf eine Wanderung zum Lake District auf und nahm danach an einem Kletterkurs teil – im Alter von 53 Jahren.

Für einige ist dieses »Aufnehmen« nur eine halbe Sache. Sie bringen für die neue Tätigkeit nur eine kurze Zeit lang Interesse auf, bis sie etwas finden, das ihnen mehr zusagt. Dann verkaufen sie vielleicht den Laden oder die Firma, mit denen sie sich halbherzig geplagt haben. Bei meiner Mutter war es so, daß sie gelegentlich einen Gärtner beschäftigte. Doch in jedem Fall signalisiert dieses »Aufnehmen« Genesung. Es ist cin Zeichen, daß der Tod wieder in den Strom des Lebens übergegangen ist.

Wenn ich auf die letzten Jahre zurückblicke, merke ich, daß meine Fortschritte in unregelmäßigen Sprüngen erfolgt sind, in der Hauptsache deshalb, weil ich mich nicht ändern wollte. Ich konnte mich erst dann ändern, als ich aus der Vergangenheit, aus den Ereignissen, die mich zu dem Menschen, der ich bin, gemacht haben, das letzte bißchen an Bedeutung herausgepreßt hatte. Ich glaube, aus diesem Grund fangen manche Menschen eine Psychoanalyse an. Ein plötzlicher Trauerfall hat in vieler Hinsicht die gleiche Wirkung wie eine gescheiterte Ehe oder Beziehung, die man innerlich verarbeiten muß. Nur daß Ihr einziger Führer Sie selber sind. Sie müssen sich selbst durch das Labyrinth Ihrer Vergangenheit hindurchführen. In den ersten Trauerjahren überfällt einen oft das Gefühl »wohin ist alles nur entschwunden?«. Dann gibt es nur eine Möglichkeit, sich davon zu befreien. Sie müssen zu den Erinnerungen zurückkehren, die das Gefühl in Ihnen hervorgerufen haben. Dieser Tagebucheintrag belegt das:

> Noch nach mehr als drei Jahren kann die Entdeckung eines alten Fotos oder Schriftstücks, das sich auf Jacques bezieht, bei mir wieder tiefe Traurigkeit hervorrufen. Meine Kinder wissen das genau. Eines Tages kam ich zu ihnen ins Zimmer und fand sie in einer Unterhaltung, die im Flüsterton einer Verschwörung geführt wurde. Rasch zogen sie sich über die Treppe nach oben zurück. Ich merkte, daß sie etwas vor mir verbergen wollten. Dieses Etwas waren Jacques' verblichene Entlassungspapiere aus der Army und ein Foto von uns, das uns auf der Hochzeitsreise zeigt. Wir überquerten auf der *Queen Mary* den Atlantik. Elias hatte im Keller einen Karton mit alten Papieren und Fotos gefunden, die feucht geworden waren und Schimmel angesetzt hatten. Er wollte sie trocknen und wiederaufbereiten. Er sagte, er habe sie aus Angst, ich könnte mich zu sehr aufregen, wenn ich sie zu Gesicht bekäme, vor mir versteckt.
>
> Dann sah ich die vergilbten Papiere und das Foto des jungen Paares am Speisetisch – Jacques mit dichten schwarzen Haaren und ich mit aufgesteckter Frisur der 60er Jahre, durch die ich gehofft hatte, meinem damaligen Idol Audrey Hepburn ähnlich zu sehen. Sofort fühlte

ich mich schrecklich vereinsamt und legte Fotos und Schriftstücke rasch in ein Schubfach. Selbst nach so langer Zeit war es einfach zu schmerzlich für mich, sie zu betrachten. »Wohin ist alles nur entschwunden?« Der Todesfall zwingt uns, die erstarrten Bilder aus der Vergangenheit anzusehen und uns wieder und wieder diese Frage zu stellen. Ich gerate leicht in Verzweiflung, wenn mich mein Gedächtnis im Stich läßt und ich mich nicht mehr an alle Einzelheiten einer Szene erinnern kann. Ich bilde mir ein, ich könnte mich an alles mit kristallklarer Genauigkeit erinnern. Doch in Wirklichkeit kann ich es gar nicht. Wer zum Beispiel war das ziemlich unangenehm aussehende, altmodisch gekleidete Paar mittleren Alters, das da mit uns am Speisetisch der *Queen Mary* saß? Wo habe ich das Kleid, das ich damals trug, gekauft, und welche Farbe hatte es? Dies war alles auf der Rückfahrt von unserer Hochzeitsreise. Und doch kann ich mich nur noch daran erinnern, daß wir uns den Luxus der 2. Klasse statt der 3. Klasse gegönnt hatten. Wir hatten Glück. Die 2. Klasse war überbucht, und so mußten sie uns in der 1. Klasse unterbringen. Dort hatten wir eine ganze Suite für uns, richtige Betten, und das Frühstück wurde uns auf einem riesigen Rolltablett serviert, auf dem die herrlichsten Speisen in hohen Silberterrinen angerichtet waren. Sonst weiß ich von dieser Reise nur noch, daß Jacques sich unterwegs in ein Buch vertiefte, das ich ihm gerade geschenkt hatte: *Die Blechtrommel* von Günter Grass. Wenn er ein Buch las, dann konzentrierte er sich vollkommen darauf. Ich habe noch heute die vage Erinnerung, daß ich damals wünschte, er würde *Die Blechtrommel* mal beiseitelegen und sich statt dessen mit mir unterhalten. Und wie unsicher und beklommen mir zumute war, wenn ich daran dachte, was der 22jährigen

Braut auf einem anderen Kontinent mit einem Mann, der praktisch ein Fremder für sie war, bevorstehen mochte ...

Vielleicht war dies die Einsamkeit, die mich überfiel, als ich das Foto betrachtete. Das Verlangen, die Uhr zurückzudrehen und alles noch einmal zu erleben, mag mit der Zeit geringer werden. Doch ganz vergeht es nie.

Wir alle neigen dazu, die Toten in einem idealen Licht zu sehen. Das gilt besonders für den ersten Schock nach dem Trauerfall. Manche ändern diese Einstellung nie. Dabei überdeckt sie oft nur ein Durcheinander zwiespältiger Empfindungen, Schuldgefühlen und sogar Groll. In mancher Hinsicht ist es sicherer, in den Toten Idealgestalten zu sehen. Auf diese Weise braucht man sich nie über die negativen Gefühle Rechenschaft abzulegen, die zu jeder Beziehung gehören. Besonders schwer fällt es einem, den Toten nicht zu idealisieren, wenn er nach langem Leiden und unter großen Schmerzen gestorben ist und einen heldenhaften Kampf geführt hat. Die Frage nach dem »Warum« des Leidens läßt alles andere verschwinden. »Er kämpfte bis zum Ende« – so lautete eine der Inschriften, die ich auf seinen Grabstein setzen ließ. Denn dieser Kampf war es damals, der für mich den ganzen Mann charakterisierte.

Es dauerte mindestens zwei Jahre, bis ich imstande war, auch über einige von Jacques' menschlichen Schwächen zu reden, ihn also als normalen Menschen zu sehen, trotz der Tatsache, daß manches an seinem Leben, seinem Talent und seinem Ende alles andere als normal war. Der Schock über seinen Tod, besonders das Gefühl, daß es unfair vom Schicksal gewesen sei, ihn niederzumähen, seines Lebens zu berauben, überdeckte lange Zeit alle anderen Gefühle. Das hatte zur Folge, daß ich unsere ganze Beziehung idealisierte. Dabei hatte sie wie alle langejährigen Beziehungen auch einige steinige Passagen durchgemacht.

Ein Grund dafür waren die finanziellen Schwierigkeiten eines »sterbenden Berufs«, obgleich Jacques in späteren Jahren auch gut verdiente. Andere gingen auf meine frühere Krankheit zurück, die unseren Haushalt schwer beeinträchtigt hatte. Wieder andere entstanden durch die Widersprüche, die sich zwangsläufig daraus ergeben, daß jemand als Künstler frei schaffen möchte, andererseits aber auch darauf zu achten hat, daß genügend Geld hereinkommt, um die fälligen Rechnungen zu bezahlen. »Künstler dürften gar nicht heiraten«, sagte er manchmal. Und doch wußte ich, welchen großen Wert er auf ein Heim, auf Familie und Sicherheit legte.

Vor allem aber lag immer eine gewisse Traurigkeit um Jacques. Sie war gleich zu Anfang dagewesen, noch vor unserer Heirat. Ich ahnte, wo sie herrührte: aus dem Verlust seiner Angehörigen im Holocaust, aus seinem Gefühl, nicht in der Lage gewesen zu sein, sie zu retten. Darüber aber wollte er nie sprechen. Ich spürte, daß er den Kummer über seine verlorene Kindheit tief in sich begraben hatte. Jacques verbarg seinen geheimen Kummer und hatte starke Mauern um sich errichtet. In gewissem Maß war das Malen ein Weg aus seiner Hölle. Aber da war noch vieles andere, mit dem er nie fertiggeworden war und worüber er sich nicht aussprechen wollte. Daraus waren manche Verständigungsschwierigkeiten nicht nur zwischen uns beiden, sondern auch zwischen ihm und den Kindern entstanden. Manchmal verbrachte er ganze Tage in tiefem Schweigen.

Heute weiß ich, daß Jacques sich niemals seiner eigenen »Trauerarbeit« unterzogen hat. Ich finde es traurig, daß ich das durch meine eigene Trauer erst jetzt verstehen kann: das lange Schweigen, das Sichabkapseln (zeitweilig schien er wie in Trance zu sein – selbst in einem Zimmer voller Menschen), das völlige Eintauchen in seinem Werk, die tief eingeschnittenen Gesichtsfalten. Das alles war Teil seiner schweigenden Traurigkeit, die er seit der Kindheit mit sich herumschleppte. Heute verstehe ich das. Damals konnte ich es noch nicht.

Es muß viele wie ihn geben. Es sind nicht nur die Überlebenden des Holocaust, sondern auch die Opfer anderer Tragödien, die diese schweigende Last der Trauer tragen. Erst durch meine Trauer um ihn konnte ich ihn verstehen. Wir sind alle mehr oder weniger Überlebende von Verlusten: dem Verlust unserer Kindheit, einer Hoffnung, eines Traums oder dem Tod eines geliebten Menschen. Wir leben mit so viel Angst und schweigend ertragenen Verlusten, daß wir manchmal einen großen Teil unserer Fähigkeit einbüßen, ein mutiges, erfülltes Leben in der Gegenwart zu führen. Doch wie soll man in diesen abgeschotteten und verletzlichen Bereich der Seele gelangen, da in unserer Kultur das Ausleben von Trauer über einen Verlust nicht gern gesehen wird?

Erst als ich in meinem Mann den wirklichen Menschen mit all seinen Fehlern sah, als ich aufhörte, ihn zu idealisieren, wurde der Wunsch, nach Wien zu reisen, in mir unüberwindlich stark. Es war die einzige Möglichkeit, den Kreis zu schließen.

Ich weiß jetzt, daß meine Ruhelosigkeit in den vergangenen dreieinhalb Jahren eine Art unterbewußter Suche nach meinem verlorenen Partner war, daß alles, was ich tat, vom endlosen Umhergehen in der Küche, dem dauernden Staubwischen bis zu meinem Herumreisen, auf die Qualen meines Kummers zurückzuführen ist, der, wie Colin Murray Parkes es in seinem Buch *Trauerfall* nennt, zu »unruhigem Sehnen« führt. Er versteht darunter die gefühlsmäßige Komponente des Drangs, nach einem verlorenen Objekt zu suchen, der bei allen Menschen vorhanden ist – und übrigens auch bei den Graugänsen. Ich muß zugeben, dies zu wissen, hat durchaus etwas Beruhigendes.

Ich wußte, es gab noch einen Ort auf der Welt, wo ich ihn finden könnte – oder zumindest das von ihm, was ich nicht ganz verstanden hatte. Ich hatte eine letzte Aufgabe zu erfüllen, bevor ich meine »Trauerarbeit« für abgeschlossen erklären konnte. Es war eine Aufgabe, die ich fast im Interesse von Jacques übernahm. Ich mußte nach Wien reisen und mich damit endlich der Stadt stellen, die ihn geformt und ihm so viel Leid zugefügt hatte. Ich hatte schon früher hinfahren wollen, es aber nicht fertiggebracht. Vorher mußte ich einen Punkt erreichen, von dem aus ich Jacques nicht nur als menschliches Wesen sehen, sondern auch seinen inneren Kern, die Ursache seiner Schwermut »aufbrechen« konnte. Ich meine den Kummer, den er mit sich herumtrug, der sich auch äußerlich in seiner etwas gebeugten Haltung zeigte. Ich wußte, es hing in irgendeiner Weise mit seinem Geburtsort, mit der Traurigkeit einer verlorenen, beschädigten Kindheit und einer durch die Nazi-Okkupation von Wien zerstörten Familie zusammen.

In allen Gesprächen mit mir hatte Jacques durchblicken lassen, daß er Wien nie vergessen hatte. Er erinnerte sich an die Entbehrungen, an den oft unterbrochenen Schulbesuch dieser Jahre und an die gelegentlichen Prügel, die er auf der Straße von Banden der Hitler-Jugend bezogen hatte. Aber die traumatischste Erinnerung von allen war, daß er 1940 mit einem der letzten Kinderzüge abreisen und sich auf eigene Faust zuerst nach Holland (das kurz davor stand, ebenfalls besetzt zu werden) und dann nach Amerika durchschlagen mußte.

Dort besaß er nur sehr entfernte Verwandte und litt deshalb nicht nur unter der Einsamkeit, die jeden Flüchtling befällt. Dazu kam die schreckliche Hilflosigkeit eines Kindes. Verzweifelt, aber vergeblich hatte er seine Verwandten zu überreden versucht, das Geld aufzutreiben, das seiner Ansicht nach nötig gewesen wäre, um seine Eltern freizukaufen. Den Rest seines Lebens hatte er immer den letzten tragischen Brief seiner Eltern bei sich. Darin flehten sie ihn, ein zwölfjähriges Kind, an, er solle versuchen, das Geld zu ihrer Rettung zusammenzubringen. Wir werden nie erfahren, ob diese Rettungsmöglichkeit überhaupt bestanden hatte. Jedenfalls war es ihm unmöglich gewesen, das Geld aufzubringen. Das hinterließ bei ihm das Schuldgefühl dessen, der als einziges Familienmitglied überlebt hat. Und schlimmer noch: Er glaubte, als Sohn versagt zu haben.

Sein Vater war als Autodidakt Rechtsanwalt und Erfinder, seine Mutter war Gouvernante eines entfernten Sprosses der österreichischen Kaiserfamilie gewesen. Er war mit Büchern, Poesie und Liebe zur Kunst und Schönheit aufgewachsen. Seine amerikanischen Verwandten hatten bei weitem nicht diesen kulturellen Hintergrund oder diese Bildung aufzuweisen. Er sah in ihnen Spießer, die ihn als zweitklassigen Bürger behandelten und ihn spüren ließen, wie unwillkommen er ihnen war, ein weiteres hungriges Maul, das sie durchfüttern mußten. Das schlimmste war, daß sie für sein künstlerisches Talent und seinen Ehrgeiz auf diesem Gebiete kaum Achtung oder Verständnis zeigten. Sie hielten ihn von der Welt Goethes und Schillers fern, in der er aufgewachsen war. Auch wenn Jacques die Stadt später mit Verachtung strafte, so war er doch deutlich ein Kind Wiens jener Tage, das vor dem »Anschluß« eine glitzernde Brutstätte intellektueller und künstlerischer Betätigung gewesen war.

Bei Kriegsende reiste er für kurze Zeit nach Wien und

versuchte zu ermitteln, was aus seinen Eltern geworden war. In der Stadt seiner Kindheit fand er heraus, daß Nachbarn sie denunziert hatten, worauf sie deportiert worden waren. Doch wohin – nämlich den Namen des Konzentrationslagers – erfuhr er erst in den 80er Jahren durch amtliche Suchstellen. Als er diese Nachricht erhielt, war sein erster Gedanke, wie er zugab, »loszugehen und so viele Nazis zu töten, wie er finden konnte«. Das hat er natürlich nicht getan. Doch seine Wut und dieser instinktive Gedanke ließen ihn nie mehr los. Das zeigte sich vor allem in seiner Verachtung für den zuckersüßen Charme der Wiener.

Nach dieser traumatischen Reise hatte er Wien nie wieder besucht. Sein ganzes Leben lang sprach er immer wieder über den boshaften antisemitischen Zug im Charakter des typischen Wieners der unteren Mittelklasse. Er habe nicht den Wunsch, sagte er, noch einmal die Prachtbauten zu besichtigen oder die Wiener Sängerknaben zu hören. Er wüßte ja, was darunter verborgen liegt. Aus demselben Grund weigerte er sich, deutsch zu sprechen. Nur gelegentlich schrieb er an seine wenigen deutschsprechenden Verwandten, die noch in der Schweiz lebten.

Später versöhnte er sich dennoch mit Deutschland und malte ein Porträt eines der größten deutschen Brauereibesitzer. Doch von Österreich wollte er weiterhin nichts wissen. Allerdings blieb in all der Zeit, die ich ihn kannte, seine Wiener Erziehung unverkennbar. In seiner Liebe zu Beethoven und Goethe, doch noch stärker in seiner Vorliebe für gewisse Speisen: Pflaumenklöße, Apfelstrudel und anderes Gebäck und alles, was mit viel Butter gebraten wird. Er erzählte auch vom Wienerwald, wo er zum Naturliebhaber geworden war, vom Prater, von der Schule, die er besucht hatte, und seinen häufigen Besuchen im Museum für Naturgeschichte – als Junge wollte er Naturwissenschaftler werden.

Ich bedauerte es, daß wir nie zusammen nach Wien gereist waren, um uns gemeinsam seiner Vergangenheit zu stellen. Nach seinem Tod entdeckte ich ein kleines, zerfleddertes Fotoalbum mit Ansichten von Wien aus der Kriegszeit, das er immer bei sich gehabt hatte. Dort gab es Bilder von der Straße, in der er gewohnt hatte, vom Riesenrad im Prater, dem Stephansdom und anderen Sehenswürdigkeiten. Als ich sie betrachtete, spürte ich etwas von dem kleinen Jungen, der er einmal gewesen war, und seiner Suche nach einem sicheren Ort bei Kriegsende. Mir wurde klar, daß ich mich nie von Jacques' Schmerz über den Verlust seiner Kindheit und seiner Familie befreien könnte, wenn ich nicht nach Wien reiste und mich diesen Gespenstern stellte.

Alle Juden tragen diese doppelte Trauerlast. Wir werden damit geboren, mit der Trauer über die sechs Millionen Toten der Nazi-Zeit. Dies würde die allerletzte Phase meiner Trauerzeit werden. Ich wußte, wenn ich sie bewältigt hätte, würde ich wieder ganz zum Leben und der Gegenwart zurückkehren können, wie es die jüdische Religion ja vorschreibt.

Im Grunde meines Herzens fürchtete ich mich zwar vor der Reise, fand aber auch verschiedene andere Gründe, warum ich sie unternehmen mußte. Das Jahr stand im Zeichen der 200jährigen Wiederkehr von Mozarts Todestag. Ich dachte, das würde mir die bittere Pille etwas versüßen, und gab mir Mühe, mich auf ein, zwei Konzertbesuche zu freuen. Ich wollte Mozarts Haus und die Jagdhütte in Mayerling besuchen. Doch ich vergaß nie den wahren Zweck meiner Reise, der ganz etwas anderes war.

Als sich der Abreisetag näherte, überkam mich wieder schreckliche Angst. Tags zuvor hatte ich nämlich beim Einkaufen einen Panikanfall erlitten – Atemnot und Schwindelgefühle. Man warnte mich, ich könnte einen ähnlichen Anfall im Flugzeug bekommen (und vor dem Fliegen habe ich immer ein mulmiges Gefühl, auch wenn es mir glänzend geht) oder in Wien selbst. Was sollte ich tun, wenn mir in der fremden Stadt die Knie weich wurden, wenn mir eine Ohnmacht drohte? Inzwischen hatte ich in einem kleinen, aber gemütlichen Hotel, dem »Beethoven« im Stadtzentrum, gebucht. Und mein Programm stand fest: Ich wollte die Straße finden, in der Jacques als Kind gewohnt hatte und sie entlanggehen, in den Wienerwald fahren, den Prater besuchen, mit dem Riesenrad fahren und einige der anderen Sehenswürdigkeiten auf seinen Fotos besuchen.

Es war eine merkwürdige Reise. Die Maschine war voller Menschen, die andere, harmlosere Pläne hatten. Sie wollten in Wien nur eine schöne Zeit verbringen, den Glanz der Kaiserstadt genießen, in Konzerte gehen, essen, trinken und in Grinzing fröhlich sein. Woher sollten sie etwas von der seelischen Last ahnen, die mich bedrückte? Wie sollten sie den Zweck meiner Reise vermuten? Einigen freundlichen Mitfliegern, die sich nach meinen Plänen erkundigten, erklärte ich höflich, ich unternähme eine »Erinnerungs-Reise«. Doch in dem romantischen Sinne, den man gemeinhin mit diesem Begriff verbindet, traf das nicht zu. Mich trieb nicht die Sehnsucht. Vielmehr waren es unerlöste Bitterkeit und Haß. Wie sollte ich ihnen diese Gefühle erklären? Meine Reise nach Wien war ja eher eine Reise in eine böse Vergangenheit. Ich würde den Nazis von Angesicht zu Angesicht begegnen. Ich wollte die Stadt nicht liebgewinnen, sondern sie hassen.

Als wir landeten, war der Himmel voll düsterer Wolken, und die Donau sah schmutzig graubraun aus. Das machte mir wenig aus, denn es paßte ja zu meiner Stimmung. Ich stieg im Hotel ab und ging dann über die Straße, um in einem typischen Wiener Kaffeehaus eine Kleinigkeit zu essen. Drinnen saßen leicht schäbige Typen hinter großen Ständern voller Zeitungen. Ich meinte, eine Stärkung für die bevorstehende Aufgabe zu brauchen und bestellte ein Omelette.

Dann nahm ich ein Taxi zum VI. Bezirk. Jacques hatte dort in der Erdebergstraße gewohnt. Ich hatte nur die alten, 1945 aufgenommenen Fotos zur Orientierung bei mir, und offenbar war hier vieles neugebaut worden. Dann fing es auch noch an zu regnen, und es wurde schnell dunkel. Ich spannte den Regenschirm auf und ging einmal durch die ganze Straße. Aufmerksam betrachtete ich jeden Hauseingang und die Fassade jedes alten Hauses, das noch stand. Würde ich das Haus wiederfinden? Es war, als wanderte ich in der Zeit zurück, und einen Augenblick erfaßte mich tatsächlich Panik. Meine Knie gaben nach, und mein Herz begann heftig zu schlagen.

Was erwartete ich denn zu sehen? Daß Jacques' Geist irgendwo aus einem Hausflur erschiene? Ich weiß es wirklich nicht. Ich weiß nur, daß ich die Atmosphäre dieser Straße in mich aufnehmen wollte. Dazu mußte ich über dasselbe Straßenpflaster gehen, über das er als Junge gelaufen war. Ich erkannte, daß es nicht mehr die alten Läden und Kaffeehäuser sein konnten. Immerhin existierten noch einige alte Enklaven, die ich nach den Fotos wiedererkannte. Ich sah sie mir alle genau an. Plötzlich kam ich an ein sehr altes Gebäude. Es war der Kindergarten des Bezirks. Es mußte der Kindergarten sein, den auch Jacques besucht hatte. Also ging ich hinein. Mich beschlich ein sehr seltsames Gefühl, als ich die schwere, eisenbeschlagene Holztür aufstieß und in der ärmlichen Eingangshalle stand, wo sich noch einige Kinder aufhielten. Ja, hier fühlte ich intensiv die Gegenwart jenes unglücklichen Kindes.

Das gleiche Gefühl hatte ich am nächsten Tag, als ich

im höhlenartigen Eingang zum Museum für Naturgeschichte stand. Ich warf einen kurzen Blick auf die Fossilien und rekonstruierten Dinosaurier, die Jacques als Kind auch gesehen haben mußte. Das Wien, das ich aufsuchte, unterschied sich stark von dem Wien, das die anderen Touristen von meinem Charterflug genossen. Sie schwelgten in der glanzvollen Pracht des Schlosses Schönbrunn oder des Belvedere. Auch ich erlebte die großartigen Barockbauten des Opernhauses, der Theater, Konzerthallen und Paläste. Auch ich aß bei Sacher Schokoladentorte und besuchte Mayerling, einen ziemlich düsteren, enttäuschenden Ort. Aber als ich im Riesenrad des Praters fuhr, dachte ich weniger an den Rundblick, der sich hier bot, als an das Kind, das hier in den 30er Jahren sein Vergnügen gesucht hatte.

Auch ich empfand einen – allerdings oberflächlichen – Genuß in den Kunstausstellungen, an der Musik und dem Rokoko-Charme mancher Bauten. Als überaus gastfreundlich erwies sich ein flotter, junger Wiener Dirigent, den ich nach einem Konzert des Oxford Orchestra kennenlernte. Er lud mich zu einem Drama von Goethe ins Burgtheater ein und durchstreifte abends mit mir die Altstadt, wo wir Wein tranken, dinierten und tanzten. Aber im tieferen Sinne haßte ich die Stadt. Ich fand sie schwermütig, finster und so unnatürlich still wie ein Museum. Sie schien von der Vergangenheit zu leben Selbst die jungen Menschen wirkten alt und hatten keine Spontaneität. Ich fühlte mich an Teile der deutschen Schweiz erinnert.

Es fiel mir auch auf, daß die meisten Menschen, die in den Geschäften oder Restaurants bedienten, noch ebenso stur und mürrisch waren, wie Jacques sie mir beschrieben hatte. Ich glaube nicht, daß ich mir das eingebildet habe, weil ich das auch mal gehört hatte. Denn ich erlebte einige Beispiele dieser unhöflichen Art, besonders wenn ich selber spontan etwas tat, das nicht ganz in den gewohnten Rahmen paßte – ob ich nach etwas fragte, was nicht auf der Speisekarte stand, oder nicht zum richtigen Zeitpunkt über die Straße ging.

Ich erlebte kaum etwas von dem berühmten Wiener Charme. Im Gegenteil, verdrossene Blicke und ausgesprochene Grobheit schienen hier an der Tagesordnung. Dazu eine gewisse Voreingenommenheit gegenüber allen Menschen, die nicht deutsch sprachen. Im Theater hatte ich einen freundlichen deutschen Professor für Psychiatrie kennengelernt. Den bat ich, mir zu erklären, wie es zu dieser lustlosen Schwermut kam, die ich in der Stadt spürte.

Er sagte: »Die Wiener sind eine Mischung aus Kultiviertheit und Materialismus – wohlgemerkt ohne den Idealismus. Um sie zu verstehen, muß man einige Stunden auf einem ihrer pompösen katholischen Friedhöfe verbringen.« Er faßte die ganze Stadt in einem Wort zusammen: ›nekrophil‹. »Verstehen Sie das?« fragte er in der Pause bei einem Drink. Ich verstand es sehr wohl. Aber ich hatte irrtümlich gedacht, es käme daher, daß ich alles mit Jacques' damaligen Erlebnissen in Zusammenhang brachte und daß andere Menschen vielleicht nichts derartiges fühlten. Er aber erklärte es aus dem Zusammenwirken der Geschichte der Stadt, der katholischen Kirche und der besonderen Völkermischung, die hier lebte.

Die »Völkermischung«, wie er sie nannte, fällt einem durchaus auf: die wild blickenden Ungarn, die schäbigen Händler aus Jugoslawien und die überraschend schönen und gutgekleideten jungen Russinnen, die ich in der Untergrundbahn getroffen habe. Zu dieser Zeit konnte man die alten nationalistischen Gefühle förmlich brodeln hören. Denn seit dem Zusammenbruch Osteuropas, das sich in Bürgerkriegen zerfleischt, ist Wien voll von verzweifelten Menschen, die aus diesem turbulenten Geschehen entkommen sind und sich irgendwie über Wasser zu halten versuchen.

Der deutsche Professor sah im Profil erstaunlicherweise Jacques ähnlich – die gleichen feinen Gesichtszüge und das dichte weiße Haar. Bei seinem Anblick fiel es mir schwer, die Tränen zurückzuhalten. Ich habe in Wien dreimal geweint. Einmal, als ich den Kindergarten in der Erdebergstraße betrat. Dann wieder, als ich durch den Wienerwald fuhr, der wie eines von Jacques' Gemälden ein Farbenspiel von Grün und Gold bot. Plötzlich war mir zu Bewußtsein gekommen, daß hier alles angefangen hatte. Und ich dachte wieder an »Maytime«, den ersten und letzten Film, den Jacques je gesehen hatte, an die Szene, wo Jeannette MacDonald in einer Kutsche durch die Wälder fährt – eine Landschaft, die mir wie die Eröffnungs- und die Schlußszene von Jacques' Leben erscheint. Dann mußte ich wieder, nun zum dritten Mal, weinen, als ich diesen freundlichen Fremden im Theater anschaute, der mir sagte, daß Wien eine Stadt des Todes sei.

Beim Warten im Hotelfoyer auf ein Taxi zum Flughafen kam mir der Gedanke, daß ich mich endlich von Wien befreit hätte. Irgend etwas hatte mich gezwungen, in das Herz von Jacques' Finsternis vorzustoßen, um zu erfahren und zu begreifen, welche schwere Bürde er mit sich herumtrug – ein Gewicht, das seinen Rücken gebeugt und zuletzt, wie ich meine, auch zu seinem frühen Tod geführt hat. Jetzt glaubte ich, es verstanden zu haben. Und ich war froh, diese bedrückenden Monumentalbauten hinter mir zu lassen.

Es war bewölkt, als wir in Gatwick landeten, aber die Luft war frischer, nicht so stickig. In meiner Abwesenheit war fast alles Laub von den Bäumen gefallen, und die meisten Blumen in meinem Garten waren endgültig verblüht. Zwei Tage lang brachte ich kaum ein Wort heraus.

Ich spürte eine furchtbare Müdigkeit und Trägheit. Normalerweise bin ich nach einer Reise in gehobener Stimmung. Diesmal war ich nur müde. Ich rief keinen Menschen an. Aber ich wußte, daß meine Mission erfüllt war. Wien war eine »Sackgasse gewesen.«

Dies weiß ich jetzt: Jacques' Unfähigkeit, mit der Stadt, die sein Leben zerstört hatte, ins reine zu kommen, hatte auch zwischen uns einen Keil getrieben. Die geheime Traurigkeit, die ich nicht durchbrechen konnte (ein Mißerfolg, der mich oft verzweifelt, schuldbewußt und hilflos gemacht hatte), hatte zu Streitigkeiten zwischen uns geführt, die jedoch nie die zentrale Frage, sein großes Geheimnis berührt hatten. Angesichts seines langen, undurchdringlichen Schweigens hatte ich ihn wieder und wieder gefragt: »Was ist es? Was kannst du mir nicht erzählen?« Aber wie hätte er mir auch von Wien erzählen können? Es blieb mir nichts anderes übrig, als es selbst herauszufinden. Jetzt verstehe ich etwas besser, woher Jacques gekommen war, was er hinter sich gelassen und was er mitgebracht hatte.

Ich bin sicher, daß viele Witwen nach dem Tod ihres Mannes an »ungelösten Problemen« zu knabbern haben. In einigen Fällen geht es um rechtliche Auseinandersetzungen innerhalb der Familie oder mit Geschäftspartnern. In anderen, wie in meinem Fall, bedeutet es, daß sie eine Reise unternehmen müssen, die eine besondere Bedeutung hat. Manche erleben noch einmal ihre Flitterwochen nach oder eine besonders schöne Reise. Ich hatte diese Wien-Reise nachzuerleben. Ich mußte »seine« Reise machen und noch einmal das erschreckende Echo einer sehr dunklen Vergangenheit vernehmen. Ich bin froh, es getan zu haben. Ich habe seinen Schmerz und seine Wut nacherlebt. Es hat mich befreit. Es war ein Schritt nach vorn.

Am Tag nach meiner Rückkehr fiel ich nachmittags in tiefen Schlaf. Dieser Schlaf wusch viel von dem Kummer und der Angst weg, die ich in der Woche davor erlebt hatte. Als ich aufwachte, war meine Stimmung umgeschlagen. Es war, als wäre ich von einer schweren Last befreit. Am nächsten Tag herrschte klares, kaltes Wetter. Die letzten Blätter fielen von den Bäumen. Ich ging die vertraute Kastanienallee entlang, in der Jacques sein unvergessenes Lied gesungen hatte, und sah, daß der Erdboden mit glänzenden Kastanien übersät war. Auf einmal fühlte ich mich so frei wie das Kind, das sie früher gesammelt, auf eine Schnur gezogen und mit ihren Brüdern damit gespielt hatte. Indem ich Jacques' verlorene Kindheit wiederfand, hatte ich auch diesen Teil von mir selbst erlöst.

Epilog

Unbesiegbarer Sommer

Es hat der Sturm geheult die ganze Nacht.
Der Regen rauschte schwer und kalt herab.
Jetzt aber scheint die Sonn' in stiller Pracht.

William Wordsworth

Sie sind fast am Ende Ihrer Reise angelangt. Doch woran erkennen Sie, ob Sie Ihre »Trauerarbeit« wirklich vollbracht haben? Sie sind nicht gleichmäßig glatt vorangekommen, sondern in unregelmäßigen Sprüngen. Und nur Sie können wissen, wann Sie es geschafft haben. Es gibt bestimmte »Wendepunkte« oder Schlüsselerlebnisse, die eine besondere Bedeutung haben. Sie merken es sofort, wenn Sie gewisse Schwellen überschreiten. Es sind Anzeichen dafür, daß Sie den Mut gefunden haben, vorwärtszugehen, daß Sie langsam, aber sicher in eine neue Identität hineinwachsen.

Nehmen wir ein scheinbar banales Beispiel. Im April ging ich zum erstenmal im Leben in eine Wettannahmestelle. Ich wollte endlich mal selber eine Wette abgeben, nachdem es mir früher in der Derby-Woche und beim Grand National schon manchmal in den Fingern gekribbelt hatte. Als ich mir einen Weg durch den dichten Zigarettenqualm an Reihen schäbig gekleideter Stammkunden vorbei bahnte, kam ich mir vor, als hätte ich im Wilden Westen einen Saloon betreten. Ich wußte, daß Jacques stolz auf mich gewesen wäre. Ich wollte unbedingt im Grand National Geld auf Bonanza Boy und Bigsun setzen.

Ich hatte aber keine Ahnung, wie man den Wettschein ausfüllt. Schließlich bat ich einen alten Zocker mit pokkennarbiger Nase und blitzenden Ringen an der Hand, mir zu helfen. Er redete mir zu, noch auf zwei andere Pferde zu setzen. Am Ende gab ich ein kleines Vermögen aus und gewann ein Pfund. Das war nicht gerade aufregend. Doch für mich war es so etwas Ähnliches, als wäre ich soeben volljährig geworden. Jeder muß seine eigenen bedeutungsvollen Meilensteine finden. Wenn Sie sie erkennen, ist die Schlacht schon halb gewonnen.

Nun, Sie spüren es mit Sicherheit, wenn die »Gespenster« weichen. Bei mir geschah es im Winter 1991/92 zwischen November und Februar. Das wirtschaftliche Klima war düster. Es herrschte eisiges Frostwetter. Grippeanfälle hatten meinen Körper geschwächt. Und es nahte Jacques' vierter Todestag. Das alles machte diese Monate wie immer schwierig, und ich war auf eine jahreszeitlich bedingte Krise gefaßt. Über Weihnachten hatte ich auch ein paar kritische Tage.

Doch dann erlangte ich mein seelisches Gleichgewicht wieder und spürte einen feinen Unterschied zu vorher. Ich hörte nicht mehr den Fußboden in Jacques' Atelier unter seinen Schritten knarren, sondern nur noch das Summen von Elias' Mikrofiche-Lesegerät. Ich malte ein kleines Bild mit Christrosen als Geschenk für jemanden und benutzte dazu Jacques' alte Wasserfarben und Pinsel. Ich empfand ein gutes Gefühl dabei, daß sie endlich mal wieder benutzt wurden.

Jetzt bringe ich es fertig, Jacques' alten Kleiderschrank, in dem ich seine letzten Sachen aufbewahrt hatte, aus dem Atelier zu entfernen. Das Rollpult, in dem ein großer Stoß von alten Skizzenblöcken, Fotos und Papier untergebracht war, wird geleert und neu lackiert werden.

In den vergangenen vier Jahren habe ich oft auf der Stelle getreten. Einen großen Teil meiner Zeit verbrachte ich damit, irgend etwas anzuschauen. Am Fenster beobachtete ich die Vögel, die Pflanzen in meinem Garten oder die Passanten auf der Hauptstraße. Jacques hat immer gesagt, man könne alles, was man wissen muß, beim Zuschauen lernen. Langsam begreife ich, was er gemeint hat.

Ich habe auch viel Zeit damit verbracht, gegen die stürmische See Wellenbrecher zu errichten. E.M. Foster schrieb: »Wir sind alle nur Schaumblasen auf stürmischer See. In diese See hat der Mensch sozusagen kleine Wellenbrecher gebaut – Wissenschaft und Zivilisation – damit die Schaumblasen nicht so oft oder so rasch zerplatzen. Doch die See hat sich nicht geändert.«

Mir haben mein Heim, mein Garten, mein weißes Zimmer mit den Büchern und Bildern, die Klippen von Cornwall und all die anderen vertrauten Stellen in den letzten vier Jahren als »Wellenbrecher« gedient. Doch jetzt kann ich mich schon weiter hinauswagen. So suche ich regelmäßig in den Verkaufsanzeigen der Zeitungen nach einem hübschen Haus im Ausland. Ich weiß noch nicht einmal, *wo* es sein wird. Aber ich habe in mir eine Vorstellung des Südens – von blauem Himmel und Bougainvillea. Ein Symbol dafür, daß der »Sommer« sich bei mir durchsetzt.

Ich bin nicht davon überzeugt, daß meine »Trauerarbeit« ganz vollendet ist, aber eine Menge habe ich schon erreicht. Es gibt noch einige dunkle Bereiche in meiner Vergangenheit, bei denen ich bisher nicht den Mut gefunden habe, sie im vollen Tageslicht zu betrachten. Immerhin weiß ich von diesen Schatten der Vergangenheit und bin entschlossen, sie eines Tages, vielleicht mit Unterstützung eines geliebten Menschen, auch zu bewältigen.

Ja, endlich bin ich auch bereit, der Liebe eine Chance zu geben. Lange Zeit war es so etwas wie ein privates Tauziehen: Die Vergangenheit und ihre Gespenster ziehen nach einer Seite, und nur gelegentlich erfolgt ein schwächerer Zug in Richtung auf die Zukunft. Liebe ist selbstverständlich ein großer Sprung ins Unbekannte: Man nimmt wieder Risiken auf sich, vor allem das Risiko eines weiteren Verlusts. Jetzt weiß ich, daß ich das Risiko eingehen und überstehen kann.

Was die Möglichkeit einer neuen Partnerschaft angeht, so habe ich in diesen vier Jahren stark hin- und hergeschwankt. Nach zweieinhalb Jahren schrieb ich ins Tagebuch:

> Der dringende Wunsch, für jemand »etwas ganz Besonderes« zu sein, hat nachgelassen. Jetzt finde ich es wichtiger, mich selbst als etwas Besonderes zu fühlen, daß meine Identität, meine Liebenswürdigkeit und mein Glück nicht mehr von jemand anderem abhängen. Wobei ich nicht ableugnen kann, daß ich mich manchmal nach der Gesellschaft eines Menschen sehne, mit dem ich intime Augenblicke, meine Sorgen wie meine Freuden teilen kann. Aber es muß nicht mehr immer dieselbe Person sein. Diesen einen Menschen habe ich ja gehabt. Er hat mich in einer Epoche meines Lebens gefunden, als ich selber meine Vorlieben und Abneigungen, meine Freuden und Sorgen noch nicht entdeckt hatte. Wir entdeckten sie gemeinsam. Und in gewisser Weise hat er sie mitgeformt.
>
> Jetzt wird es ganz anders sein. Jetzt kenne ich die Flekken auf der Erde, die ich liebe, die Blumen, Gerüche und Klänge, die mich entzücken. Natürlich bleibt das Leben eine Entdeckungsreise. Doch nun ist mir seine Topographie nicht mehr ganz fremd. Jetzt schätze ich

das Alte höher als das Neue. Ich habe keinen Menschen mehr, mit dem zusammen ich den Sonnenuntergang am Kap Sounion genießen kann. Oder doch: mit mir selbst. Ich bin allein, aber nicht länger einsam. Denn ich habe alles in mich aufgenommen, was ich je mit Jacques gemeinsam hatte.

Heute habe ich wieder ein etwas anderes Gefühl. Ich weiß, daß ich auch ohne einen Partner glücklich werden kann. Aber falls das geschieht, werde ich gewissen Teilen meiner Selbst keinen Ausdruck mehr geben können. So konnte ich vor kurzem folgendes schreiben:

> Obwohl ich auf die 50 zugehe, bin ich noch nicht alt genug, um den Gedanken an eine neue Liebe von mir zu weisen. Wir können zwar ohne Liebe leben, doch wenn wir allein bleiben, werden wir nie auf eine echte Probe gestellt, werden nie aufgefordert, uns in einer bestimmten Richtung weiterzuentwickeln, werden nie voll beansprucht. Ich bin bereit, den Preis für eine Liebe zu zahlen, die meine verborgenen Kräfte ans Tageslicht bringt. Denn ohne Liebe werde ich vielleicht ein problemloses Leben führen, aber kein erfülltes.

Ich habe festgestellt, daß ich mich auch äußerlich verändert habe. Als ich im Februar 1990 in Cornwall einmal mein Spiegelbild sah, schrieb ich:

> Mein Gesicht sieht anders aus. Die Konturen mögen noch die gleichen seine wie auch das Lächeln, aber ich sehe einen neuen Ausdruck und bin nicht sicher, ob er mir gefällt oder nicht. Ich sehe den Blick eines verwundeten Tiers, doch auch eine Wildheit, die mich erschreckt. Es wirkt wie manche Gesichter Asiens, die ich

gesehen habe, oder wie das einer Katze, die gleich losfauchen wird. Da ist auch eine starke Konzentration. Ich erkenne in ihm einen Gesichtsausdruck meines Vaters wieder. Wenn er sich sehr anstrengen mußte, kräuselte er die Lippen auf eine besondere Art.

Heute wirkt mein Gesicht wieder anders. Der Ausdruck nervöser Konzentration hat sich etwas gemildert. Ich lächle mehr und sehe nicht mehr so besorgt aus. Manchmal wirkte ich resigniert. Auch das ist verschwunden. Jetzt gefällt mir mein Gesicht besser. Sollten sich alle Leiden und Erfahrungen der vergangenen Jahre darin widerspiegeln, dann ist es mir recht.

Was habe ich also aus meinen Erfahrungen der letzten vier Jahre gelernt? Was kann ich an andere weitergeben? Als Erstes und Wichtigstes: Es gibt keine »allein richtige« Art des Trauerns. Nichts ereignet sich in der Reihenfolge, wie Sie es erwarten. Sie können und werden Ausbrüche des Zorns, des Kummers, der Schuld, des Bedauerns, der Sehnsucht und sogar der Freude erleben, und zwar jederzeit. Möglicherweise spüren Sie auch immer die Gefahr eines Rückfalls zum Ausgangspunkt. Doch in Wirklichkeit kommen Sie jedesmal ein Stückchen voran, wenn Ihnen auch nur die einfachste Aufgabe gelingt, die Kontakt mit einem Mitmenschen erfordert, oder wenn Sie ein Problem lösen.

Darum ist es so hilfreich, ein Tagebuch zu führen. Dann können Sie jederzeit zurückblättern und nachlesen, »wie Sie vorher gewesen sind«. Das ist wie bei Geburtswehen. Sie denken vielleicht, Sie könnten sich später an jede Einzelheit Ihrer Gefühle und Handlungen erinnern. Aber tatsächlich werden Sie überrascht sein, wiederzuentdecken, wie sich Ihre Schmerzen angefühlt haben. Anhand eines

Tagebuchs können Sie immer abschätzen,welche Fortschritte Sie gemacht haben.

Ich habe gelernt, nicht zu hart zu mir zu sein, sondern meinem Körper nachzugeben, wenn er noch zwei Stunden länger im Bett bleiben oder sonst irgendwie verwöhnt werden will. Seien Sie nett zu sich selbst! Sie können sich ruhig, wenigstens eine Zeitlang, als krank betrachten. Sie haben bei allem Vorgefallenen beträchtliche Schäden an Ihrem Ich und Ihrem Selbstwertgefühl davongetragen. Ein Todesfall erzeugt bei den Hinterbliebenen stets das Gefühl, sie seien von jetzt an benachteiligt und ihr Universum habe sich verkleinert.

Es wäre das Leichteste von der Welt, sich mit einem reduzierten Leben abzufinden. Doch wenn Sie es tun, gehen Sie den Weg der Toten, statt Ihre Energien auf das Leben zu richten. Deshalb sollte Ihnen der alltägliche Kampf, den eine Witwenschaft mit sich bringt, willkommen sein.

Viele Witwen beklagen sich darüber, daß das Leben einer alleinstehenden Frau ein täglicher Kampf von morgens bis abends ist. Ihnen kann ich nur sagen: Nehmen Sie den Kampf auf, er wird Ihnen guttun! Auch wenn es dabei um ermüdende Auseinandersetzungen mit allen möglichen Leuten, von Bauhandwerkern bis zu Bankmanagern, geht, es gibt Ihnen das Gefühl, am Leben zu sein. Witwenschaft ist vielleicht der beste Kurs in Selbstbehauptung, der denkbar ist. Wenn Sie Ihr Leben selber in die Hand nehmen, werden Sie wie ich stolz auf Ihre neu gewonnene Kampfbereitschaft sein.

Sie werden auch merken, daß es nicht nötig ist, so zu werden, wie andere Sie gern haben möchten. Wenn Sie wie ich Ihr Haus behalten wollen und das nicht aus finanziellen Gründen unmöglich ist, dann bleiben Sie darin, renovieren Sie es, richten Sie es neu ein, und machen Sie es zu Ihrem Heim!

Wenn Sie reisen möchten, dann reisen Sie! Viele Alleinstehende haben einen Horror davor. Nicht nur wegen der abschreckend hohen Kosten für Einzelzimmer, sondern auch, weil sie die Einsamkeit auf unvertrautem Gebiet fürchten oder weil sie zum erstenmal auf sich selbst gestellt sind, während sie früher immer einen Beistand hatten. Sie werden vielleicht wie ich merken, daß man anders reisen muß. Der übliche Zweiwochen-Urlaub kann für eine Alleinstehende unerträglich lang werden. Vielleicht sind kurze Städtereisen viel abwechslungsreicher als ein Urlaub am Strand, wo Sie voller Nostalgie immer Paare und Familien vor Augen haben. In Städten werden Sie viel eher andere Alleinreisende kennenlernen. Menschen, mit denen Sie mal essen gehen oder auch einen Ausflug machen können. Viele fürchten sich davor, allein essen zu müssen. Als Abhilfe habe ich die Hauptmahlzeit auf den Mittag verlegt und abends nur einen Imbiß im Café eingenommen. So vermeiden Sie es, sich von allen beobachtet, aber doch einsam zu fühlen. Außerdem werden Sie tagsüber auch leichter mit anderen Leuten ins Gespräch kommen.

Jede Witwe macht die Entdeckung, daß sie sich nicht darauf verlassen kann, gesellschaftlich so verkehren zu können wie bisher. Ich weiß jetzt, daß ich es mir nicht mehr erlauben kann, irgend etwas dem Zufall zu überlassen. Besonders an Wochenenden und Feiertagen ist es wichtig, sich etwas »vorzunehmen«. Es muß nichts Ausgefallenes sein. Es genügt, beispielsweise zum Garten-Center zu fahren oder eine Freundin zum Tee einzuladen. Da ich eine eifrige Theaterbesucherin bin, habe ich versucht, mindestens einmal in 14 Tagen eine Nachmittagsvorstellung zu sehen. Ich habe gelernt, rechtzeitig im voraus zu planen, was ich in meiner Ehe selten getan hatte. Dann brauchte ich nicht in letzter Minute verzweifelt rumzutelefonieren und mich zu wundern, wieso alle anderen schon Karten hatten.

Wenn Sie berufstätig sind, werden Sie sich an Werktagen wahrscheinlich kaum langweilen. Wenn nicht, ist es wichtig, sich einen festen Tagesablauf zu schaffen. Sonst kommt es Ihnen so vor, als flössen die Tage ereignislos dahin. Nicht jeder eignet sich für Wohltätigkeitsarbeit oder Abendschulen. Aber die meisten Menschen plaudern gern miteinander und möchten ihrem Leben einen Sinn geben. Das kann schon ein Besuch bei einer älteren oder kranken Verwandten oder Freundin bewirken. Für andere immer ansprechbar zu sein, ist eine Rolle, die viele Witwen zufriedenstellt.

Aber vergessen Sie nicht, auch für sich selber da zu sein! Gönnen Sie sich mindestens einmal in der Woche ein größeres Vergnügen! (Nur Sie allein wissen, *was* Ihnen besonders Spaß macht). Es kann darin bestehen, daß Sie zum Essen ausgehen, einen Überseeanruf machen oder sich irgendwas Unwichtiges zum Anziehen kaufen. Es kommt wirklich nicht darauf an. Hauptsache, Sie haben das Gefühl, es verdient zu haben.

Wenn ich ehrlich sein will, kann ich nicht behaupten, ich hätte mich nie einsam gefühlt. Aber das habe ich gelernt: Allein zu sein, ist nicht dasselbe wie sich einsam zu fühlen. Ich kann auch nicht ableugnen, daß ich gelegentlich deprimiert bin. Doch dann erinnere ich mich, daß ich dafür auch gute Gründe habe. Ich kämpfe nicht dagegen an. Im Gegenteil, ich überlasse mich meiner Depression eine Zeitlang und sage mir zur Aufmunterung, daß der Zustand vorübergehen wird. Was dann auch geschieht.

Ich habe gelernt, mein Netz von Beziehungen zu pflegen: einen guten Nachbarn, jemand, der meine Katze füttert, wenn ich nicht da bin, und zwei männliche Freunde, die mir beim Möbelrücken oder beim Transport schwerer Gegenstände aus dem Garten-Center helfen. Dann gibt es zwei Freundinnen, bei denen ich sicher bin, sie jederzeit anrufen zu können. Sie waren zu Anfang mein Rettungsanker, indem sie mich ein-, zweimal in der Woche von überall auf der Welt anriefen. Ihnen kann ich meine verletzlichsten Gefühle anvertrauen.

Das ist auch eine wichtige Lehre, die ich gezogen habe: Ich brauche mich nicht zu schämen, wenn ich meine Verletzlichkeit eingestehe. Auf der anderen Seite habe ich gelernt, nicht von jedem Unterstützung zu erwarten, auch nicht unbedingt von engen Familienangehörigen und Freunden. Aber ich weiß auch, daß ihre Unfähigkeit, Hilfe zu bieten, ihr Mangel an Mitgefühl, auch ihr Bestreben, mir aus dem Weg zu gehen, *ihre* Probleme sind und nicht meine. Ich habe gelernt, Hilfe von wem auch immer anzunehmen und dankbar dafür zu sein. Bei weitem am schwersten fiel es mir, meine Rolle als »Superfrau« aufzugeben und einzuräumen, daß auch ich gelegentlich hilflos, ängstlich, müde und fehlbar bin.

In mancher Hinsicht ist es ganz angenehm, wenn man nicht mehr offizielle Einladungen zu größeren Partys aussprechen, reihum ein Abendessen geben oder ständig einen makellosen Haushalt vorweisen muß. An vielen Tagen mache ich nicht mal mein Bett. An anderen putze und scheuere ich wie besessen und schmücke das ganze Haus mit Blumen. Der springende Punkt ist, daß ich mich nur nach mir zu richten brauche und nach niemandem sonst.

Ich glaube, daß jeder fähig ist, selbst mit allem fertigzuwerden. Dennoch habe ich eingesehen, daß es keine Schande ist, wenn man professionelle Hilfe oder Therapie sucht. Denn ich verdanke meiner Hinterbliebenenberaterin und Hypnosetherapeutin viel. Ihre mentalen Übungen haben bei mir Wunder gewirkt. Ich führe sie heute noch aus, wenn ich anders nicht zu innerer Ruhe gelangen kann. Viele Hinterbliebene lehnen solche Hilfe ab. Sie meinen, sie brauchten sie nicht. Oft glauben sie, selber mit allem fertigzuwerden, und werden später von allen möglichen Symptomen wie Schlaflosigkeit, Rückenschmerzen und Platzangst heimgesucht, die eine verspätete Trauerphase anzeigen, mit der sie sich auseinandersetzen müssen. Es ist nie zu spät, Beratung oder Therapie zu suchen, nicht einmal viele Jahre nach dem Trauerfall. Hauptsache, Sie erkennen, daß Sie Hilfe brauchen und den Willen zur Veränderung Ihres Lebens haben.

In vielen Fällen wird die Witwe bis an die Grenze ihrer Leistungsfähigkeit beansprucht, wenn sie Arbeiten übernimmt, die früher ihr Ehemann erledigte. Auf einmal wird sie zum Haushaltsvorstand, Hauptverdiener und Verwalter. Doch läßt sich leider nicht leugnen, daß sie trotzdem in den Augen der Gesellschaft an Status verliert. Sehr häufig fällt eine bis dahin eng zusammenhaltende Familie nach einem Todesfall völlig auseinander. Oft, wie in meinem Fall, gehen die Kinder aus dem Haus. Für mich war es besonders schwer, als Witwe die Last und Verantwortung für alle wichtigen Entscheidungen, die die Familie angingen, allein zu treffen. Zweifellos kann das zu Streßerscheinungen führen. Hier kann ein(e) objektiv urteilende(r) Freund(in) große Hilfe leisten, wenn er (sie) Ihre Familienverhältnisse und -mitglieder kennt. Allerdings ist das noch kein gleichwertiger Ersatz für einen Ehemann, der mit Ihnen gemeinsam Entscheidungen trifft.

Der Streß durch erhöhte Verantwortung für meine Kinder hat merklich nachgelassen, seitdem ich gelernt habe, alles etwas lockerer zu sehen und mit ihnen zu wachsen. Um zu einer neuen Identität zu finden, habe ich ja selbst wie eine Heranwachsende nach jedem Strohhalm gegriffen. Das hat mich den Kindern nähergebracht. Die Generationskluft hat sich auf merkwürdige Weise geschlossen. Wenn Sie Rendezvous wie Ihre Tochter haben, können Sie

sie kaum noch von oben herab behandeln, wie Sie es möglicherweise in Ihrer Mutterrolle tun würden.

Es wird Ihnen eine gewisse Genugtuung sein, wenn Sie alle diese Probleme allein lösen können. Und es kann Sie auch gefühlsmäßig Ihrem verstorbenen Mann wieder näherbringen. Viele Witwen glauben, von ihrem toten Mann »geleitet« zu werden. Ich habe dieses Gefühl oft in den letzten Jahren gehabt. Ich nahm die Gewohnheit an, zum Friedhof zu fahren, wenn ich Schwierigkeiten mit den Kindern hatte, und Jacques gleichsam um Rat zu bitten. Abgesehen von allem anderen bekam ich dadurch einen klaren Kopf, mein Selbstbewußtsein wurde gestärkt, und schließlich fand sich dann auch eine Lösung des Problems. Jetzt fühle ich mich nicht mehr unbedingt verpflichtet, für alles eine Lösung zu finden. Das kann sich als der größte Vorteil erweisen.

Freud vertrat den Gedanken daß die Zurücknahme der Libido, die einen Menschen an einen anderen bindet, erst eintreten kann, wenn die verlorene Person ins eigene Ich integriert worden ist. Viele betrachten die Identifikation mit dem Verstorbenen als notwendigen Bestandteil der Trauer. Für mich war die Identifikation mit Jacques, die ich in den vergangenen Jahren erreicht habe, eine große Hilfe dabei, mein eigenes Identitätsgefühl wiederherzustellen.

Es muß wohl als wahres Glück angesehen werden, daß die Trauer einem auf die Dauer nicht eine der wertvollsten menschlichen Fähigkeiten nimmt – den Sinn für Humor. Es hat mich immer wieder erstaunt, wie ich selbst in den schlimmsten Zeiten noch lachen konnte, ja, einfach lachen *mußte.* Auf einer Reise nach Hongkong entdeckte ich ein lange verschüttet gewesenes Talent zur Nachahmung von Personen wieder. Tatsächlich hatte ich es zuletzt als Teenager genutzt. Jetzt konnte ich plötzlich unsere Gruppe von

Reisejournalisten damit zum Lachen bringen, daß ich ihnen pompös auftretende Hotelgeschäftsführer und Public-Relations-Vertreter vorspielte. Ich mache so etwas sehr gern, und nichts ist angenehmer als die Entdeckung, daß man ein, wenn auch geringes, Talent besitzt, andere Menschen zum Lachen zu bringen – eine Gabe, um die ich manch andere glühend beneidet habe. Mich amüsieren auch Streiche, an denen Zwölfjährige ihr Vergnügen haben. So habe ich in mir nicht nur das »Mädchen«, sondern auch das »Kind« wiedergefunden.

Auch meine Einstellung zum Älterwerden hat sich geändert. Ich merke, wie ich sehr ärgerlich auf Leute werde, die in ständiger Angst vor dem Älterwerden leben, die sich dauernd darüber beklagen, daß ihre Fähigkeiten, ihr Aussehen, ihre Vitalität nachlassen und ihnen manche Möglichkeiten nicht mehr offenstehen. Ich bin einfach dankbar für jedes geschenkte Jahr – und das um so mehr, wenn ich daran denke, wie verzweifelt Jacques (und mit ihm viele andere) gehofft haben, wenigstens noch den nächsten Frühling zu erleben. An Jahren zuzunehmen, alt zu werden, ist eine Leistung, ein Privileg. Ich werde mich nie mehr über ein paar graue Haare oder über Falten im Gesicht grämen.

Immer wenn ich die Hauptstraße entlanggehe,muß ich daran denken, daß mindestens die Hälfte aller Menschen, die mir begegnen, auch einen Menschen verloren haben, der ihnen nahestand. Und doch fahren sie in ihrem Alltagsleben fort und werden so mit ihrem Kummer fertig. Trauer ist unsichtbar. Jeder hat schon einmal Bekanntschaft mit ihr schließen müssen. Doch im allgemeinen verschließen wir, außer bei Beerdigungen oder kurz danach, die Augen davor, es sei denn, wir werden mit dem Kopf daraufgestoßen. Trauer setzt sich über alle Stände- und Klassenschranken hinweg. In gewissem Sinne vereint sie uns, indem sie uns alle zu unbeabsichtigten Überlebenden macht.

Jeder von uns wird einmal eine Zeit erleben, in der es uns scheint, als wäre eine ganze Wand unseres Hauses eingerissen worden. Dann bläst uns ein schneidender Wind ins Gesicht. Man sollte denken, mit diesem Wissen müßten wir alle verrückt werden. Doch dem ist nicht so. Wir sind die einzigen Lebewesen, die von früher Kindheit an wissen, daß wir sterben müssen. Deshalb sind wir auch durchaus fähig, mit dem Wissen um unseren unvermeidlichen Tod fertigzuwerden. So viel weiß ich: Ich kann die schlimmsten Tragödien überleben. Und dies habe ich gelernt: Ich kann danach auch wieder glücklich und zufrieden werden. Wenn wir uns tapfer durch den trüben, kalten Winter schlagen, dann wird schließlich der »unbesiegbare Sommer« in uns allen den Sieg davontragen.

Anhang

Danksagung

Ich möchte allen Freunden, Verwandten und Kollegen danken, die mir in dieser sehr schwierigen Zeit meines Lebens praktische und seelische Hilfe geleistet haben. Das betrifft vor allem meine Kinder Elias und Mina, die mir außerordentlich nützliche Ratschläge für dieses Buch gegeben und beim Tippen der ersten Niederschrift geholfen haben. Ferner Caroline Fuji, die meinen Wordprocessor auf Vordermann gebracht hat. Schließlich die Lektorinnen Louise Dixon und Hilary Engel, deren nützliche Kritik mir dazu verholfen hat, meine wirren Gedanken in ein Buch umzuwandeln.

Mein Dank gilt auch Frankie McGowan, der mich als Redakteur des Magazins *She* als erster ermunterte, über Trauer zu schreiben, und Corinna Honan, Rod Gilchrist, Nicholas Gordon, Peter Wright und Linda Kelsey, deren fachliche Unterstützung mir überhaupt erst den Mut gab, meine journalistische Karriere fortzusetzen.

Schließlich bedanke ich mich bei allen Freunden und Nachbarn, die mir ein Rettungsseil zugeworfen haben und einfach für mich »da«waren.

Weiterführende Literatur

Beer, Ulrich: *Ein lieber Mensch hat uns verlassen.* Genf/ München 1986

Herrmann, Nina: *Mit Trauernden reden.* Stuttgart/Zürich 1988

Jeffers, Susan: *Selbstvertrauen gewinnen. Die Angst vor der Angst verlieren.* München 1994

Karst, Verena: *Trauern. Phasen und Chancen des psychischen Prozesses.* Stuttgart/Zürich 1994 (16. Aufl.)

Kübler-Ross, Elisabeth: *Leben, bis wir Abschied nehmen.* Gütersloh 1991

Kushner, Harold: *Wenn guten Menschen Böses widerfährt.* Gütersloh 1994

Lake, Dr. Tony: *Einsamkeit. Wie sie entsteht und wie man sie überwindet.* Wien 1989

Lewis, C.S.: *Über die Trauer.* Hameln 1992

Band 61351

Christel und Isabell Zachert

Wir treffen uns wieder in meinem Paradies

Isabell ist gerade 15 Jahre alt, als sie die grausame Diagnose erfährt, die für sie das Todesurteil bedeutet: Krebs. Ihr Leben ändert sich radikal und der Wettlauf mit dem Schicksal beginnt. Mit beispielloser Energie, mit Mut, Kraft und Liebe kämpfen ihre Familie und Freunde um ihr Leben.
Durch die Krankheit reift Isabell zu einer außergewöhnlichen Persönlichkeit heran, wächst über sich hinaus und hat trotz des Leids, das sie immer wieder erfahren muß, nicht zuletzt durch ihren Glauben genug Kraft, ihr Leben positiv zu sehen, und die Hoffnung, daß sie diese schwere Prüfung überstehen wird.

Mit zahlreichen Abbildungen

Ergänzte und erweiterte Ausgabe

BASTEI LÜBBE

Band 61361

Dieter Zimmer

Die gelbe Karte

Der Schlaganfall ist die dritthäufigste Todesursache in der Bundesrepublik, nicht zu reden von den Tausenden von Behinderten, die er auf der Strecke läßt. Die Zahl der Schlaganfallopfer steigt, und die Betroffenen gehören immer häufiger einer jüngeren Altersgruppe an. Doch nur wenige wissen über diese »Volksseuche« Bescheid.
Dieter Zimmer war 49, als ihm im wahrsten Sinne des Wortes »der Schlag traf«. Er fragte sich: Warum gerade ich? Woran hat es gelegen? Was habe ich falsch gemacht? Aber vor allem: Werde ich wieder so leben können wie vorher? Schreiben? Sprechen? Mit den Kindern spielen? Vor der Kamera stehen? Oder werden die Krankheit und die Angst von nun an meine ständigen Begleiter sein?
In diesem Buch beschreibt er, wie er diese Ängste bewältigen konnte.

BASTEI LÜBBE